装饰装修工程工程量清单计价编制实例

李海军　张慧芳　主编

黄河水利出版社

内 容 提 要

本书根据《建设工程工程量清单计价规范》有关内容，较详细地介绍了装饰装修工程的工程量清单项目及计算规则，对建设工程工程量清单计价规范的有关问题进行了解释和答疑。另外，该书还结合工程量清单招标投标的实际情况，列举了很多翔实的例子。

该书可作为工程造价人员在编制招投标文件、工程量清单及报价时参考，也可作为从事造价专业人员的入门教材。

图书在版编目(CIP)数据

装饰装修工程工程量清单计价编制实例 / 李海军，张慧芳主编.
郑州：黄河水利出版社，2008.5
ISBN 978-7-80734-423-0

Ⅰ.装… Ⅱ.①李…②张… Ⅲ.建筑装饰—工程造价 Ⅳ.TU723.3

中国版本图书馆 CIP 数据核字(2008)第 047898 号

策划编辑：余甫坤 电话：0371-66024993 E-mail：yfk7300@126.com

出 版 社：黄河水利出版社

地址：河南省郑州市金水路 11 号 邮政编码：450003

发行单位：黄河水利出版社

发行部电话：0371—66026940 传真：0371—66022620

E-mail：hhslcbs@126.com

承印单位：黄河水利委员会印刷厂

开本：787mm×1 092mm 1/16

印张：13.75

字数：315 千字 印数：1—3 100

版次：2008 年 5 月第 1 版 印次：2008 年 5 月第 1 次印刷

定价：27.00 元

编写人员名单

主　　编	李海军	张慧芳		
参编人员	王年春	高继伟	张志刚	张文兵
	左新红	文　明	文汉阳	郭兴家
	张汉林	陆智琴	张学军	张　婷
	文辉武	张业翠	陶国亮	张书娥

前　言

本书是根据国家标准《建设工程工程量清单计价规范》(GB50500—2003)编制的工程量清单计价辅导书。

本书根据《建设工程工程量清单计价规范》有关内容,较详细、系统地介绍了工程量清单报价的编制方法。全书在理论与方法上除进行了通俗易懂的阐述外,还结合工程量清单招标投标的实际情况,列举了较翔实的例子。通过本书的学习,使读者在较短的学习时间内掌握工程量清单计价的基本理论与方法,达到较熟练的运用《建设工程工程量清单计价规范》编制工程量清单和工程量清单报价的目的。

本书与同类书相比,具有以下几个显著特点:

(1)内容新,即采用新规范。

(2)针对性、实用性强,重点突出,注意整体的逻辑性和连贯性。

(3)内容全面,吸收了我国计价改革的阶段性成果,并以我国现行建筑行业的最新政策、法规为依据。

工程量清单计价与建设工程中定额计价不同,是一种新的计价方式。工程量清单计价方式与定额计价方式有着密切的联系,但也有本质上的区别。定额计价与工程量清单计价的本质区别是,前者采用建设行政主管部门颁发的反映社会平均水平的消耗量定额和发布的指导价格计算工程造价,该工程造价具有计划价格的本质特征;后者由投标人自主选择消耗量定额(如企业定额)和自主确定各种单价,其工程报价具有市场价格的本质特征。

本书在编写过程中得到了许多同行的支持与帮助,借此表示感谢。由于编者水平有限和时间的限制,书中难免有错误和不妥之处,望广大读者批评指正。如有疑问,请登录 www.gclqd.com(工程量清单计价网)或 www.jbjsys.com(基本建设预算网)或 www.jbjszj.com(基本建设造价网)或发邮件至 dlwhgs@tom.com 与编者联系。

编　者

目　录

第一章　楼地面工程工程量清单设置与计价举例

【例1】　某工程底层平面图如图1-1所示，地面为水磨石面层，踢脚线为高水磨石，回填土厚度为450mm。

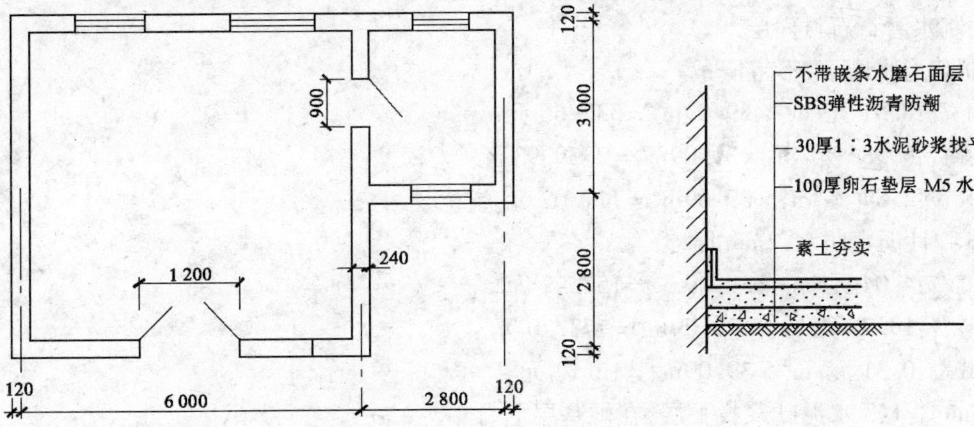

图1-1　某工程底层平面图及地面构造详图

1. 经业主根据施工图计算：

(1)水磨石地面工程量：

$$(6-0.24)\times(5.8-0.24)\text{m}^2+(2.8-0.24)\times(3-0.24)\text{m}^2=39.09\text{m}^2$$

(2)水磨石踢脚线工程量：

$$[(5.8-0.24+6-0.24)\times2+(2.8-0.24+3-0.24)\times2]\text{m}\times0.15\text{m}$$
$$=33.28\text{m}\times0.15\text{m}=4.992\text{m}^2$$

(3)室内回填土工程量：

$$39.09\text{m}^2\times0.45\text{m}=17.59\text{m}^3$$

表1-1　分部分项工程量清单

工程名称:某工程

序号	项目编码	项目名称	计量单位	工程数量
1	020102001001	石材面层 垫层:卵石垫层 厚为100mm M5 水泥砂浆灌缝 找平层:1∶3 水泥砂浆 厚度为30mm 防潮层:SBS 弹性沥青,2mm 厚 面层:预制水磨石 不带嵌条	m^2	39.09

续表 1-1

序号	项目编码	项目名称	计量单位	工程数量
2	020105002001	石材踢脚线 踢脚线高度:150mm 面层:预制水磨石 不带嵌条	m^2	4. 992
3	010103001001	土(石)方回填 室内素土回填 人工夯实 运距 12km	m^3	17. 59

2. 投标人根据施工图及施工方案计算:

(1)预制水磨石石材面层

1)预制普通水磨石,不带嵌条。

人工费:8. 51 元/m^2 ×39. 09m^2 =332. 66 元

材料费:59. 86 元/m^2 ×39. 09m^2 =2339. 93 元

机械费:2. 84 元/m^2 ×39. 09m^2 =111. 02 元

2)SBS 弹性沥青防水,2mm 厚。

人工费:4. 04 元/m^2 ×39. 09m^2 =157. 92 元

材料费:19. 78 元/m^2 ×39. 09m^2 =773. 20 元

机械费:0. 31 元/m^2 ×39. 09m^2 =12. 12 元

3)20mm 厚 1∶3 水泥砂浆找平层,在硬基层上。

人工费:2. 48 元/m^2 ×39. 09m^2 =96. 94 元

材料费:4. 79 元/m^2 ×39. 09m^2 =187. 24 元

机械费:0. 40 元/m^2 ×39. 09m^2 =15. 64 元

4)1∶3 水泥砂浆找平层,增 10mm。

人工费:0. 51 元/m^2 ×39. 09m^2 ×2 =19. 94 元 ×2 =39. 87 元

材料费:1. 05 元/m^2 ×39. 09m^2 ×2 =41. 04 元 ×2 =82. 08 元

机械费:0. 09 元/m^2 ×39. 09m^2 ×2 =3. 52 元 ×2 =7. 04 元

5)卵石灌浆垫层,100mm 厚,39. 09m^2 ×0. 1m =3. 91m^3。

人工费:23. 41 元/m^3 ×3. 91m^3 =91. 53 元

材料费:74. 77 元/m^3 ×3. 91m^3 =292. 35 元

机械费:5. 62 元/m^3 ×3. 91m^3 =21. 97 元

6)综合:

直接费合计:4561. 51 元

管理费:　　4561. 51 元 ×34% =1550. 91 元

利润:　　4561. 51 元 ×8% =364. 92 元

总计:　　(4561. 51 +1550. 92 +364. 92)元 =6477. 35 元

综合单价:　6477. 35 元 ÷39. 09m^2 =165. 70 元/m^2

(2)石材踢脚线

1）预制水磨石踢脚线，普通的。

人工费：2.08 元/m × 33.28m = 69.22 元

材料费：6.07 元/m × 33.28m = 202.01 元

机械费：0.38 元/m × 33.28m = 12.65 元

2）综合：

直接费合计：283.88 元

管理费：　283.88 元 × 34% = 96.52 元

利润：　283.88 元 × 8% = 22.71 元

总计：　（283.88 + 96.52 + 22.71）元 = 403.11 元

综合单价：　403.11 元 ÷ 4.992m^2 = 80.75 元/m^2

（3）土（石）方回填

1）房心回填，人工夯实。

人工费：9.08 元/m^3 × 17.59m^3 = 159.72 元

材料费：——

机械费：0.72 元/m^2 × 17.59m^3 = 12.66 元

2）亏土运输，运距 12km。

人工费：3.00 元/m^3 × 17.59m^3 = 52.77 元

材料费：——

机械费：17.37 元/m^3 × 17.59m^3 = 305.54 元

3）综合：

直接费合计：530.69 元

管理费：　530.69 元 × 34% = 180.43 元

利润：　530.69 元 × 8% = 42.46 元

总计：　（530.69 + 180.43 + 42.46）元 = 753.58 元

综合单价：　753.58 元 ÷ 17.59m^3 = 42.84 元/m^3

表 1-2　分部分项工程量清单计价表

工程名称：某工程

序号	项目编码	项目名称	计量单位	工程数量	金额/元	
					综合单价	合价
1	020102001001	石材面层 垫层：卵石垫层 厚为 100mm M5 水泥砂浆灌缝 找平层：1∶3 水泥砂浆 厚为 30mm 防潮层：SBS 弹性沥青 厚为 2mm 面层：预制水磨石 不带嵌条	m^2	39.09	165.70	6 477.21

续表 1-2

序号	项目编码	项目名称	计量单位	工程数量	金额/元	
					综合单价	合价
2	020105002001	石材踢脚线 踢脚线:预制水磨石 不带嵌条 高度 150mm	m^2	4.992	80.75	403.11
3	010103001001	土(石)方回填 室内素土回填 人工夯实 运距 12km	m^3	17.59	42.84	753.58
		合　计				7633.9

表 1-3　分部分项工程量清单综合单价计算表

工程名称:某工程　　计量单位:m^2

项目编码:020102001001　　工程数量:39.09

项目名称:石材面层　　综合单价:165.70

序号	定额编号	工程内容	单位	数量	其中/元					
					人工费	材料费	机械费	管理费	利润	小计
1	1－44	预制普通水磨石 (不带嵌条)	m^2	39.09	332.66	2339.93	111.02			
	建筑 13－71	SBS 弹性沥青防水 (2mm 厚)	m^2	39.09	157.92	773.20	12.12			
	1－14	1∶3 水泥砂浆找平层 (20mm 厚)	m^2	39.09	96.94	187.24	15.64			
	1－16	1∶3 水泥砂浆找平层 (增 10mm)	m^2	39.09	39.87	82.08	7.04			
	1－4	卵石灌浆垫层 (厚 100mm)	m^3	3.91	91.53	292.35	21.97			
		合计			718.92	3674.8	167.79	1550.91	364.92	6477.34

表 1-4　分部分项工程量清单综合单价计算表

项目名称:某工程　　计量单位:m^2

项目编码:020105002001　　工程数量:4.992

项目名称:石材踢脚线　　综合单价:80.75

序号	定额编号	工程内容	单位	数量	其中/元					
					人工费	材料费	机械费	管理费	利润	小计
2	1－169	预制水磨石踢脚线 (普通型的)	m	33.28	69.22	202.01	12.65			
		合计			69.22	202.01	12.65	96.52	22.71	403.11

表 1-5　分部分项工程量清单综合单价计算表

工程名称:某工程　　计量单位:m^3

项目编码:010103001001　　工程数量:17.59

项目名称:土(石)方回填　　综合单价:42.84

序号	定额编号	工程内容	单位	数量	其中/元					
					人工费	材料费	机械费	管理费	利润	小计
3	建筑 1-14	房心回填(人工夯实)	m^3	17.59	159.72	—	12.66			
	建筑 1-15	亏土运输(运距 12km)	m^3	17.59	52.77	—	305.54			
		合计			212.49	—	318.2	180.43	42.46	753.58

【例 2】　一台阶水平投影面积(不包括最后一步踏步 300mm)为 29.34m^2,台阶长度为 32.6m,宽度为 300mm,高度为 150mm,80mm 厚混凝土 C10 基层,体积 6.06m^3,100mm 厚灰土垫层,体积 3.59m^3,面层为芝麻白花岗石,板厚 25mm。

1. 业主根据施工图计算,花岗石台阶面为 29.34m^3。

表 1-6　分部分项工程量清单

工程名称:某工程

序号	项目编码	项目名称	计量单位	工程数量
1	020108001001	石材台阶面 垫层:3∶7 灰土垫层 厚度为 100mm 基层:C10 混凝土基层 厚度为 80mm 黏结层:1∶3 水泥砂浆 面层:芝麻白花岗石 厚度为 25mm	m^2	29.34

2. 投标人根据施工图及施工方案计算

(1)花岗石面层 25mm 厚,工程量为 29.34m^2。

1)人工费:13.80 元/m^2 ×29.34m^2 =404.89 元

2)材料费:184.35 元/m^2 ×29.34m^2 =5408.83 元

3)机械费:6.73 元/m^2 ×29.34m^2 =197.46 元

(2)C10 混凝土基层,厚 80mm,工程量为 6.06m^3。

1)人工费:32.27 元/m^3 ×6.06m^3 =195.56 元

2)材料费:151.30 元/m^3 ×6.06m^3 =916.88 元

3)机械费:15.61 元/m^3 ×6.06m^3 =94.60 元

(3)3∶7 灰土垫层,厚 100mm,工程量为 3.59m^3。

1)人工费:22.73 元/m^3 ×3.59m^3 =81.60 元

2)材料费:22.37 元/m^3 ×3.59m^3 =80.31 元

3)机械费:1.78 元/m^3 ×3.59m^3 =6.39 元

(4)花岗石踢脚板,厚25mm,工程量32.6m。

1)人工费:2.81 元/m ×32.6m =91.61 元

2)材料费:37.13 元/m ×32.6m =1210.44 元

3)机械费:1.42 元/m ×32.6m =46.29 元

(5)综合:

1)直接费合计:8734.86 元

2)管理费：　8734.86 元 ×34% =2969.85 元

3)利润：　8734.86 元 ×8% =698.79 元

4)总计：　(8734.86 +2969.85 +698.79)元 =12403.5 元

5)综合单价：　12403.5 元 ÷29.34m^2 =422.75 元/m^2

表1-7　分部分项工程量清单计价表

工程名称:某工程

序号	项目编码	项目名称	计量单位	工程数量	金额/元	
					综合单价	合价
1	020108001001	石材台阶面: 垫层:3∶7 灰土垫层 厚度为100mm 基层:C10 混凝土基层 厚度为80mm 黏结层:1∶3 水泥砂浆 面层:芝麻白花岗石 厚度为25mm	m^2	29.34	422.75	12403.5

表1-8　分部分项工程量清单综合单价计算表

工程名称:某工程　　　　计量单位:m^2

项目编码:020108001001　　　　工程数量:29.34

项目名称:石材台阶面　　　　综合单价:422.75

序号	定额编号	工程内容	单位	数量	其中/元					
					人工费	材料费	机械费	管理费	利润	小计
1	1 -65	花岗石面层 (每块面积0.75m^2 以内)	m^2	29.34	404.89	5408.83	197.46			
	1 -7	C 10混凝土基层 (厚80mm)	m^3	6.06	195.56	916.88	94.60			
	1 -1	3∶7 灰土垫层 (厚100mm)	m^3	3.59	81.60	80.31	6.39			
	1 -174	花岗石踢脚板 (厚25mm)	m	32.6	91.61	1210.44	46.29			
		合计			773.66	7616.46	344.74	2969.85	698.79	12403.5

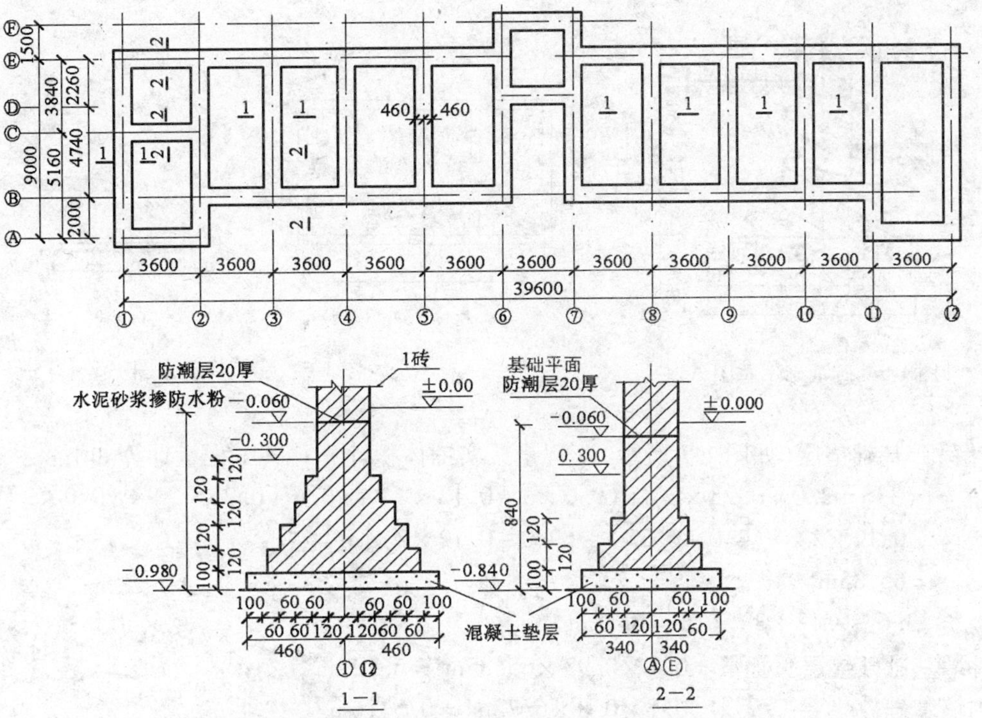

图 1-2　某建筑平面及基础构造图

【例 3】　按图 1-2，在室内填土做 10cm 厚的灰土垫层，如图 1-3 所示。求其工程量。

【解】　沉降缝工程量按长度计算，沉降缝工程量 = (19.2 + 19.2 + 12) m = 50.4m

【例 4】　如图 1-2 所示，在建筑物四周做 50cm 宽的散水坡，其垫层为 12cm 厚干铺碎石，求碎石垫层工程量，如图 1-4 所示。

【解】　$工程量 = [(39.6 + 0.24 + 0.5) + (9 + 0.24 + 0.5) + 1.5] \times 2 \times 0.5 \times 0.12\text{m}^3$

$= 6.19\text{m}^3$

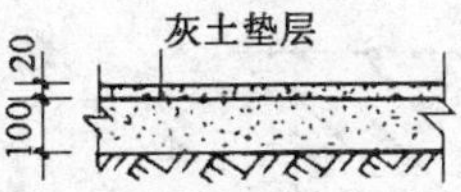

图 1-3　灰土垫层示意图

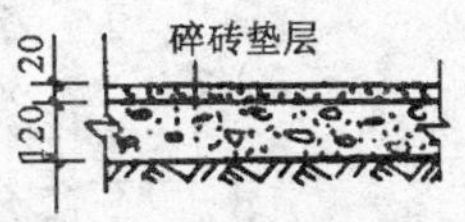

图 1-4　碎砖垫层示意图

【例 5】　平面如图 1-2 所示，其砖墙基础用 10cm 厚的无筋混凝土（即素混凝土）基础垫层，如图 1-5 所示，求此垫层工程量。

【解】　$工程量 = [(39.6 + 9 + 1.5 + 2) \times 2 + (3.6 - 0.8) + (7 - 0.8) \times 10] \times 0.8 \times 0.1\text{m}^3$

$= 13.52\text{m}^3$

【例 6】　计算地面垫层工程量（如图 1-6 所示）。

【解】　地面垫层工程量按主墙间净面积乘以垫层厚度以体积立方米计算。如果有沟道，应扣除沟道所占面积。

【例 7】　计算如图 1-7 所示基础垫层工程量。

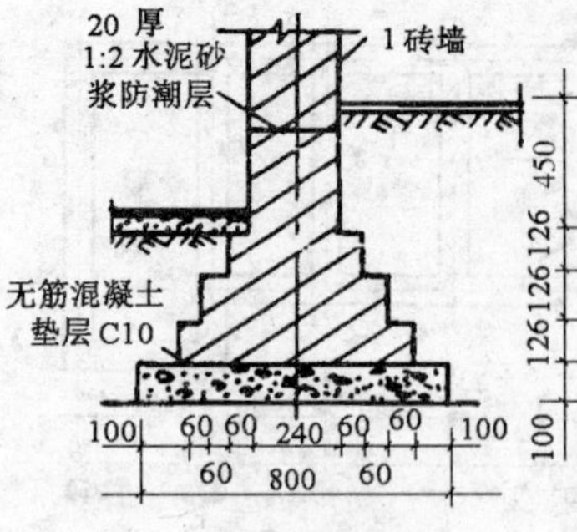

图 1-5　砖基础示意图

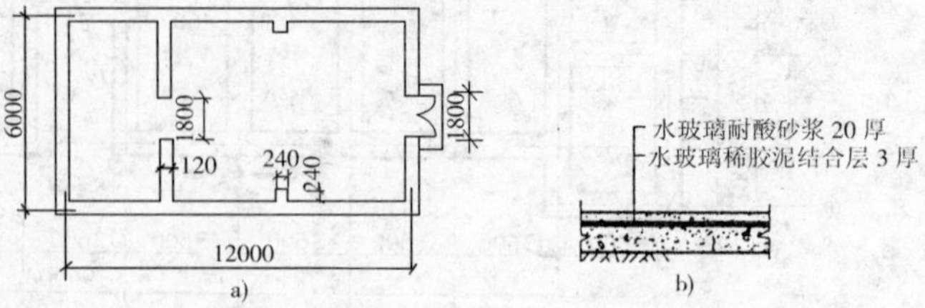

图 1-6　建筑物示意图

【解】　基础垫层（如图 1-7 所示）工程量按实铺体积计算。其工程量计算如下：

$L_{中}=[(3.6+2.0+0.25\times2)+(9.0\times3-0.12\times2)+(3.6+0.25\times2)+(9.0\times2-0.12\times2)+(2.0+0.37)+(9.0-0.12\times2)]\text{m}$

$=65.85\text{m}$

$L_{内}=(3.6-0.12\times2)\times2\text{m}=6.72\text{m}$

外墙基础砂垫层工程量 $=0.1\times0.93\times65.85\text{m}^3=6.124\text{m}^3$

内墙基础砂垫层工程量 $=0.1\times0.8\times6.72\text{m}^3=0.5376\text{m}^3$

外墙和内墙基础砂垫层工程量 $=(6.124+0.5376)\text{m}^3=6.662\text{m}^3$

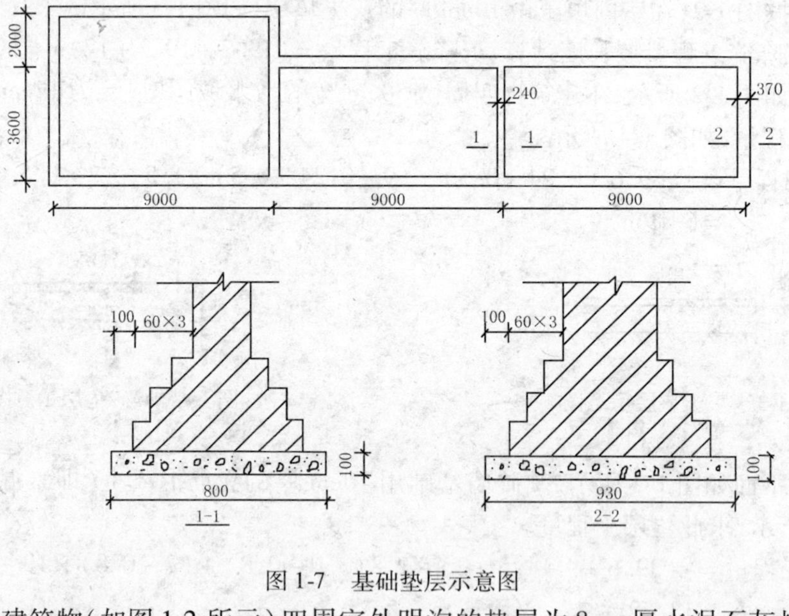

图 1-7　基础垫层示意图

【例 8】　建筑物（如图 1-2 所示）四周室外明沟的垫层为 8cm 厚水泥石灰炉渣（如图 1-8 所示），求其工程量。

【解】　工程量 $=[(39.84+9.24+1.5)\times2+(0.5+0.13)\times8]\times0.74\times0.08\text{m}^3$

$=6.29\text{m}^3$

【例 9】　方型独立柱基 C15 混凝土垫层，如图 1-9 所示，独立基础 26 个。计算工程量。

【解】 垫层工程量 $=2.0\times2.0\times0.1\times26\text{m}^3=10.4\text{m}^3$

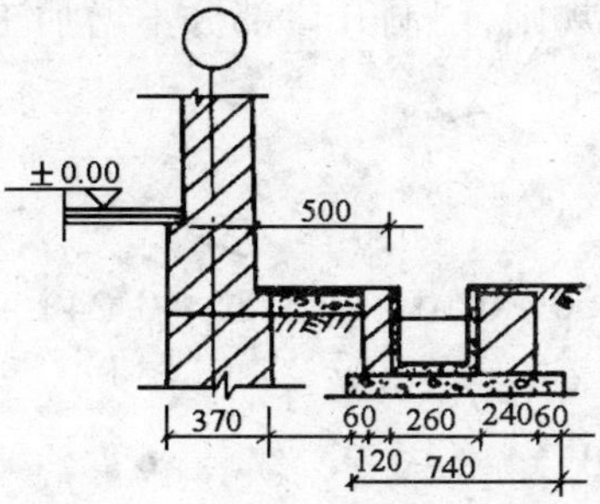

图 1-8 混凝土明沟示意图

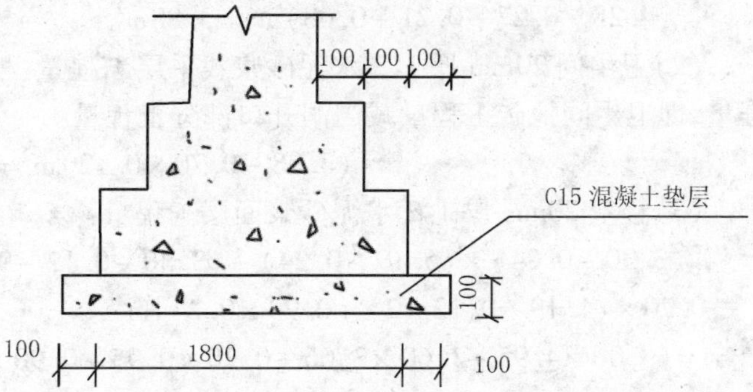

图 1-9 方型独立基础

【例 10】 如图 1-10 所示为某学生公寓标准单元平面图，卫生间楼面做法为：300mm × 300mm 水泥砂浆结合层，地砖 15mm 厚 1∶3 水泥砂浆找平层，寝室楼面做法为：20mm 厚 1∶2 水泥砂浆面层，20mm 厚 1∶3 水泥砂浆找平层，试计算该标准单元卫生间、寝室楼面工程量。

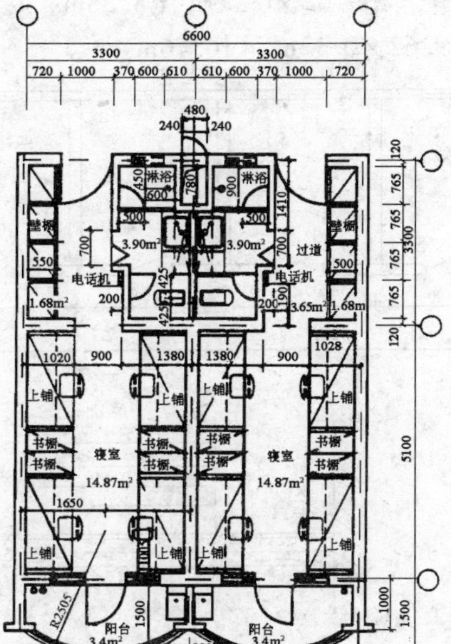

图 1-10 学生公寓标准单元平面图

【解】 工程量计算：

(1) 卫生间地砖工程量：

$$[(3.30-0.24)\times(0.37+0.60+0.61-0.12-0.06)-\underbrace{(0.24-0.06+0.12)\times(0.78+0.12)}_{\text{管道井}}$$

$$-\underbrace{(0.20-0.12+0.12)\times(1.19-0.12)}_{\text{搁电话机处}}+\underbrace{0.70\times0.12}_{\text{门洞开口部分}}]\text{m}^2$$

$= (3.06 \times 1.40 - 0.30 \times 0.90 - 0.20 \times 1.07 + 0.70 \times 0.12)\,m^2$

$= (4.28 - 0.27 - 0.21 + 0.08)\,m^2 = 3.88m^2$

(2)卫生间 20mm 厚 1∶2 水泥砂浆找平层工程量：根据计算规则，门洞开口部分不增加工程量，即卫生间地砖工程量减门洞开口部分工程量：

$$(3.88 - 0.70 \times 0.12)\,m^2 = 3.80m^2$$

(3)寝室 20mm 厚 1∶2 水泥砂浆面层工程量：

$[(3.30 - 0.24) \times (5.19 - 0.24) + (3.30 - 0.12 - 0.37 - 0.60 - 0.61) \times (3.30 - 0.24) + 0.20 \times (1.19 - 0.12 \times 2) + 0.90 \times 0.24]\,m^2$

$= (3.06 \times 4.95 + 1.60 \times 3.06 + 0.20 \times 0.95 + 0.90 \times 0.24)\,m^2$

$= (15.15 + 4.90 + 0.19 + 0.22)\,m^2$

$= 20.46m^2$

(4)寝室 20mm 厚 1∶3 水泥砂浆找平层工程量同水泥砂浆面层 $20.46m^2$。

【例 11】 地面、垫层、踢脚线如图 1-11 所示，求其工程量。

【解】 室内面积 $= (6.3 - 0.24) \times (6.0 - 0.24) \times 4m^2 = 139.62m^2$

(1)水泥砂浆工程量 $= 139.62m^2$

(2)C10 混凝土垫层工程量 $= 139.62 \times 0.06m^3 = 8.38m^3$

(3)碎石垫层工程量 $= 139.62 \times 0.12m^3 = 16.76m^3$

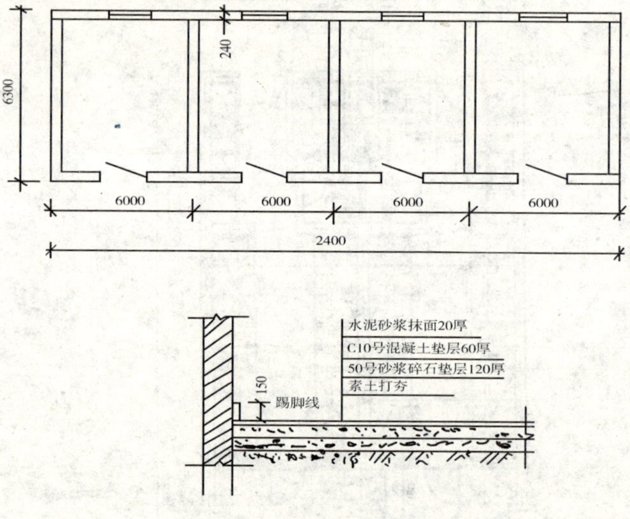

图 1-11 地面、垫层、踢脚线

【例 12】 防滑坡道如图 1-12 所示。如何计算工程量。

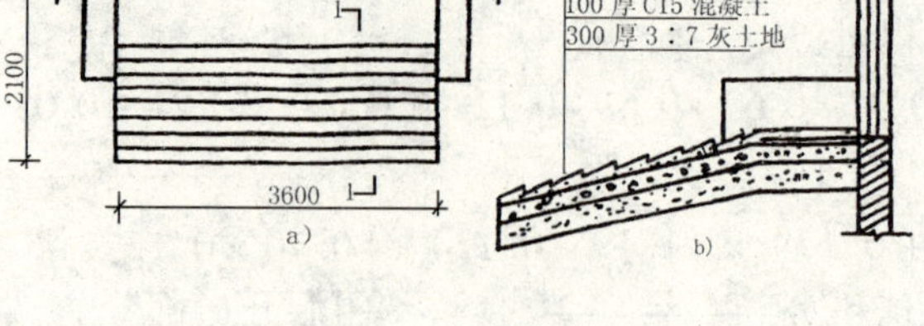

图 1-12 防滑坡道

【解】 (1)1∶2 水泥砂浆：

工程量 $=2.1\times3.6\text{m}^2=7.56\text{m}^2$

(2)C15 混凝土：

工程量 $=2.1\times3.6\times0.1\text{m}^3=0.76\text{m}^3$

【例 13】 如图 1-13 所示，设计要求做水泥砂浆找平层和菱苦土整体面层，计算工程量。

【解】 其工程量计算如下：

$$[(6.6-0.12\times2)\times(4.6-0.12\times2)+(3.3-0.12\times2)\times(4.6-0.12\times2)]\text{m}^2$$
$$=41.07\text{m}^2$$

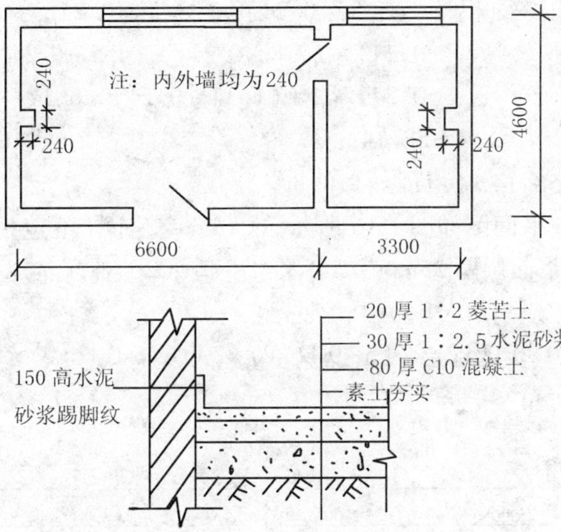

图 1-13 菱苦土地面示意图

【例 14】 如图 1-14 所示，求住宅楼二层房间（不包括卫生间、厨房）及走廊地面找平层工程量（做法：C20 细石混凝土找平层厚 40mm），内外墙均 240mm 厚度。

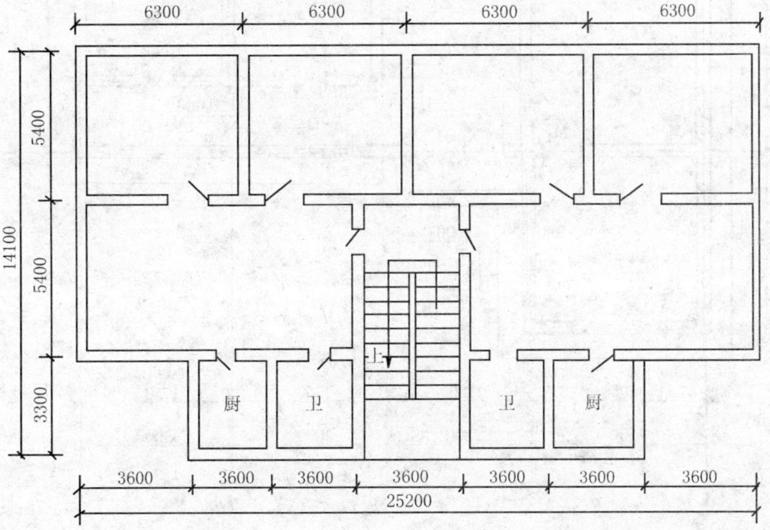

图 1-14 某住宅二层示意图

【解】 工程量 $=[(5.4-0.24)\times(6.3-0.24)\times4+(5.4-0.24)\times(10.8-0.24)\times2]$
$=(125.078+108.9792)\text{m}^2=234.06\text{m}^2$

说明:1. 整体面层下做找平层时,找平层工程量与整体面层工程量相等。

2. 垫层的设计厚度与定额子目厚度不同时可以做调整。砂浆配比不同时,可以做调整。套用基础定额 8—21;(8—22)×2。

注:本工程地面垫层厚度为40mm,8-21 子目为 30mm 厚,此厚度差为 10mm,8-22 子目每次调整厚度为 5mm,故(8－22)×2。

【例 15】 某工程底层平面如图 1-15 所示,室内地面垫层采用 100mm 厚 C10 素混凝土,求其工程量。

【解】 室内主墙间净面积 $=[(3.5-0.24)\times(3.5-0.24)+(4.5-0.24)\times(3.5-0.24)+(2.8-0.24)\times(4.5-0.24)+(3-0.24)\times(3.16-0.24)\times2+(1.34-0.24)\times6]\text{m}^2$
$=58.14\text{m}^2$

室内垫层工程量 $=58.14\times0.1\text{m}^3=5.81\text{m}^3$

【例 16】 某办公室平面图如图 1-16 所示,求办公室房间(不包括卫生间)整体面层工程量(做法:1∶2.5 水泥砂浆面层厚 25mm,素水泥浆一道;C20 细石混凝土找平层厚 40mm;水泥砂浆踢脚线高 150mm)。

【解】工程量 $=[(3.0-0.12\times2)\times(4.5-0.12\times2)\times2+(6.0-0.12\times2)\times(4.5-0.12\times2)]\text{m}^2$
$=48.05\text{m}^2$

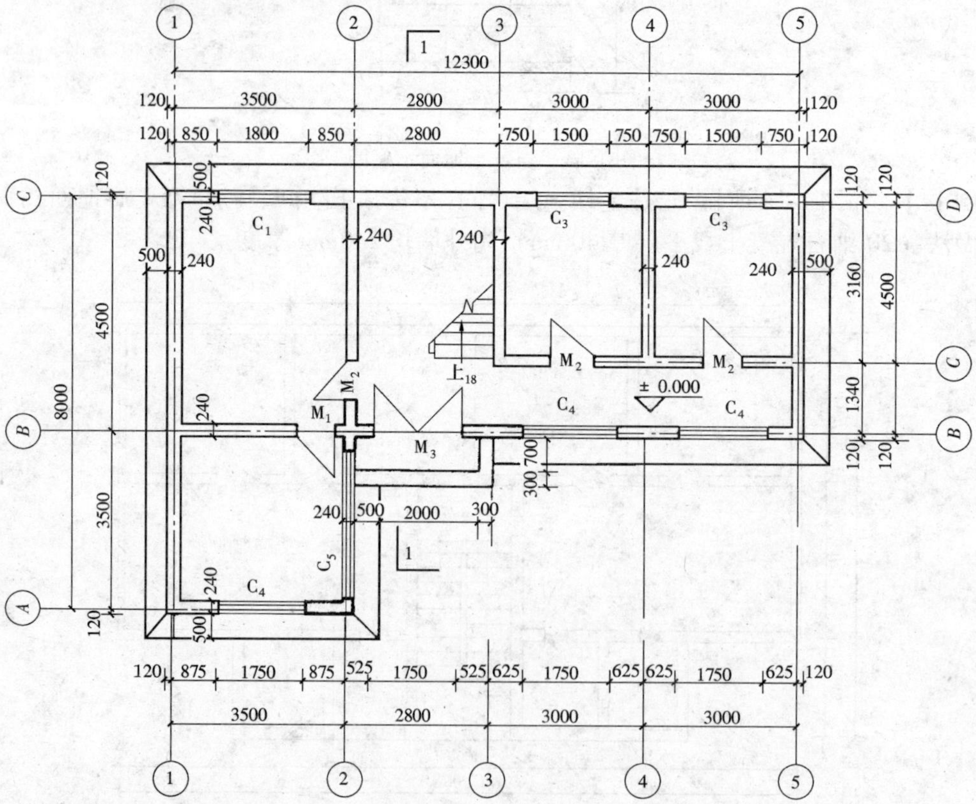

图 1-15 底层平面图

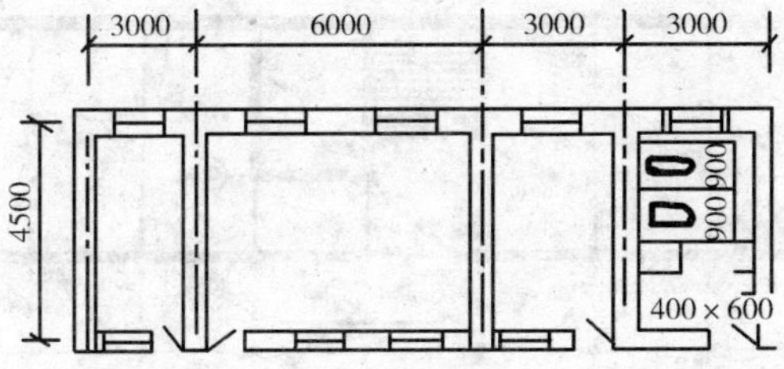

图 1-16　办公室平面图

注:墙厚均为 240mm

【例 17】　如图 1-17 所示,求毛石灌浆垫层工程量(做毛石灌 M2.5 混合砂浆,厚 80mm,素土夯实)。

【解】　工程量 $=[(2.7-0.24)\times(3.6-0.24)+(9.0-0.24)\times(6.6-0.24)]\times0.08\mathrm{m}^3$

$=(8.2656+55.7136)\times0.08\mathrm{m}^3=5.12\mathrm{m}^3$

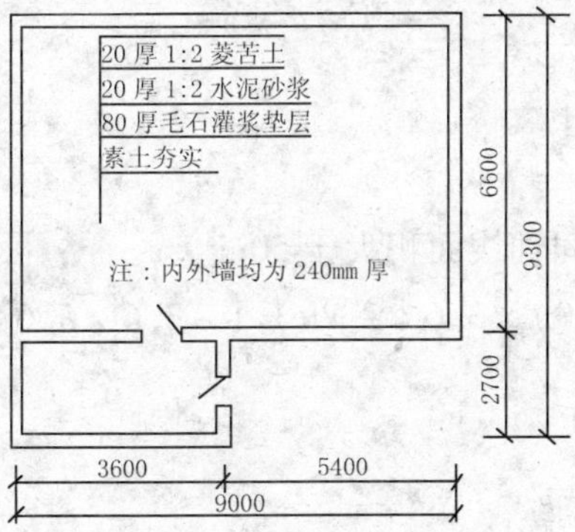

图 1-17　某展厅平面示意图

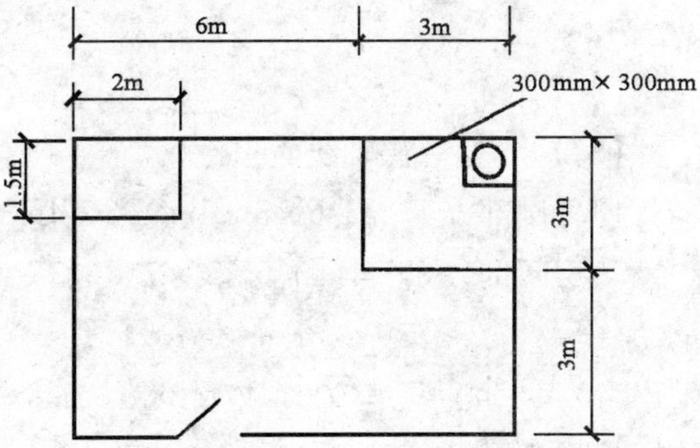

图 1-18　厨房平面图

【例 18】　某一住宅厨房采用碎砖灌浆垫层,如图 1-18 所示,试预计此厨房的工程量(垫层厚度 300mm)。

【解】　扣除灶台及水池面积,则垫层的体积为:

$(9\times6-2\times1.5-3\times3-0.3\times0.3)\times0.3\mathrm{m}^3$

$=41.91\times0.3\mathrm{m}^3$

$=12.57\mathrm{m}^3$

另注:此题中的烟囱不同于构筑物中烟囱,它属于附墙烟囱,故可忽略不计,其所占面积应算在垫层工程量之中,若工程为大工程,此类的小型建筑可不算在内,本题亦可不算其面积,工程量(垫层)即为:$(9\times6-2\times1.5-3\times3)\times0.3\mathrm{m}^3=12.6\mathrm{m}^3$

【例 19】　某商业楼工程,如图 1-19 所示。一层为商店,二层、三层为办公室。一层地面做法:3∶7 灰土垫层 300mm 厚,地瓜石垫层 150mm 厚(M2.5 水泥砂浆灌浆),C10 混凝土垫层 40mm 厚,水泥砂浆抹面;二层、三层楼面做法:预制混凝土空心板上(C20 细石混凝土垫层 40 厚)(该层已在楼板制作定额中综合考虑),水泥砂浆抹面,水泥砂浆踢脚线高 150mm,计算该工程楼地面工程量。

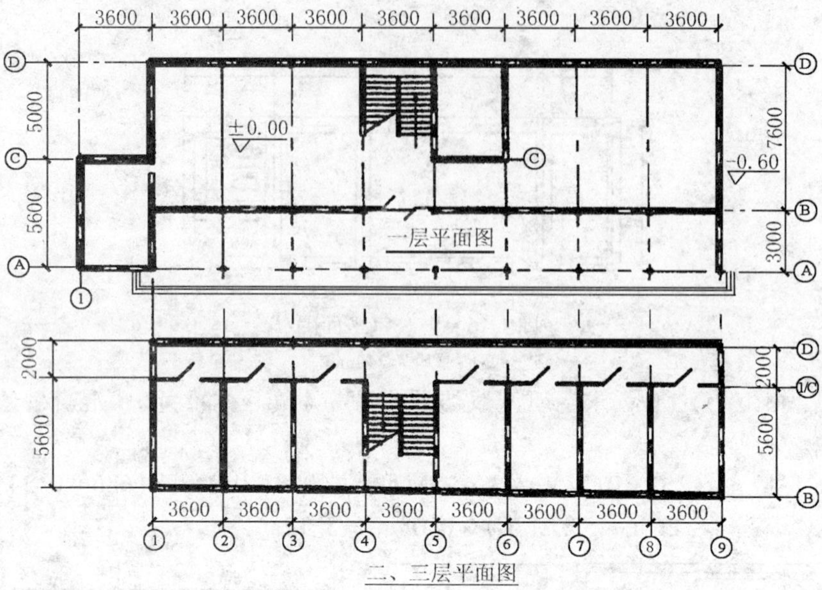

图 1-19　楼地面的计算

【解】 (1)一层轴线面积:

1)外廊部分 $F_1=3.6\times8\times3\text{m}^2=86.4\text{m}^2$(单个房间轴线面积大于 50m^2)

2)房间部分 $F_2=\{[3.6\times3\times7.6\times2+(7.6-5.0)\times3.6\times2]\times1.1+3.6\times5.6+5.0\times3.6\}\text{m}^2$

$=(201.17+38.16)\text{m}^2=239.33\text{m}^2$

楼梯垫层 $F_3=5\times3.6\text{m}^2=18.00\text{m}^2$

房间部分 + 楼梯垫层 $=F_2+F_3=(239.33+18.00)\text{m}^2=257.33\text{m}^2$

3:7 灰土垫层 300 厚工程量为:$257.33\times0.3\text{m}^3=77.20\text{m}^3$

地瓜石垫层 150 厚工程量为:$257.33\times0.15\text{m}^3=38.60\text{m}^3$

混凝土垫层 40 厚工程量为:$257.33\times0.04\text{m}^3=10.29\text{m}^3$

水泥砂浆地面工程量为:239.33m^2

(2)二、三层楼面工程量只有外廊部分超过 50m^2,需乘系数 1.1,其他房间均为图示尺寸。(楼梯面层暂时不计)

(3)二、三层楼面轴线面积 $F=\{[(2.0\times3.6\times8)\times1.1+3.6\times5.6\times7]\times2+3.6\times5.6\}\text{m}^2$

$=429.12\text{m}^2$

(4)踢脚线:该楼地面踢脚线的工程量为:

$$(239.33+429.12)\times93.9/100\text{m}=627.67\text{m}$$

【例 20】 如图 1-20 所示为某工程底层平面图,已知地面为水磨石面层,踢脚线为 150mm 高水磨石,试求地面的各项工程量。

【解】 (1)水磨石地面工程量:

$[(6-0.24)\times(5.8-0.24)+(2.8-0.24)\times(3-0.24)]\text{m}^2=39.09\text{m}^2$

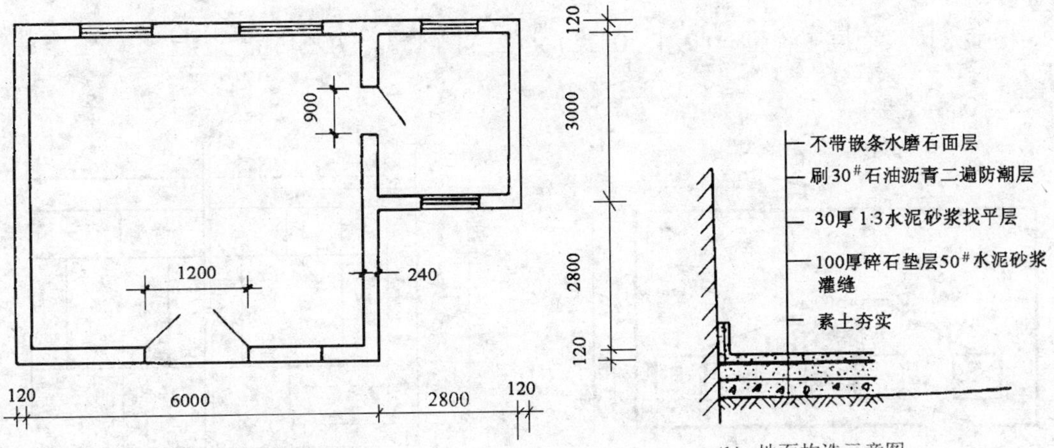

(a) 平面图　　　(b) 地面构造示意图

图 1-20　某工程地面施工图

(2)水磨石踢脚线工程量:

[(5.8 − 0.24 + 6 − 0.24) × 2 + (2.8 − 0.24 + 3 − 0.24) × 2]m = 33.28m

(3)防潮层工程量 = 地面面层工程量 = 39.09m^2

(有关计算规则见"屋面与防水工程")

(4)找平层工程量 = 地面面层工程量 = 39.09m^2

(5)灌浆碎石垫层工程量 = 39.09 × 0.10m^3 = 3.91m^3

(6)素土夯实(室内回填)工程量 = 39.09 × 回填厚度

【例 21】　如图 1-6 所示,求办公室房间(不包括卫生间)水泥砂浆踢脚线工程量,踢脚线高 150mm。

工程量 = [(4.5 − 0.12 × 2) × 6 + (3.0 − 0.12 × 2) × 3 + (6.0 − 0.12 × 2) × 2] × 0.15m^2

= 6.80m^2

【例 22】　计算水磨石地面的工程量并预算其费用(嵌条)(如图 1-21 所示)。

【解】　因为整体面层的工程量的计算规则是不扣除柱、垛、间壁墙、附墙烟囱及面积在 0.3m^2 以内的孔洞所占的面积,所以此水磨石地面的工程量为:

8m × 6m = 48m^2

【例 23】　如图 1-22 所示,走廊水磨石地面做金属嵌条。计算其工程量。

【解】　其工程量计算如下:

[(12 − 0.24) × 2 + 1.1 × 12 + (0.5 − 0.12) × 11 × 2]m = 45.08m

【例 24】　如图 1-23 所示,求某传达室现浇水磨石面层工程量(做法:水磨石地面面层、玻璃嵌条,水泥白砂浆 1∶2.5 素水泥浆一道,C10 混凝土垫层厚 60mm,素土夯实)。

【解】　工程量 = (3.6 − 0.24) × (4.2 − 0.24)m^2 = 13.31m^2

【例 25】　如图 1-24 所示,计算某现浇钢筋混凝土楼梯水磨石面层工程量。

【解】　根据计算规则,水磨石面层工程量以图示水平投影面积计算,不扣除小于 500mm

楼梯井。

楼梯水磨石面层工程量 $=(2.4-0.24)\times(2.34+1.34-0.24)\mathrm{m}^2$

$=2.16\times3.44\mathrm{m}^2=7.43\mathrm{m}^2$

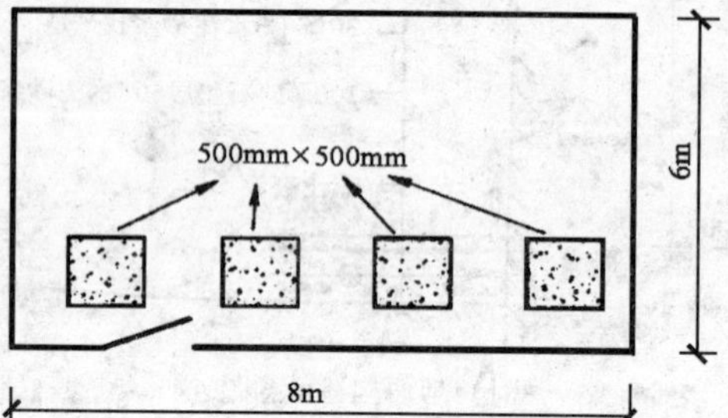

图 1-21　水磨石地面示意图

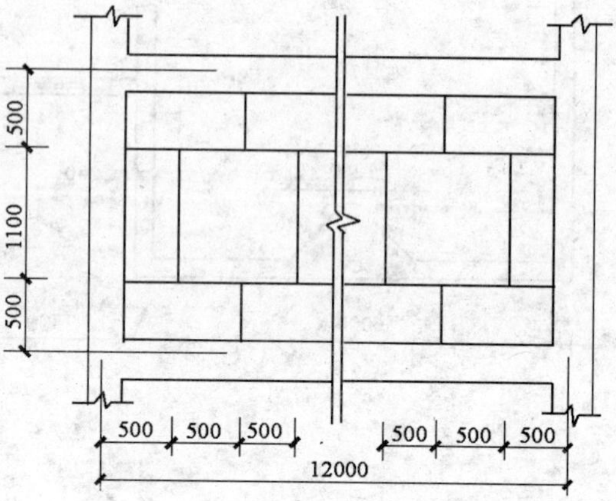

图 1-22　走廊地面金属嵌条示意图

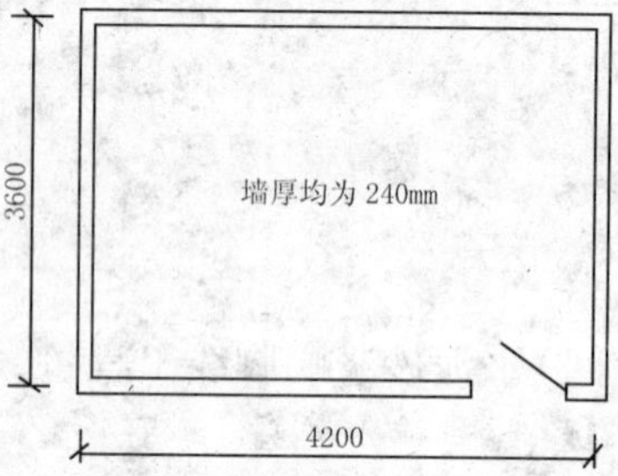

图 1-23　某传达室平面示意图

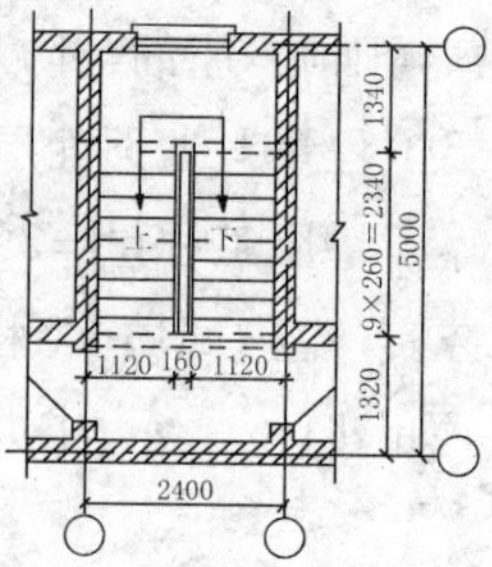

图 1-24　某办公楼四层示意图

【例 26】　如图 1-25、图 1-26 所示，求明沟工程量(做法:80 厚水泥石灰炉渣)。

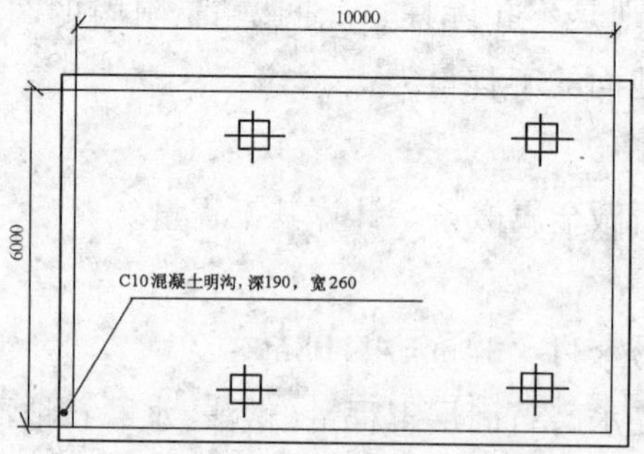

图 1-25　混凝土明沟平面示意图

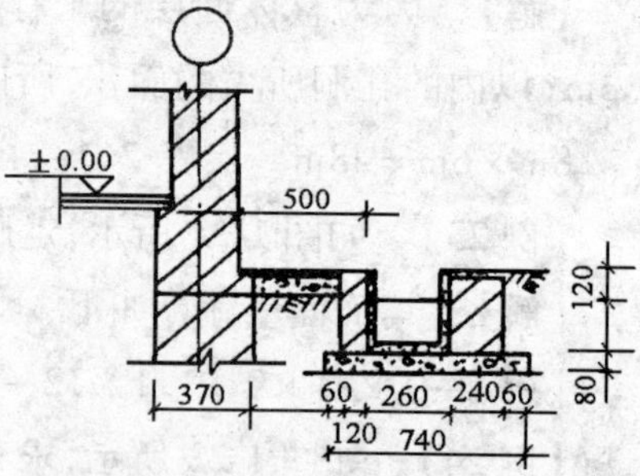

图 1-26　混凝土明沟剖面示意图

【解】　明沟工程量 $=[(6.6+8.4)\times2+(0.26+0.5\times2)\times4]\mathrm{m}=35.04\mathrm{m}$

【例 27】 试计算图 1-27 所示住宅室内水泥豆石浆(厚 20mm)地面的工程量。

【解】 本例为整体面层,工程量按主墙间净空面积计算:

$F=(5.8-0.24)\times(9.6-0.24\times3)m^2=49.37m^2$

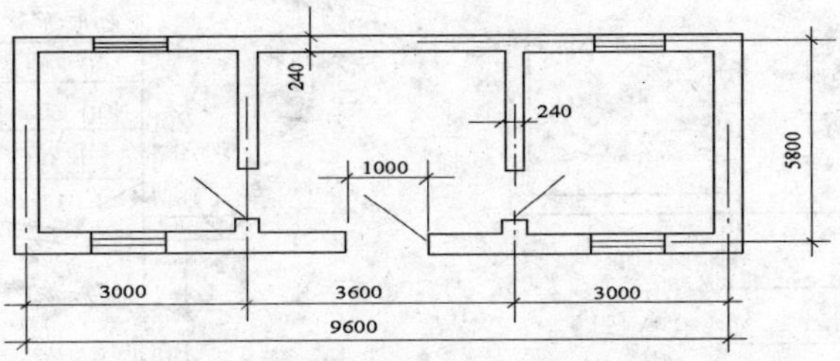

图 1-27 水泥豆石浆地面示意图

【例 28】 若图 1-27 地面改为水磨石地面嵌铜条,计算金属嵌条工程量。

【解】 设本例水磨石地面镶边宽 150mm,分格为 1.00mm 的方形。

(1)开间 3.6m 房间的嵌条:

纵向条长:$(3.6-0.24-0.15\times2)m=3.06m$

横向条长:$(5.8-0.24-0.15\times2)m=5.26m$

横向铜条数 4 根,铜条长:$5.26\times4m=21.04m$

纵向铜条数:$\frac{5.26}{1}+1=6$ 条,铜条长:$3.06\times6m=18.36m$。

(2)两侧 3.0m 开间:

纵向条长:$(3.0-0.24-0.15\times2)m=2.46m$

横向条长:$(5.8-0.24-0.15\times2)m=5.26m$

横向铜条 4 根,铜条长:$5.26\times4\times2m=42.08m$

纵向铜条 6 根,铜条长:$2.46\times6\times2m=29.52m$

(3)铜嵌条小计:$(21.04+18.36+42.08+29.52)m=111.0m$

【例 29】 如图 1-2、图 1-28 所示,混凝土散水坡,宽 50cm,面层一次抹光,求其工程量。

【解】 混凝土散水坡面层一次抹光工程量 $=[(39.6+0.24+0.5)+(9+0.24+0.5)+1.5]\times2\times0.5m^2=51.58\times2\times0.5m^2=51.58m^2$

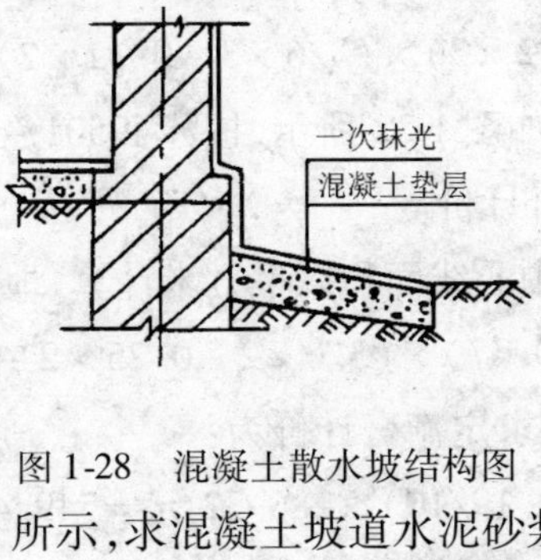

图 1-28 混凝土散水坡结构图

【例 30】 如图 1-29、图 1-30 所示,求混凝土坡道水泥砂浆面层工程量。

【解】 工程量 $=3.0\times1.0\text{m}^2=3\text{m}^2$

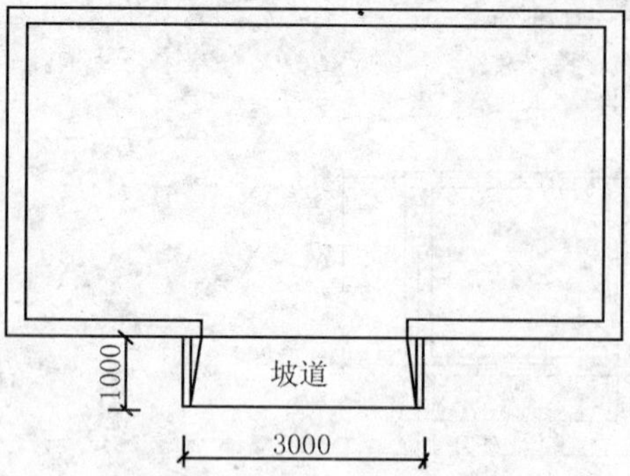

图 1-29 坡道平面示意图

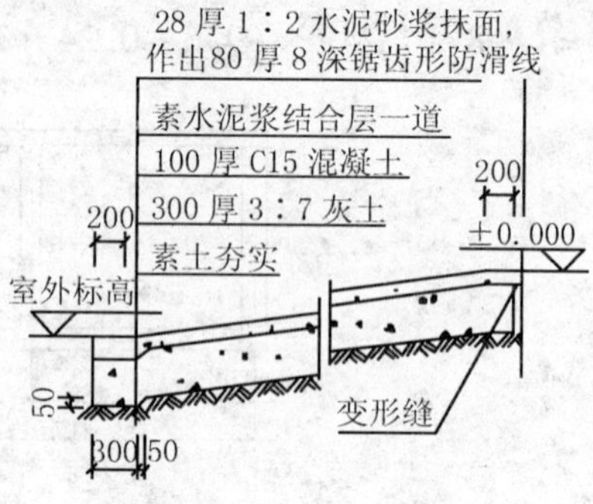

图 1-30 坡道剖面示意图

【例 31】 如图 1-31 所示，求混凝土为 C10，面层为一次性抹光散水的工程量。

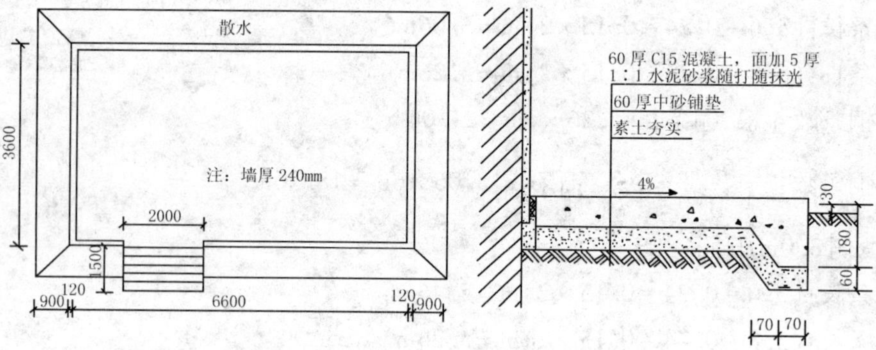

图 1-31 散水平面及剖面示意图

【解】 工程量 $=\{[(6.6+0.24+0.9\times2)+(3.6+0.24)]\times0.9\times2-2.0\times0.9\}\text{m}^2$

$=20.66\text{m}^2$

注：散水工程量应除去台阶及坡道的面积。

【例 32】 如图 1-17 所示，求某工具室地面菱苦土整体面层工程量（做菱苦土面层厚 25mm，毛石灌 M2.5 混合砂浆厚 100mm，素土夯实）。

【解】 工程量 $=(8.4-0.12\times2)\times(3.6\times3-0.12\times2)\text{m}^2=86.17\text{m}^2$

【例 33】 某工程底层平面如图 1-32 所示，按苏 J9501 –2/2 做水泥砂浆地面，求地面工程量并套用综合预算定额求定额合计价。

【解】 水泥砂浆地面按墙中心线面积以平方米计算，地面工程量为：

$$(3.0+0.25\times2-0.37)\times(3.0\times2+0.25\times2-0.37)\text{m}^2=19.19\text{m}^2$$

套用综合预算定额 5 –2，所求定额合计价为：

$$(19.19/10)\times286.32\text{ 元}=549.45\text{ 元}$$

【例 34】 计算图 1-33 所示门厅镶贴花岗岩地面面层工程量。

【解】 按计算量规则花岗岩面层工程量按实铺面积计算，应加门洞开口部分面积。

$[(4.5-0.24)\times4+1.6\times0.24]\,m^2=17.42m^2$

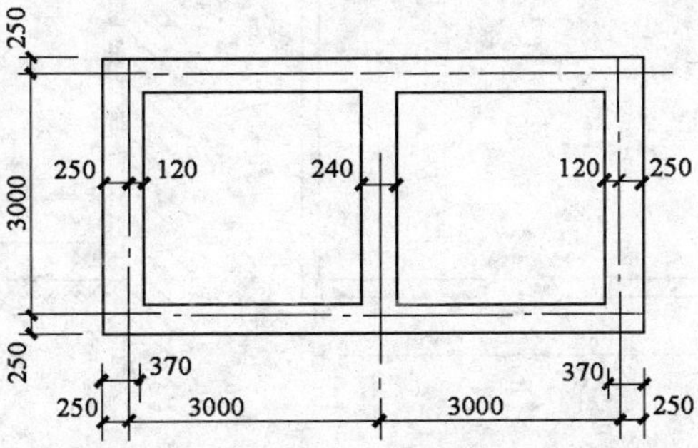

图 1-32　某工程底层平面示意图

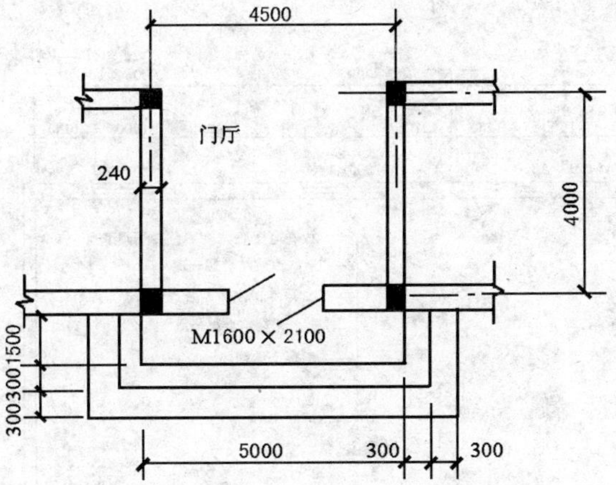

图 1-33　某门厅平面示意图

【例 35】 计算图 1-34 地面分项工程量。

【解】 (1)1∶2.5 水泥砂浆抹面

工程量 $=(5.4-0.24)\times(3.3-0.24)\,m^2=15.79m^2$

(2)C15 混凝土

工程量 $=2.82\times0.06m^3=0.17m^3$

(3)中砂垫层

工程量 $=2.82\times0.08m^3=0.23m^3$

【例 36】 如图 1-35 所示，计算玻璃嵌条彩色镜面水磨石地面的工程量。

【解】 彩色镜面水磨石地面工程量：

$(12-0.24)\times(8-0.24)\,m^2=91.26m^2$

说明：(1)楼地面整体面层按主墙间净空尺寸计算工程量。

(2)不扣除柱子所占的面积。

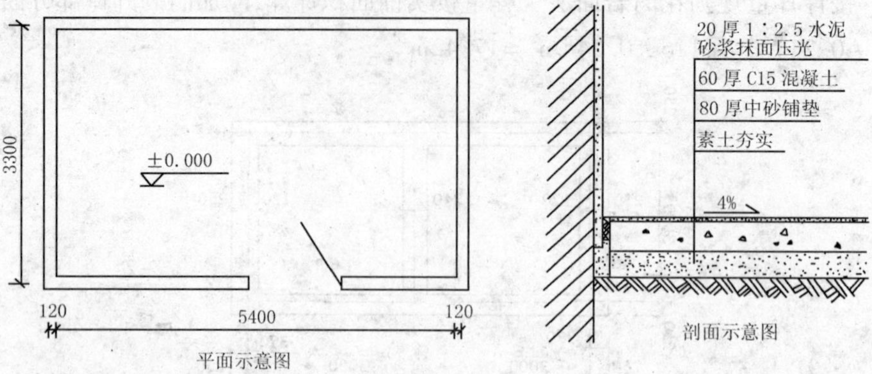

图 1-34　某门卫室施工图

(3)门洞口部分不再增加。

(4)玻璃嵌条不调整数量。

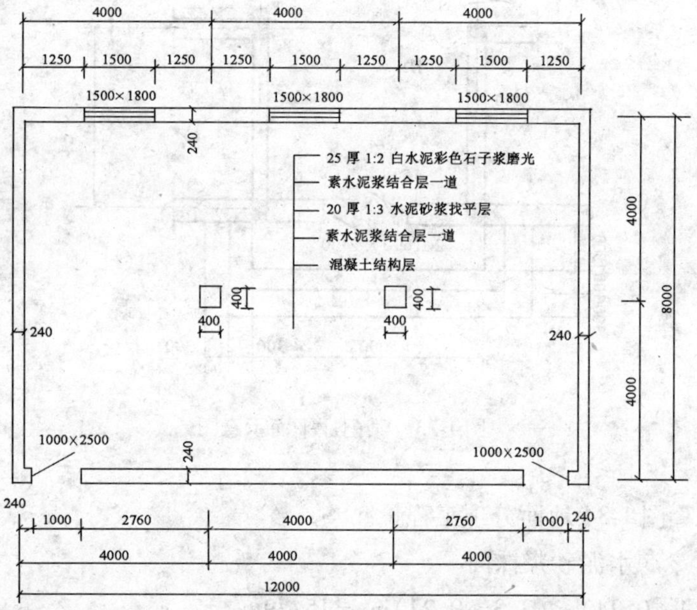

图 1-35　彩色镜面水磨石地面示意图

【例 37】　某银行营业厅铺贴 600mm×600mm 黄色大理石板，其中有三块拼花，如图 1-36 所示，试计算其工程量。

【解】　(1)地坪三处拼花属简单图案，按图案矩形面积计算：

$$2.421 \times 2.421 \times 3\text{m}^2 = 17.58\text{m}^2$$

(2)计算图案之外的工程量和直接费：

$$\{(6.6-0.24)\times(18-0.12+0.36)+[(6+0.6-0.36)\times5.4-1.2\times(1.2-0.24)-1.2\times(0.6-0.12)]\times3.2\times0.24(\text{门洞口})-2.421\times2.421\times3\}\text{m}^2$$

$$=122.98\text{m}^2$$

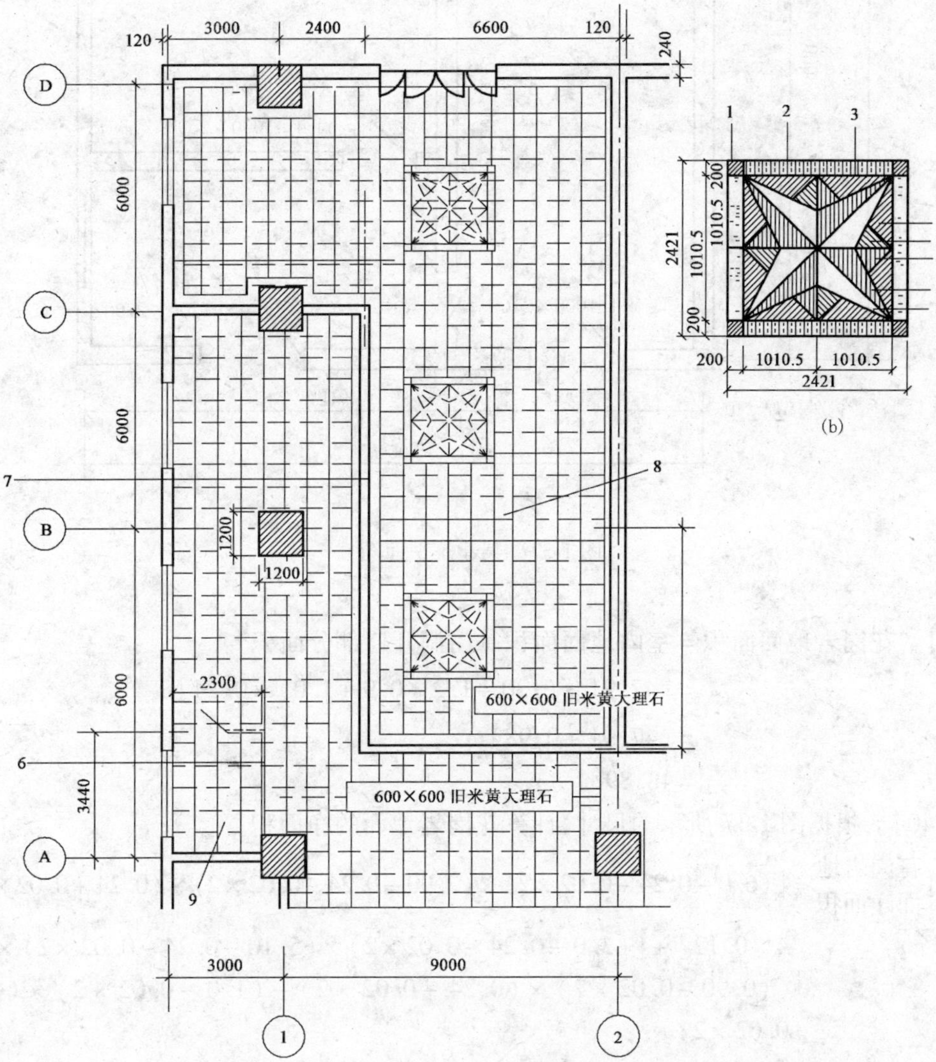

(a)

1—斑皮红；2—蒙古黑；3—大花绿；4—金花米黄；5—大花白；6—蒙古黑压边；

7—玻璃隔断；8—营业大厅；9—电脑主机房

图 1-36　某营业厅地坪平面图

【例 38】　如图 1-37 所示，计算该建筑物的室内地面面层工程量。

【解】　室内地面面积 = 建筑面积 − 墙结构面积

$$= \{9.24 \times 6.24 - [(9+6)\times 2 + 6 - 0.24 + 5.1 - 0.24)] \times 0.24\}\,m^2$$

$$= (57.66 - 40.62 \times 0.24)\,m^2$$

$$= (57.66 - 9.75)\,m^2$$

$$= 47.91\,m^2$$

【例 39】　根据图 1-37 中的尺寸和上例的数据，计算该建筑物室内花岗岩地面的工程量。

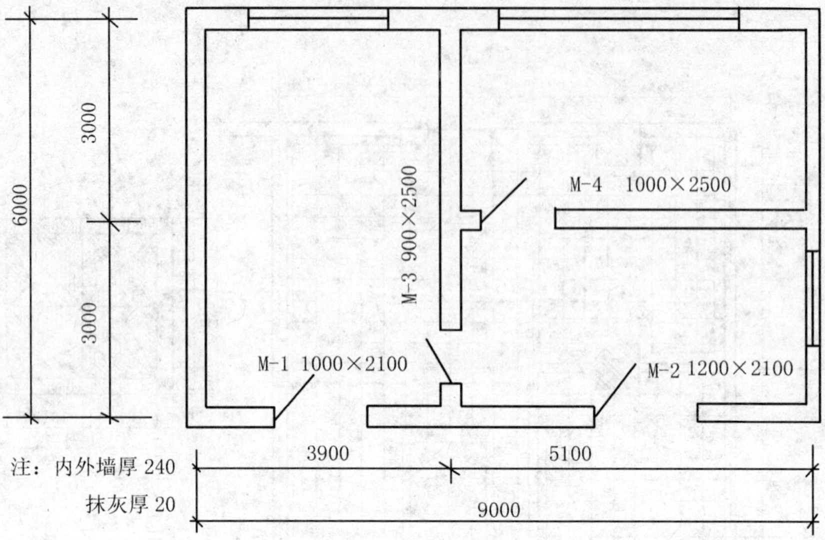

图 1-37　某建筑平面图

【解】　花岗岩地面面积 = 室内地面面积 + 门洞开口部分面积

$= [47.91 + (1.0 + 1.2 + 0.9 + 1.0) \times 0.24]\text{m}^2$

$= (47.91 + 0.98)\text{m}^2$

$= 48.89\text{m}^2$

【例 40】　根据图 1-37 所示的尺寸，计算花岗岩地面的净面积。

【解】花岗岩地面净面积 $= [(6.0 - 0.24 - 0.02 \times 2) \times (3.90 - 0.24 - 0.02 \times 2) - (0.24 + 0.02 \times 2) - 4 \times 0.12] + [(3.0 - 0.24 - 0.02 \times 2) \times (5.10 - 0.24 - 0.02 \times 2) \times 2] + [(0.90 - 0.02 \times 2) \times (0.24 + 0.02 \times 2) + (1.0 - 0.02 \times 2) \times (0.24 + 0.02 \times 2)]$

$= [(5.72 \times 3.62 - 0.76) + (2.72 \times 4.82 \times 2) + (0.86 \times 0.28 + 0.96 \times 0.28)]\text{m}^2$

$= (19.95 + 26.22 + 0.51)\text{m}^2$

$= 46.68\text{m}^2$

【例 41】　根据图 1-37 计算花岗岩踢脚线（非成品、120mm 高）的工程量。

【解】　(1) 大房间

$F = [(6.0 - 0.24 - 0.02 \times 2 + 3.9 - 0.24 - 0.02 \times 2) \times 2 + 0.12 \times 2 - (1.0 + 0.9)] \times 0.12\text{m}^2$

$= [(18.68 + 0.24 - 1.90) \times 0.12]\text{m}^2$

$= (17.02 \times 0.12)\text{m}^2$

$= 2.04\text{m}^2$

(2) 小房间

$F=[(3.0-0.24-0.02\times2+5.10-0.24-0.02\times2)\times2\times2(\text{间})-(M-4)1.0\times2-(M-3)0.90-(M-2)1.20]\times0.12\text{m}^2$

$=[(30.16-4.1)\times0.12]\text{m}^2$

$=3.13\text{m}^2$

花岗岩踢脚线工程量 $=(2.04+3.13)\text{m}^2=5.17\text{m}^2$

【例42】 图1-38为某宾馆大堂中心拼花地面图案,如果整个大堂地面都是中国红花岗岩板材铺设,那么边长为3.4m的正方形就是拼花地面部分,试计算该部分的工程量。

【解】 大理石拼花面积 $=3.40\times3.40\text{m}^2=11.56\text{m}^2$

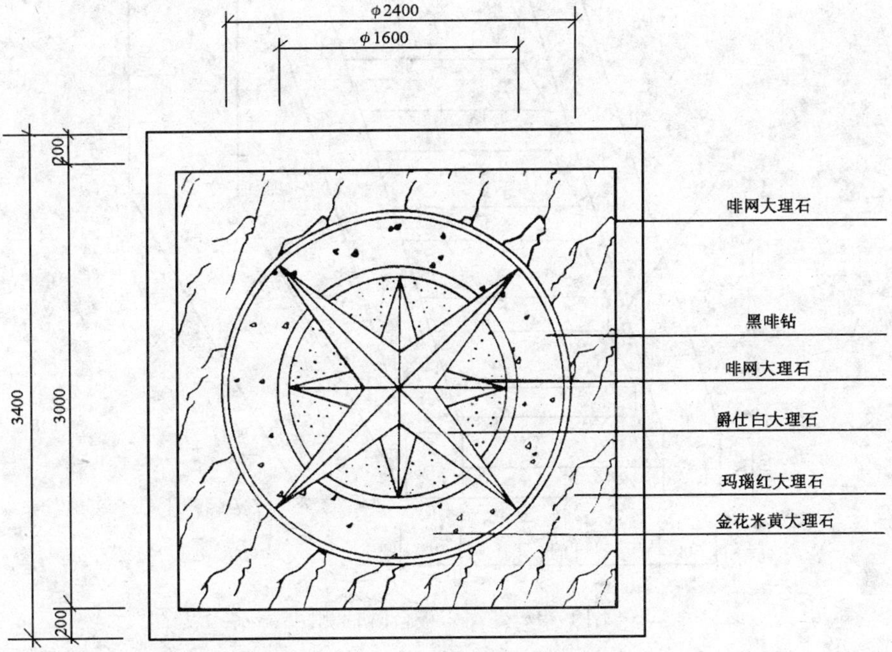

图1-38 一层大堂中心地面图案

【例43】 根据图1-39中数据(结构尺寸)分别计算花岗岩板(板厚20mm,10mm厚水泥砂浆粘贴)贴台阶牵边、内侧面、外侧面、端头侧面面积。

【解】 (1)外侧面面积 $=[(1.05+0.30)\times\frac{1}{2}\times(2.30-0.50)+0.50\times1.05]\times2\text{m}^2$

$=1.74\times2\text{m}^2$

$=3.48\text{m}^2$

(2)内侧面面积 =(外侧面面积 - 台阶所占面积)×2

$=[1.74-(0.15\times0.3+0.15\times2\times0.3+0.15\times3\times0.3+0.15\times4\times0.3+0.15\times5\times0.3+0.15\times6\times0.5)]\times2\text{m}^2$

$=(1.74-1.125)\times2\text{m}^2$

$=1.23\text{m}^2$

(3)端头侧面面积 $=0.3\times0.3\times2\text{m}^2=0.18\text{m}^2$

(4)牵边面积 = (斜长 + 端头侧面板厚、砂浆厚 + 水平长) × (牵边宽 + 两侧面板厚、砂浆厚)

$= [\sqrt{(2.30-0.50+0.02+0.01)^2+(1.05-0.30+0.02+0.01)^2}+0.50] \times (0.30+0.02\times2+0.01\times2)\times2\text{m}^2$

$= [(1.989+0.50)\times0.36\times2]\text{m}^2$

$= 1.79\text{m}^2$

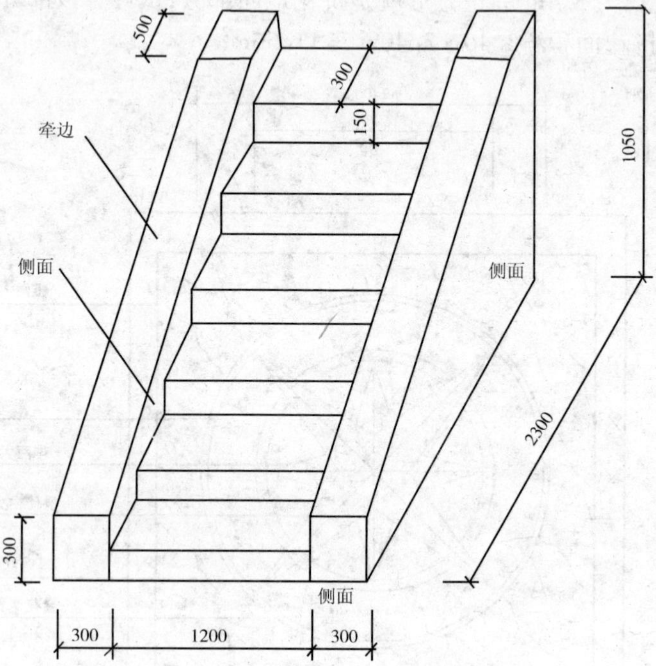

图 1-39　花岗岩板台阶轴测图

【例 44】　如图 1-40 所示,求某办公楼卫生间地面镶贴马赛克面层工程量。

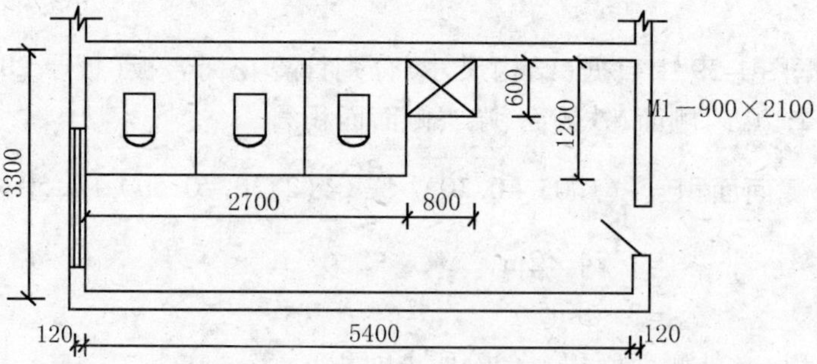

图 1-40　卫生间示意图

【解】　工程量 $= [(5.4-0.24)\times(3.3-0.24)-2.7\times1.2-0.8\times0.6+0.12\times0.9]\text{m}^2$

$= 12.18\text{m}^2$

【例 45】　地面贴橡胶板面层如图 1-41 所示,求工程量。

【解】 橡胶板面层工程量 = $(32-0.24)\times(15-0.24)\,m^2=468.78\,m^2$

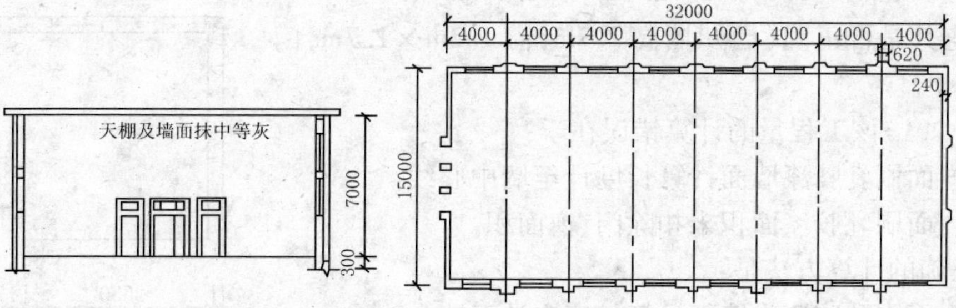

图 1-41 某单层仓库

【例 46】 某施工企业根据图 1-42 计算的独立柱贴大理石面层工程量为:

$$F=(0.5+0.6)\times2\times3.6\,m^2=7.92\,m^2$$

试审查其是否正确。

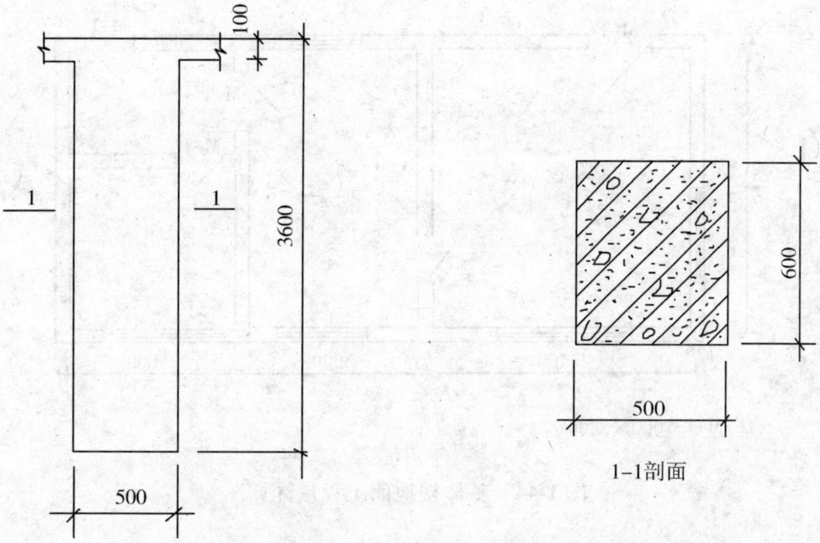

图 1-42 某独立柱示意图

【解】 (1)该工程量的计算错误在于:

1)计算大理石面层高度计至板面。

2)计算大理石面层的周长按柱截面周长计算。

(2)正确的计算方法是:

1)计算柱贴大理石面层高度应计至板底。

2)计算柱贴大理石面层的周长应按柱截面周长加 0.4m 计算。

(3)审查结果为:

$$F=[(0.5+0.6)\times2+0.4]\times(3.6-0.1)\,m^2=9.1\,m^2$$

应核增工程量:$(9.1-7.92)\,m^2=1.18\,m^2$

【例 47】 某施工企业根据图 1-43 计算的墙内面刷乳胶漆工程量为：

$$F=(4+3.6)\times 2\times 2.7\mathrm{m}^2=41.04\mathrm{m}^2$$

试审查其是否正确（已知墙高 2.7m，窗 1.2m × 1.7m，门 1.2m × 2.1m）。

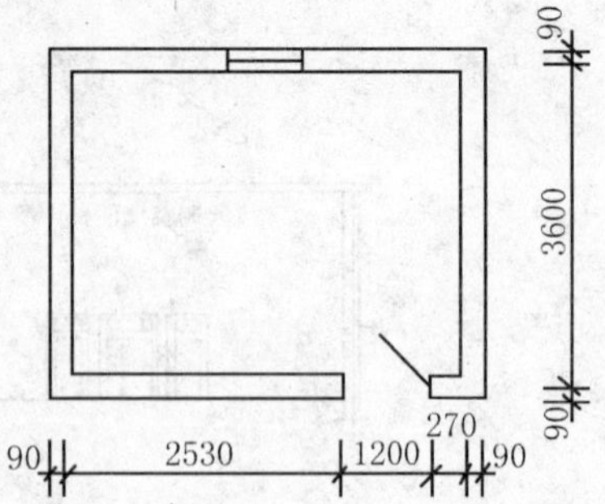

图 1-43 某房间平面示意图

【解】 (1)该工程量的计算错误在于：

1)墙内面刷乳胶漆墙面计算长度计至墙中心线。

2)墙内面刷乳胶漆面积未扣除门、窗面积。

(2)正确的计算方法是：

1)墙内面刷乳胶漆内墙面计算长度应计至墙内边线。

2)墙内面刷乳胶漆面积应扣除门、窗面积。

(3)审查结果为：

$$F=[(3.82+3.42)\times 2\times 2.7-1.2\times 1.7-1.2\times 2.1]\mathrm{m}^2=34.54\mathrm{m}^2$$

应核减工程量 $(41.04-34.54)\mathrm{m}^2=6.5\mathrm{m}^2$

【例 48】 计算图 1-44 中所示地面装饰工程量。

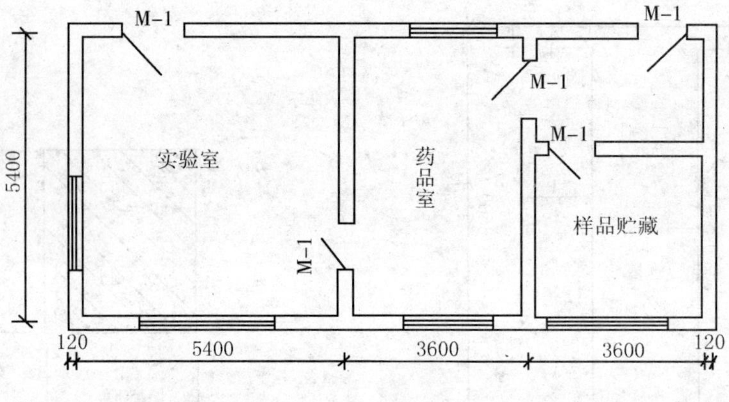

注：M–1-1000×2400

图 1-44 整体楼地面工程量计算图

【解】 该装饰地面面层构造为 40mm 厚 C18 细石混凝土垫层，25mm 厚白石子玻璃条分格水磨石，打蜡。现计算如下：

$$\text{工程量}=[(5.4+3.6\times 2-0.24\times 3)\times(5.4-0.24)-(3.6-0.24)\times 0.24+1.0\times 0.24\times 5]\mathrm{m}^2$$

$$=(61.30-0.81+1.2)\mathrm{m}^2=61.69\mathrm{m}^2$$

【例 49】 试计算图 1-45 所示房间镶贴花岗石面层的工程量。

【解】 根据计算规则，图 1-45 中的墙、柱和附墙烟囱所占的面积应扣除，所以，镶贴花岗石板面层的工程量为：

$$[(6.6-0.12\times 2)\times(4.2-0.12\times 2)-0.5\times 0.7-0.4\times 0.3]\mathrm{m}^2$$

$$=(25.19-0.35-0.12)\mathrm{m}^2=24.72\mathrm{m}^2$$

【例 50】 某房间平面图如图 1-46 所示。试分别计算此房间铺贴大理石和做现浇水磨石整体面层时的工程量。

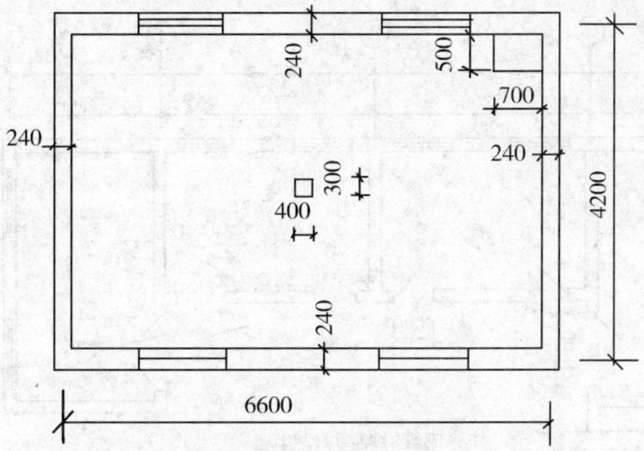

图 1-45　某房间平面示意图

【解】(1) 根据楼地面工程量计算规则的第 3 条，铺贴大理石地面面层的工程量为：

$$[(3+3-0.12\times2)\times(2+2-0.12\times2)-0.9\times0.5-0.4\times0.4]\text{m}^2=20.98\text{m}^2$$

(2) 根据楼地面工程量计算规则的第 2 条，现浇水磨石整体面层的工程量为：

$$[(3+3-0.12\times2)\times(2+2-0.12\times2)-0.9\times0.5]\text{m}^2=21.21\text{m}^2$$

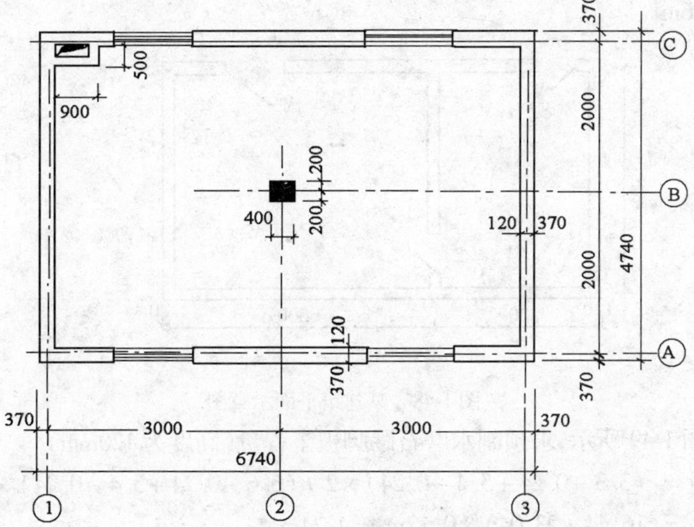

图 1-46　房间平面图

【例 51】　如图 1-47 所示，试计算某办公楼(一层)4 个办公室地面装饰工程量。

【解】　该装饰地面面层构造为 35mm 厚 C20 细石混凝土垫层，30mm 厚白石子玻璃条分格水磨石，打蜡。依据计算规则的规定工程量计算如下：

$$[(6.6-0.24)\times(10.8-0.24)\times2+(7.2-0.24)\times(6.6-0.24)\times2+0.24\times1.0\times4+1.8\times0.24\times2]\text{m}^2=(134.32+88.53+0.96+0.86)\text{m}^2=224.67\text{m}^2$$

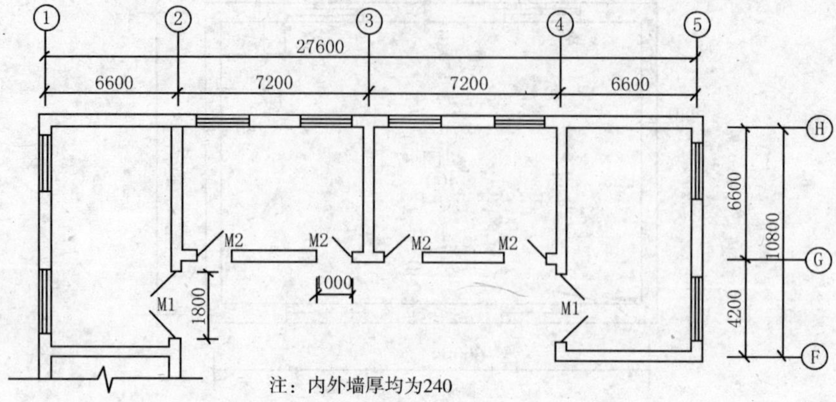

图 1-47　某办公楼(一层)4 个办公室地面装饰工程量

【例 52】　如图 1-48 所示,求某建筑铺企口木地板工程量(做法:铺在楞木上,大楞木 50mm × 50mm,中距 =600mm,小楞木 40mm ×40mm,中距 =1000mm)。

【解】　按图 1-48 所示尺寸,以实铺面积计算,加门洞口面积。

$$工程量 = \{[(3.3-0.12\times2)+(6.6-0.12\times2)]\times(5.4-0.12\times2)+0.9\times0.24\times3\}m^2$$
$$=49.26m^2$$

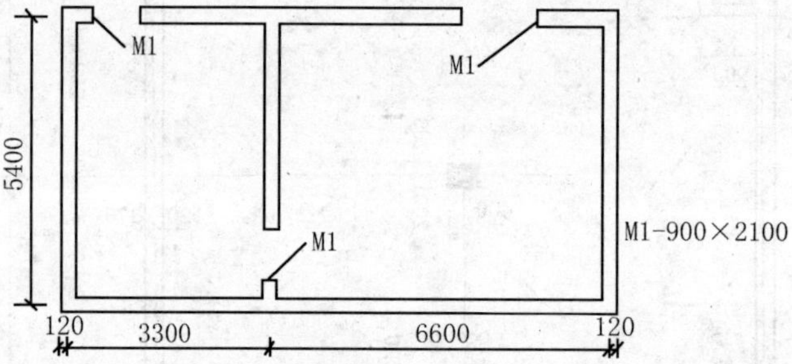

图 1-48　某建筑平面示意图

【例 53】　如图 1-49 所示,求预制水磨石踢脚板工程量(高度为 120mm)。

【解】　$工程量 = [(3.3-0.24+5.4-0.24)\times2+(6.6-0.24+5.4-0.24)\times2]\times0.12m^2$
$$=(16.44+23.04)\times0.12m^2=4.74m^2$$

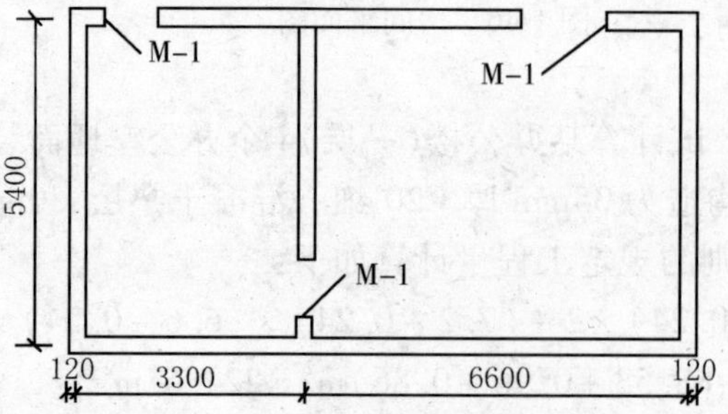

图 1-49　某平面示意图

注:M -1 -900 ×2100

【例 54】 如图 1-50 所示,计算活动式地毯地面的工程量。

【解】 地毯工程量 = $[(3.6-0.24)\times(4.8-0.24)\times2+0.9\times0.24+1.2\times0.24]m^2=31.15m^2$

说明:(1)地毯按实铺面积计算工程量。

(2)增加门洞口所占面积。

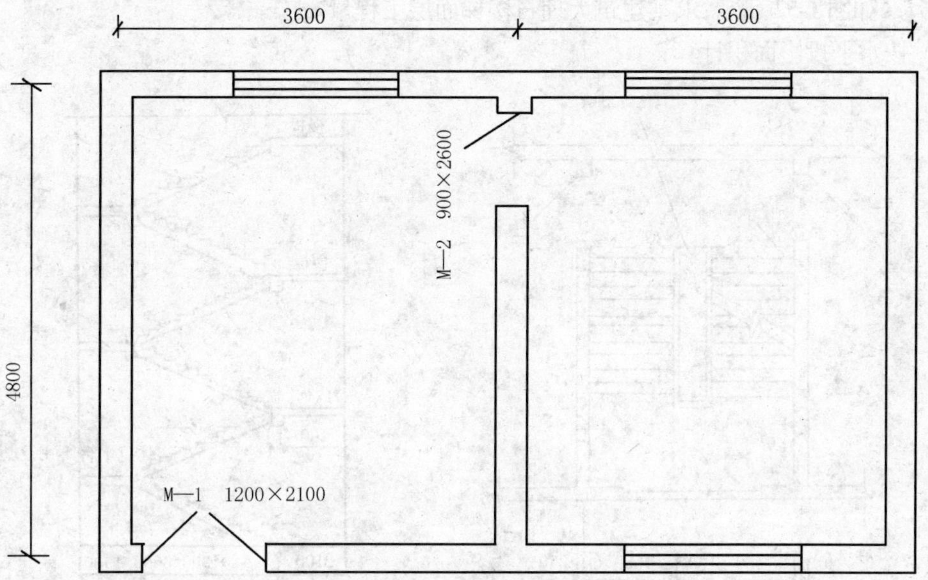

图 1-50 地毯地面示意图

注:墙厚均为 240mm

【例 55】 如果图 1-51 中的墙厚为 240mm,墙面抹灰厚度为 25mm,计算楼梯铺贴花岗岩板的工程量。

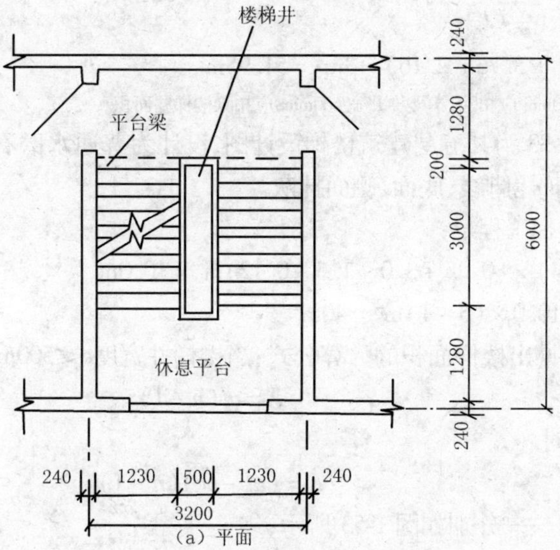

图 1-51 楼梯平面图

【解】 楼梯铺花岗岩工程量 $=[(3.20-\overset{(墙厚)}{0.24}-\overset{(抹灰厚)}{0.025}\times 2)\times(6.0-\overset{(墙厚)}{0.24}$

$-\overset{(楼层平台)}{1.28}-\overset{(抹灰厚)}{0.025})-\overset{(楼梯井)}{0.50}\times 3.0]\mathrm{m}^2$

$=(2.91\times 4.46-1.50)\mathrm{m}^2$

$=11.48\mathrm{m}^2$

【例 56】 如图 1-52 所示，求某建筑大理石楼梯面层工程量。

【解】 按水平投影面积计算：

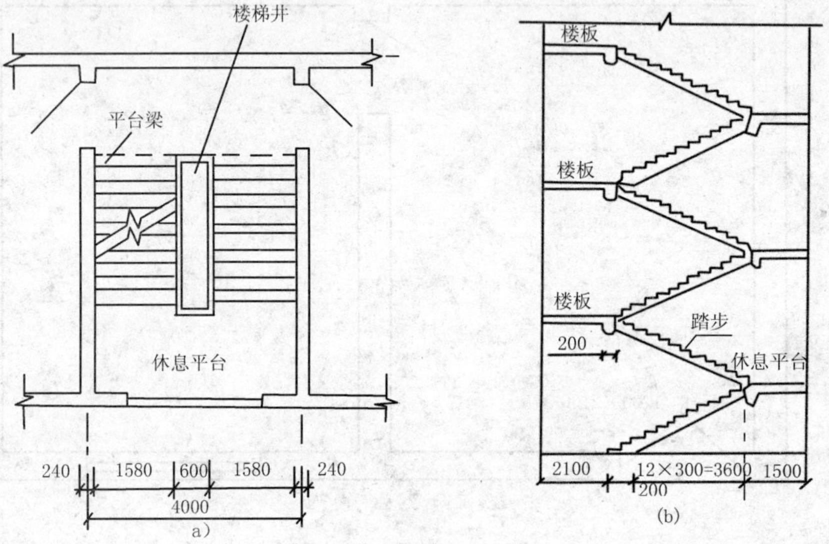

图 1-52 某四层建筑楼梯示意图

楼梯净长 $=(1.5-0.12+12\times 0.3+0.2)\mathrm{m}=5.18\mathrm{m}$

楼梯净宽 $=(4-0.12\times 2)\mathrm{m}=3.76\mathrm{m}$

楼梯井 $=3.6\times 0.6\mathrm{m}^2=2.16\mathrm{m}^2$

楼梯层数 $=4-1=3$ 层

工程量 $=(5.18\times 3.76-2.16)\times 3\mathrm{m}^2=51.95\mathrm{m}^2$

注：楼梯井宽大于 500mm 应扣除，本楼梯井宽 600mm，应扣除楼梯井面积。

【例 57】 图 1-53 为某五层建筑楼梯设计图，设计为普通水磨石面层，试计算水磨石楼梯面层工程量。不包括楼梯踢脚线，底面、侧面抹灰。

【解】 每层楼梯工程量：

$F=(2.4-0.24)\times(0.25+3.0+1.5-0.12)\mathrm{m}^2=10.0\mathrm{m}^2$

楼梯总面积 $=10.0\times(5-1)\mathrm{m}^2=40\mathrm{m}^2$

由上述计算可推出楼梯面积的计算公式：当楼梯井宽度 $c\leqslant 500$mm 时，

$$F=al(n-1)$$

当 $c>500$mm 时

$$F=(al-bc)(n-1)$$

式中 a、b、c、l——分别如图 1-53 所示；

n——有楼梯间的建筑层数。

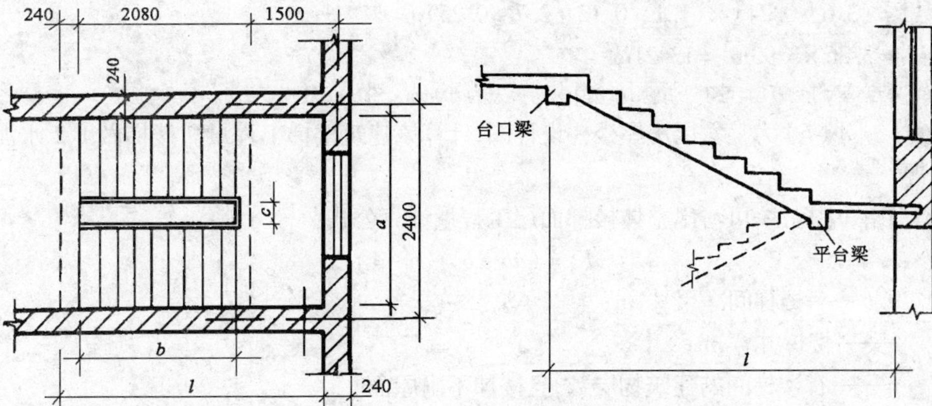

(a)平面　　(b)剖面

图 1-53　水磨石楼梯设计图

【例 58】　求图 1-54 中花岗岩楼梯的工程量(已知楼梯井宽度为 500mm,楼梯间的轴线尺寸为 2.4m)。

【解】　楼梯按水平投影面积计算其工程量。

$(1.1+1.84)\times(2.4-0.24)\times 3\text{m}^2=19.05\text{m}^2$

【例 59】　如图 1-55 所示,求某建筑大理石楼梯面层工程量。(已知:建筑层数为 4,楼梯层数 = 4 − 1 = 3,平台梁宽 250mm)

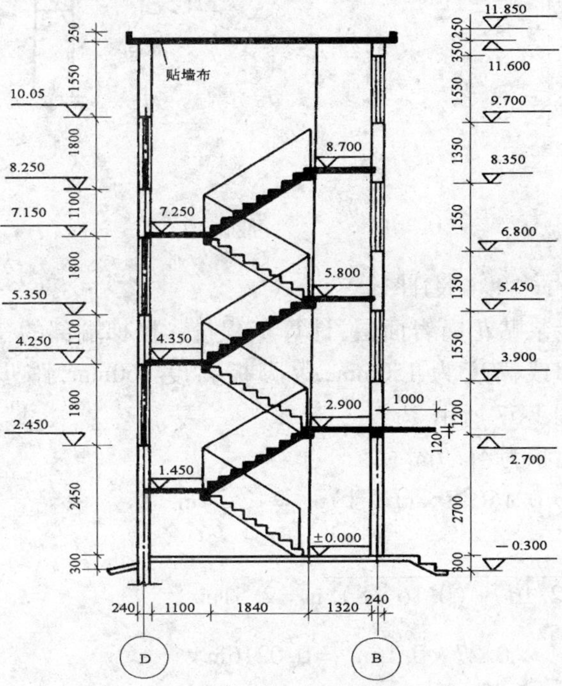

图 1-54　楼梯剖面图

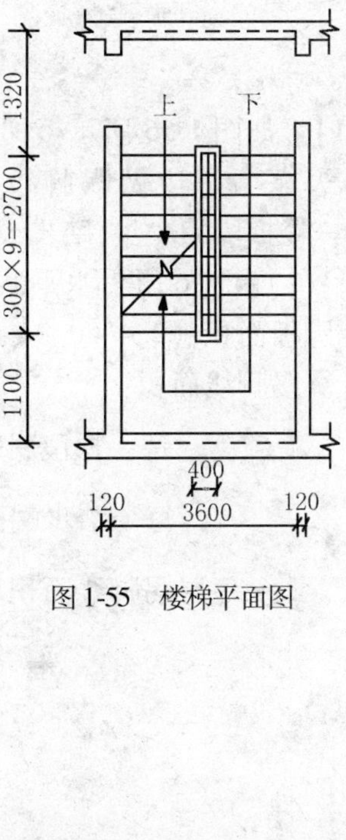

图 1-55　楼梯平面图

【解】　按水平投影面积计算:

工程量 $=(3.6-0.24)\times(1.1-0.12+2.7+0.25)\text{m}^2$

$=3.36\times3.93\text{m}^2=13.21\text{m}^2$

注：楼梯井宽度不大于500时，可不予扣除，本例中楼梯井宽为400mm<500mm，故不予扣除。

【例60】 图1-56为某六层房屋楼梯设计图，计算该建筑楼梯工程量。楼梯做1∶2水泥砂浆面层，20mm厚。

【解】 由图中标注，可写出整体楼梯面层工程量计算公式：

$$F_3=(ab-bc)(n-1)$$

式中 a、b——楼梯间净尺寸，m；

c——楼梯井宽，m；

n——有楼梯间的建筑物层数，且楼梯不出屋面。

当楼梯井宽度 $c\leqslant200$mm 时，可列公式为：

$$F_3=ab(n-1)$$

按图示尺寸，该楼梯工程量：

$$F_3=(2.4-0.24)\times(0.25+2.25+1.5-0.12)\times(6-1)\text{m}^2=41.9\text{m}^2$$

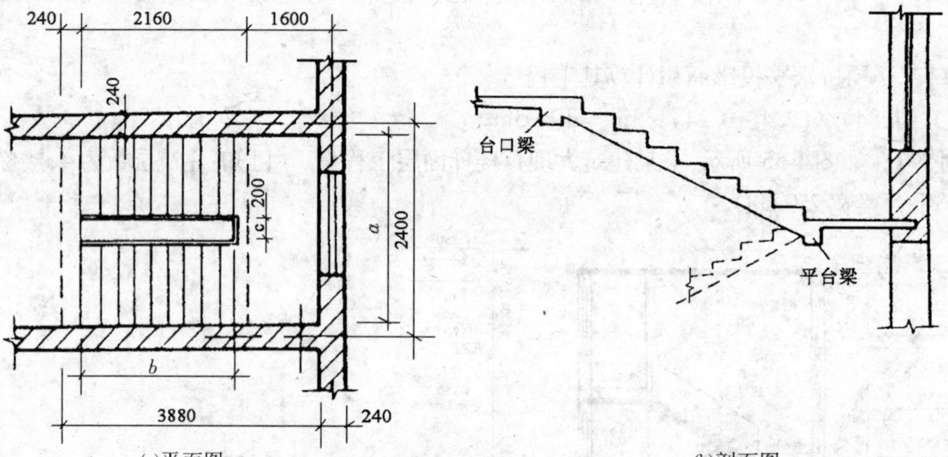

(a)平面图 (b)剖面图

图1-56 楼梯设计图

【例61】 如图1-56所示楼梯水泥砂浆贴花岗岩面层，计算工程量。楼梯端部的三角形堵头不考虑，靠墙一边做踢脚线。踢脚线高度为150mm，踢脚板高度160mm，踏步板宽270mm，每一楼梯段为8步，踏步大样如图1-57所示。

【解】 (1)由例60得，水平贴面层面积为41.9m^2

(2)踢脚板面积：$(2.4-0.24-0.2)\times0.16\times8\times(6-1)\text{m}^2=12.54\text{m}^2$

(3)计算踢脚线面积：

$$\text{每一梯段斜长}=\sqrt{2.16^2+(0.16\times8)^2}\text{m}=2.51\text{m}$$

$$\text{每个踏步端面积}=\frac{1}{2}\times0.27\times0.16\text{m}^2=0.0216\text{m}^2$$

$$\begin{aligned}\text{每层踢脚线面积}&=\text{踢脚线长}\times\text{踢脚线高}-\text{端部三角形面积}\\&=\{[2.51\times2+(2.4-0.24)+1.6\times2]\times0.15-\\&\quad 0.0216\times8\times2\}\text{m}^2\end{aligned}$$

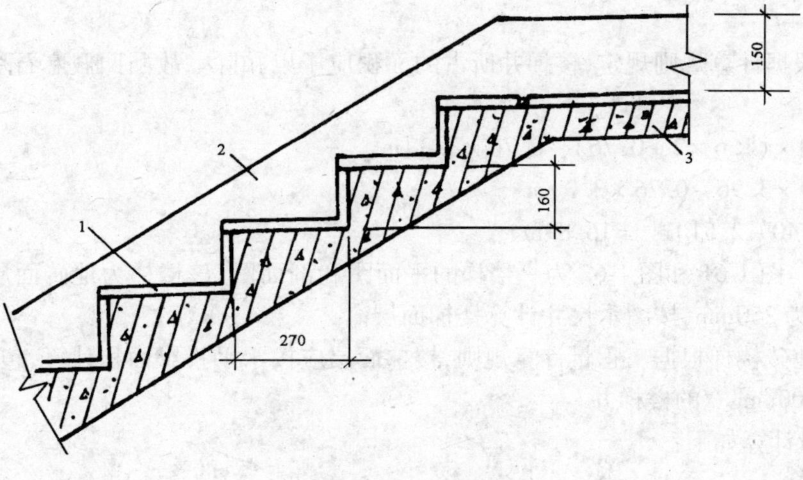

图 1-57　楼梯踏步详图

1—块材;2—踢脚线;3—休息平台

$=1.21\mathrm{m}^2$

(4)楼梯块料面层工程量 = 水平踏步板面积 + 垂直踢脚板(踢面)面积 + 侧面踢脚线面积

$$=[41.9+12.54+1.21\times(6-1)]\mathrm{m}^2=60.49\mathrm{m}^2$$

【例 62】　某工程楼梯如图 1-58 所示,计算楼梯工程量。

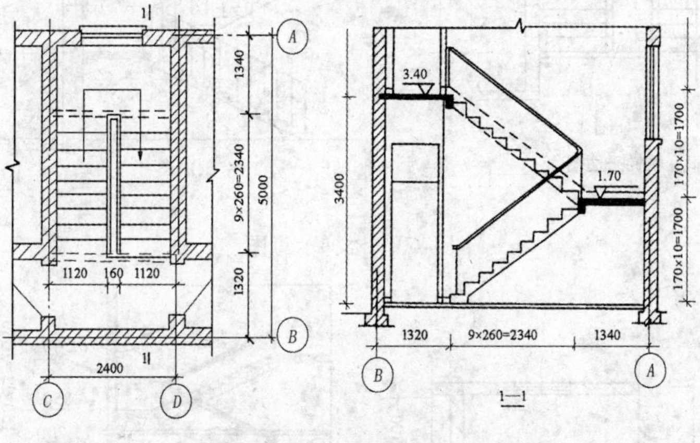

图 1-58　楼梯设计图

【解】　本工程楼梯井宽度 0.10m,故不扣除。楼梯工程量为:

$$(2.4-0.24)\times(2.34+1.34-0.12)\mathrm{m}^2=7.69\mathrm{m}^2$$

【例 63】　某豪华宾馆现需装饰一楼梯,采用的面层材料为大理石,楼梯的具体尺寸如图 1-59 所示,此宾馆为五层高,试计算装饰楼梯工程量。

【解】　此楼梯其梯井宽为 20cm,故此楼梯面层的工程量包括楼梯井,此宾馆楼梯的总工程量为:

$$5\times(3+2.5)\times(5-1)\mathrm{m}^2=110\mathrm{m}^2$$

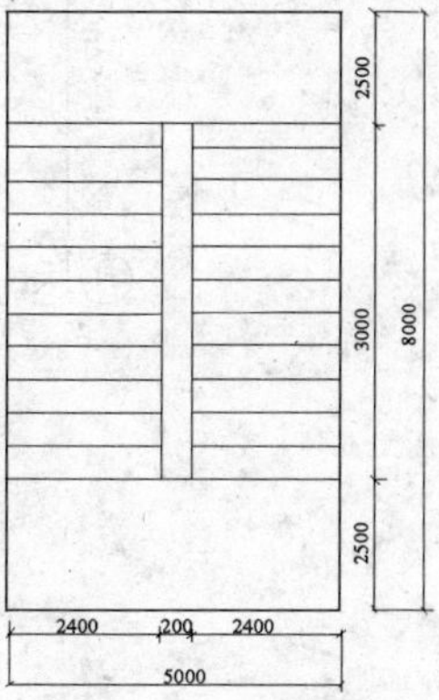

1-59　大理石楼梯平面图

【例 64】　试计算如图 1-60 所示楼梯面层镶贴凸凹假麻石块的工

程量。

【解】 根据计算规则规定，楼梯井所占的面积应予以扣除。故凸凹假麻石块面层的工程量为：

$$
\begin{aligned}
F &= [4.9\times(1.6\times2+0.76)-0.76\times3.3]\,\mathrm{m}^2\\
&=(4.9\times3.96-0.76\times3.3)\,\mathrm{m}^2\\
&=(19.40-2.51)\,\mathrm{m}^2=16.89\mathrm{m}^2
\end{aligned}
$$

【例 65】 图 1-61 和图 1-62 为一楼梯的平面图和剖面图，该楼梯为地砖面层水泥砂浆粘贴，楼梯梁宽为 250mm，按图示尺寸计算楼梯面层。

【解】 地砖楼梯根据工程量计算规则，楼梯面层应按水平投影面积计算，包括踏步、休息平台及小于 500mm 宽的楼梯井。

其工程量计算如下：

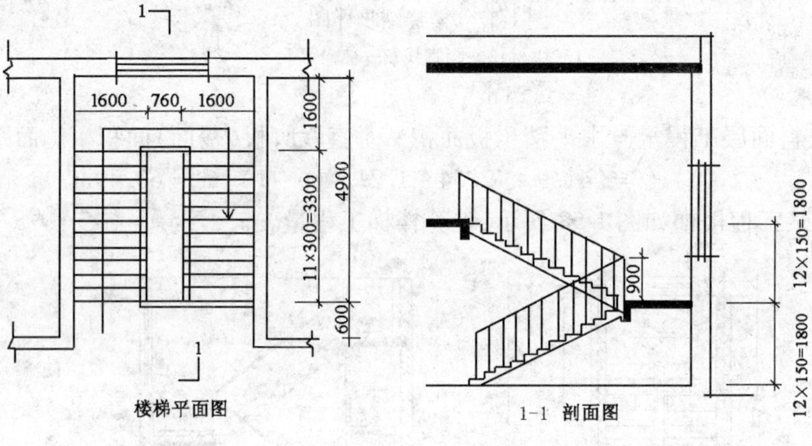

图 1-60 楼梯示意图

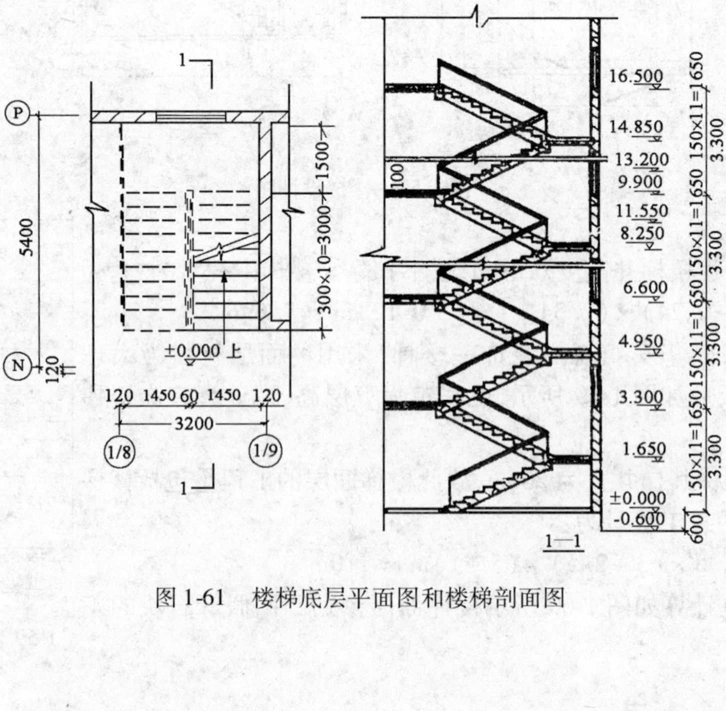

图 1-61 楼梯底层平面图和楼梯剖面图

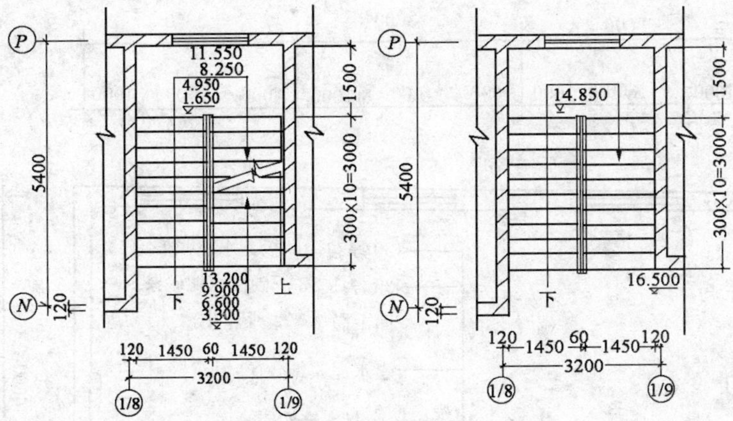

图 1-62　二～六层楼梯平面图

$$(3.20-0.24)\times(2.60+1.60+0.25)\times 5\text{m}^2$$
$$=13.172\times 5\text{m}^2=65.86\text{m}^2$$

【例 66】　假设图 1-63 中混凝土楼梯为 1∶2 水泥砂浆抹面，求其工程量。

【解】　楼梯按水平投影面积计算，只包括踏步板和休息平台，且楼梯井在 300mm 以内，故不扣除面积。

楼梯抹水泥砂浆面积　$=[(2.24+1.13)\times 2.4]\text{m}^2=8.09\text{m}^2$

【例 67】　根据图 1-64 的尺寸计算水泥豆石浆楼梯间面层（只算一层）工程量。

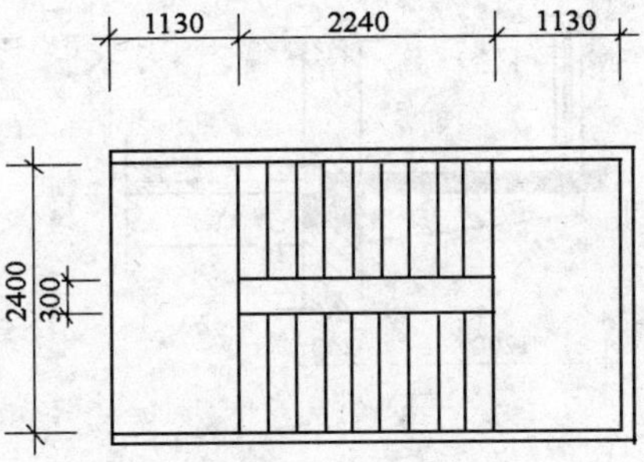

图 1-63　楼梯

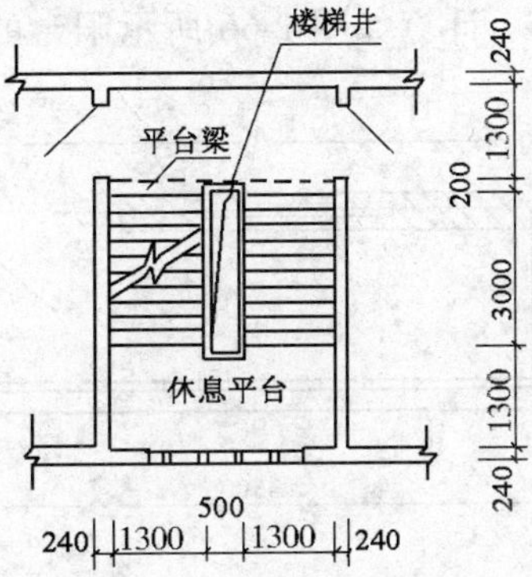

图 1-64　楼梯平面图

【解】　水泥豆石砂浆楼梯间面层 $=(1.3\times 2+0.50)\times(0.200+1.3+3.0)\text{m}^2$

$$=3.1\times 4.5\text{m}^2=13.95\text{m}^2$$

【例 68】　如图 1-65 所示，计算水泥砂浆镶贴花岗岩地面，150mm 高花岗岩踢脚板的工程量，内外墙厚 240mm，墙垛为 240mm×120mm。

【解】　(1) 花岗岩地面工程量：

$$[(10.8-0.24)\times(6.6-0.24)-0.24\times 0.12\times 4+1.8\times 0.24]\text{m}^2=67.48\text{m}^2$$

(2) 花岗岩踢脚板工程量：

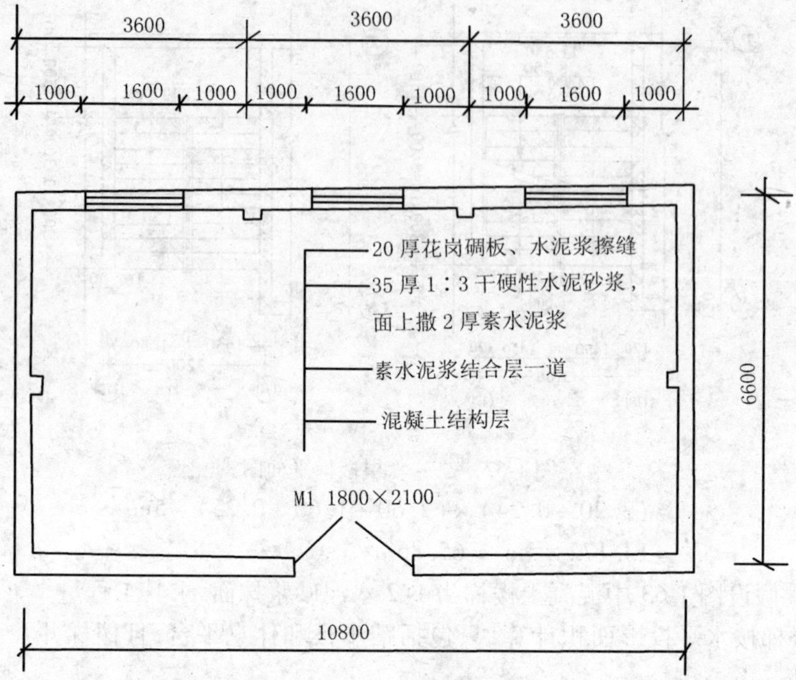

图 1-65　花岗岩地面示意图

$$[(10.8-0.24)\times(6.6-0.24)]\times 2\times 0.15\text{m}^2=20.15\text{m}^2$$

【例 69】　计算如图 1-66 所示阳台的工程量。

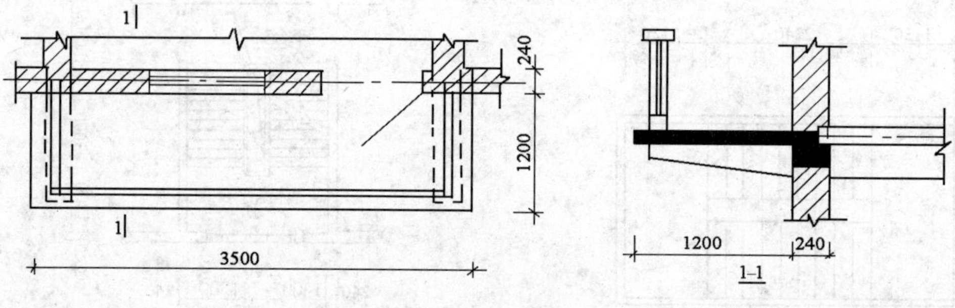

图 1-66　阳台示意图

【解】　阳台按水平投影面积计算工程量为：

$$(3.5\times 1.2)\text{m}^2=4.2\text{m}^2$$

栏板及嵌入墙内的梁另计。

【例 70】　计算图 1-67 所示台阶的工程量。现为水磨石面层，计算工程量。

【解】　台阶包括最上一层踏步沿 300mm，按水平投影面积计算工程量为：

$$[4.0\times 2.0-(2.2-0.3\times 2)\times(1.0-0.3)]\text{m}^2=6.88\text{m}^2$$

【例 71】　图 1-68 为某建筑物入口处台阶平面图，台阶做一般水磨石，底层 1∶2 水泥砂浆厚 15mm，面层 1∶2 水泥白石子浆厚 15mm，计算工程量。

【解】　按定额规定，台阶部分工程量应算至最上层踏步外沿加 300mm 处，即：

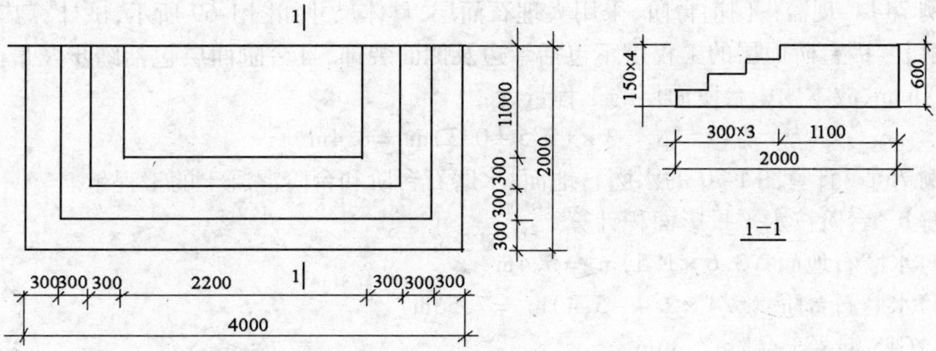

图 1-67　三出台阶示意图

台阶水磨石工程量 $= [(4.74+0.3\times4)\times0.3\times3+(3-0.3)\times0.3\times3\times2]\text{m}^2 = 10.21\text{m}^2$

平台部分水磨石 $= (4.74-0.3\times2)\times(3-0.3)\text{m}^2 = 11.18\text{m}^2$

【例 72】　试计算图 1-68 所示台阶镶贴大理石面层的工程量。

【解】　按计算规则,工程量包括水平面和垂直踢面两个部分。

其水平面积为:

$[(4.74+0.3\times4)\times(3+0.3\times2)-(4.74-0.3\times2)\times(3-0.3)]\text{m}^2$

$=(21.38-11.17)\text{m}^2$

$=10.21\text{m}^2$

设垂直面高 150mm,其垂直面积为:

台阶踏步边沿长度 × 踏步踢面高度

$=[(4.74\times3+0.3\times6)+(3\times3+0.3\times3)\times2]\times0.15\text{m}^2=5.37\text{m}^2$

台阶部分工程量 $=(10.21+5.37)\text{m}^2=15.58\text{m}^2$

【例 73】　计算图 1-33[见 P19]所示台阶镶贴大理石面层的工程量。

【解】　按规定,台阶面层工程量应算至最上一层台阶加 300mm,平台部分另行计算。

台阶面层工程量 $=[(5.0+0.3\times2\times2)\times0.3\times3+0.3\times3\times2\times(1.5-0.3)]\text{m}^2$

$=7.74\text{m}^2$

平台部分工程量 $=(1.5-0.3)\times(5.0-0.3\times2)\text{m}^2=5.28\text{m}^2$

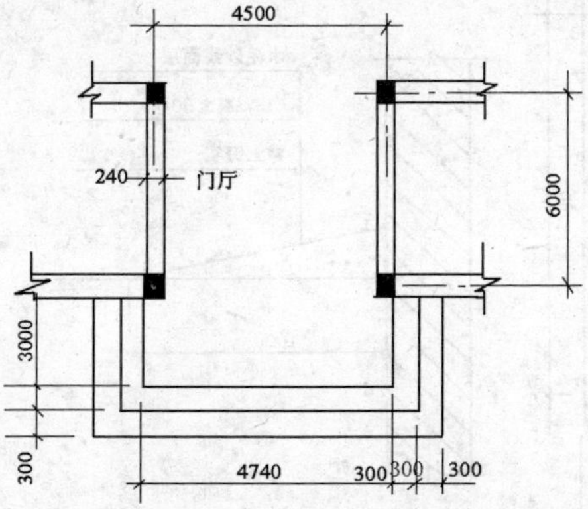

图 1-68　镶贴大理石台阶平面图

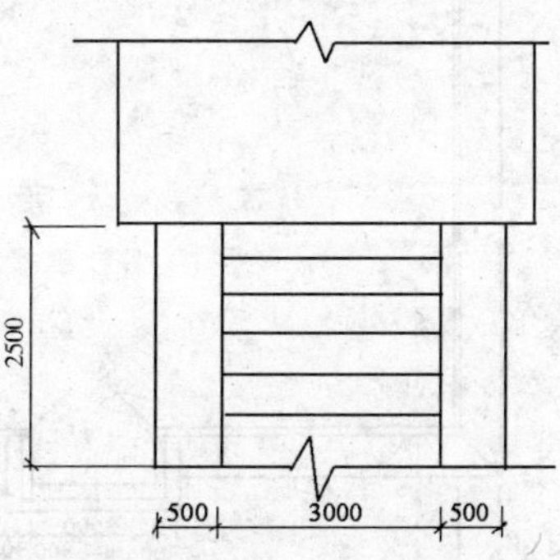

图 1-69　台阶平面示意图

【例 74】 现需一门前台阶,采用大理石面层,具体尺寸如图 1-69 所示,试计算其工程量。

【解】 因台阶面层的工程量不包括牵边及侧面装饰,且台阶面层包括踏步及最上一层踏步沿 300mm,故本题中台阶面层的工程量为:

$$3 \times (2.5 + 0.3)\,m^2 = 8.4m^2$$

【例 75】 计算图 1-70 的水磨石地面、水磨石台阶和台阶混凝土的工程量。

【解】 台阶按水平投影面积计算。

(1)水磨石地面:$(3.6 \times 1.5)\,m^2 = 5.4m^2$

(2)水磨石台阶:$(5.4 \times 2.4 - 5.4)\,m^2 = 7.56m^2$

(3)C15 混凝土台阶:$7.36m^2$

【例 76】 某建筑门前台阶如图 1-71 所示,试计算镶贴彩釉砖面层的工程量。

【解】 按计算量规则,台阶面层工程量算至最上一层台阶加 300mm。

台阶面层工程量 $= [(6 + 0.3 \times 2) \times 0.3 \times 3 + (3 - 0.3) \times 0.3 \times 3]\,m^2 = 8.37m^2$

平台面层工程量 $= [(6 - 0.3) \times (3 - 0.3)]\,m^2 = 15.39m^2$

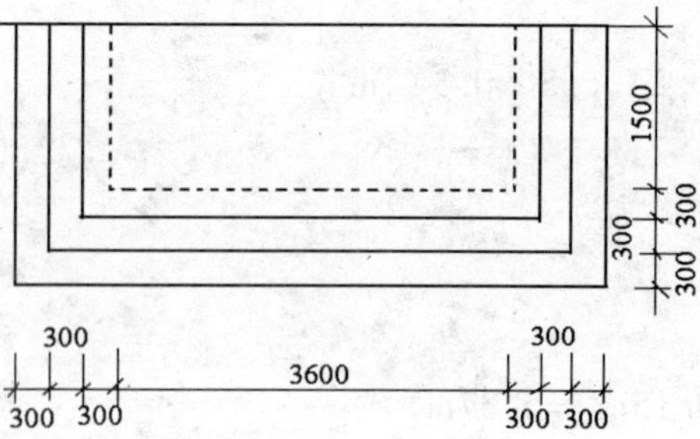

图 1-70 台阶

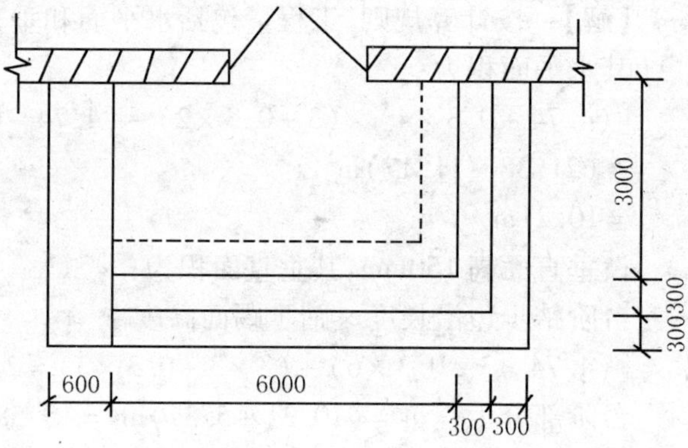

图 1-71 门前台阶示意图

【例 77】 某建筑物散水和台阶设置如图 1-72 所示,均为现浇混凝土上抹水泥砂浆面层,试求散水和台阶的工程量。

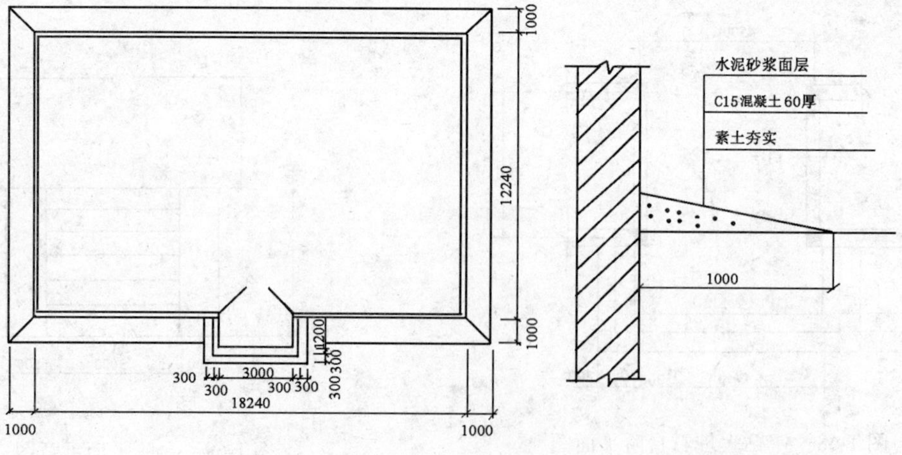

图 1-72 台阶及散水的计算

【解】 (1)混凝土台阶工程量 $=[(3.0+0.6\times2)\times(1.2+0.6)-(1.2-0.3)\times(3.0-0.3\times2)]\text{m}^2=(7.56-2.16)\text{m}^2=5.4\text{m}^2$

定额直接费 $=5.4\div100\times8143.90$ 元 $=439.77$ 元

(2)混凝土散水工程量 $=[(18.24+12.24)\times2+1.0\times4-4.2]\times1.00\text{m}^2=60.76\text{m}^2$

定额直接费 $=60.76\div100\times1391.84$ 元 $=845.68$ 元

【例 78】 如图 1-73 所示,求某建筑楼梯木扶手带铁栏杆工程量(已知:踏步高 150mm,每半层 9 个踏步共 4 层)。

【解】 踏步投影长 $=[0.3\times(9+1)]\text{m}=3\text{m}$

扶手高 $=0.15\times(9+1)\text{m}=1.5\text{m}$

扶手斜长 $=\sqrt{3^2+1.5^2}\text{m}=3.354\text{m}$

楼梯井宽 $=0.4\text{m}$

总长度 $=[(3.354+0.4)\times2\times(4-1)+1.6]\text{m}=24.124\text{m}$;弯头 $=11$ 个。

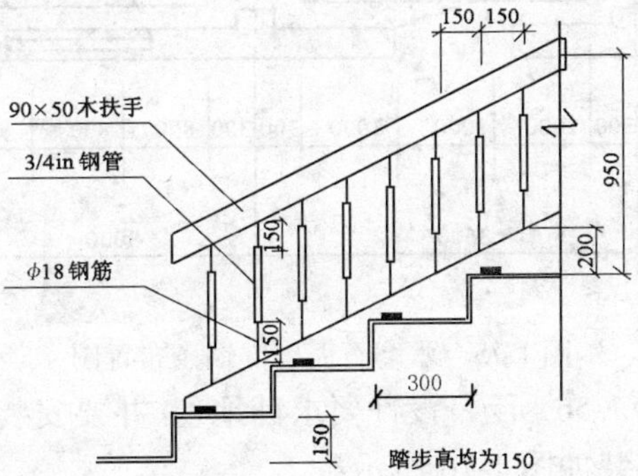

图 1-73 楼梯木扶手铁栏杆示意图

【例 79】 设图 1-56[见 P32]所示六层建筑的楼梯做带木扶手的型钢栏杆,计算工程量。楼梯扶手剖面如图 1-74 所示,木扶手伸入平台 150mm。

【解】 楼梯扶手(栏杆)工程量:

每层水平投影长度 $\times(n-1)\times$系数 1.15 + 顶层水平扶手长度 $=[(0.27\times8+0.15\times2$ 伸入长 $+0.20$ 井宽$)\times2\times(6-1)\times1.15+(2.4-0.24-0.2)/2]\text{m}=31.57\text{m}$

【例 80】 求图 1-54[见 P31]中楼梯扶手的工程量(楼梯开间 2.4m,楼梯井宽 200mm)。

【解】 楼梯扶手按延长米计算:

$[1.84\times1.15\times6+0.2\times5+(2.4-0.24)/2]\text{m}$

$=14.78\text{m}$

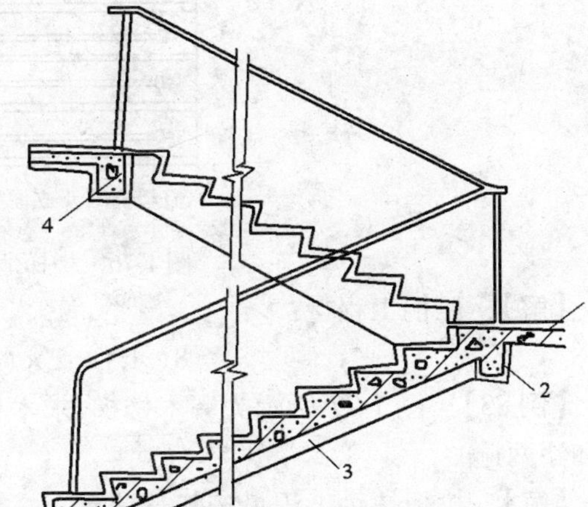

图 1-74 楼梯扶手平面图

1—平台板;2—平台梁;3—斜梁;4—台口梁

【例 81】 若图 1-27[见 P17]室内水磨石地面改用铜嵌条,设计要求如图 1-75 所示,计算嵌条长度。

【解】 嵌铜条工程量按设计图示嵌条长度计算,单位为米。

(1)沿长度方向条长:$[(3-0.6)\times 2+(3.6-0.6)]\times 6\text{m}=46.8\text{m}$

(2)沿宽度方向条长:$(5.8-0.6)\times 12\text{m}=62.4\text{m}$

(3)铜条工程量:$(46.8+62.4)\text{m}=109.2\text{m}$

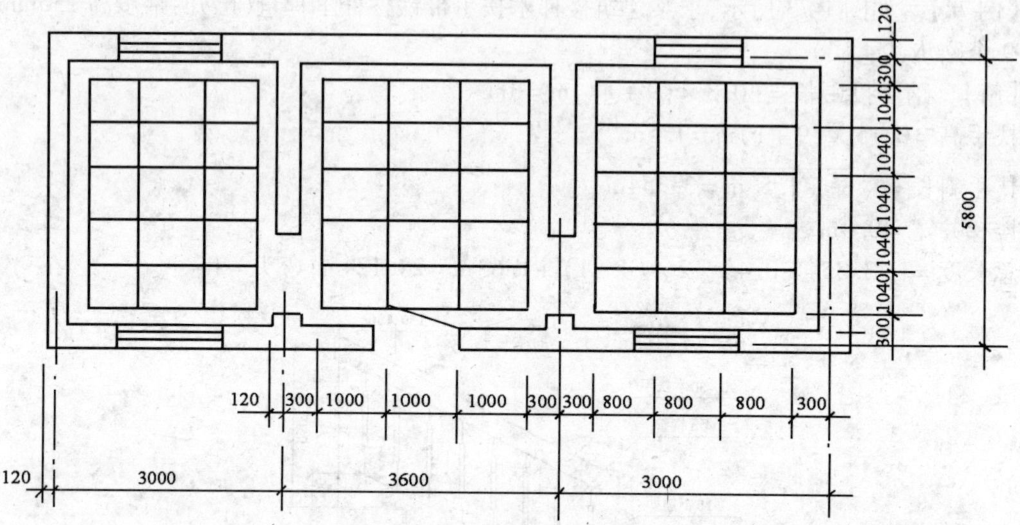

图 1-75 水磨石面层嵌铜条布置图

【例 82】 若楼梯(如图 1-56 所示)设计要求铺地毯,并要安装压棍,计算压棍安装工程量及其费用。楼梯地毯压棍安装如图 1-76 所示。

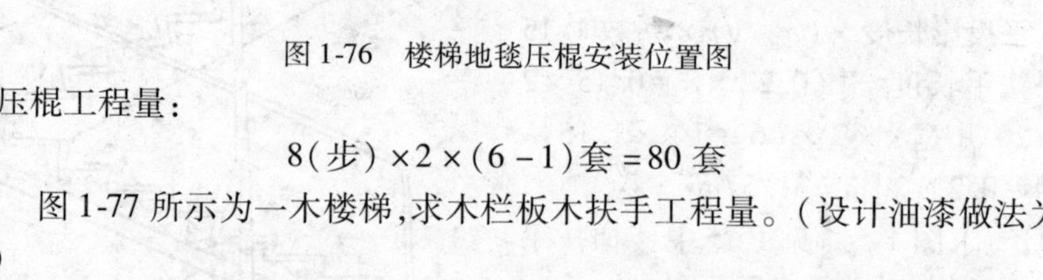

(a)楼梯踏步立面 (b)楼梯踏步剖面

图 1-76 楼梯地毯压棍安装位置图

【解】 压棍工程量:

$$8(\text{步})\times 2\times(6-1)\text{套}=80\text{套}$$

【例 83】 图 1-77 所示为一木楼梯,求木栏板木扶手工程量。(设计油漆做法为底油一遍调和漆两遍)

【解】 栏板扶手工程量按斜长计算。

工程量 $(\sqrt{2.7^2+1.5^2}\times 2+0.4)\text{m}=6.58\text{m}$

【例 84】 计算图 1-78 中楼梯的铁花栏杆、硬木扶手及弯头工程量。

【解】 梯踏步斜长系数 $=\dfrac{\sqrt{0.3^2+0.15^2}}{0.3}=1.118$

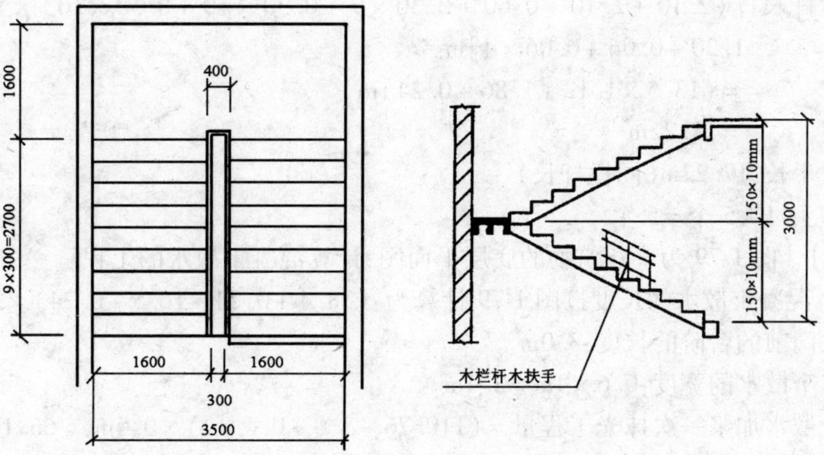

图 1-77　楼梯的计算

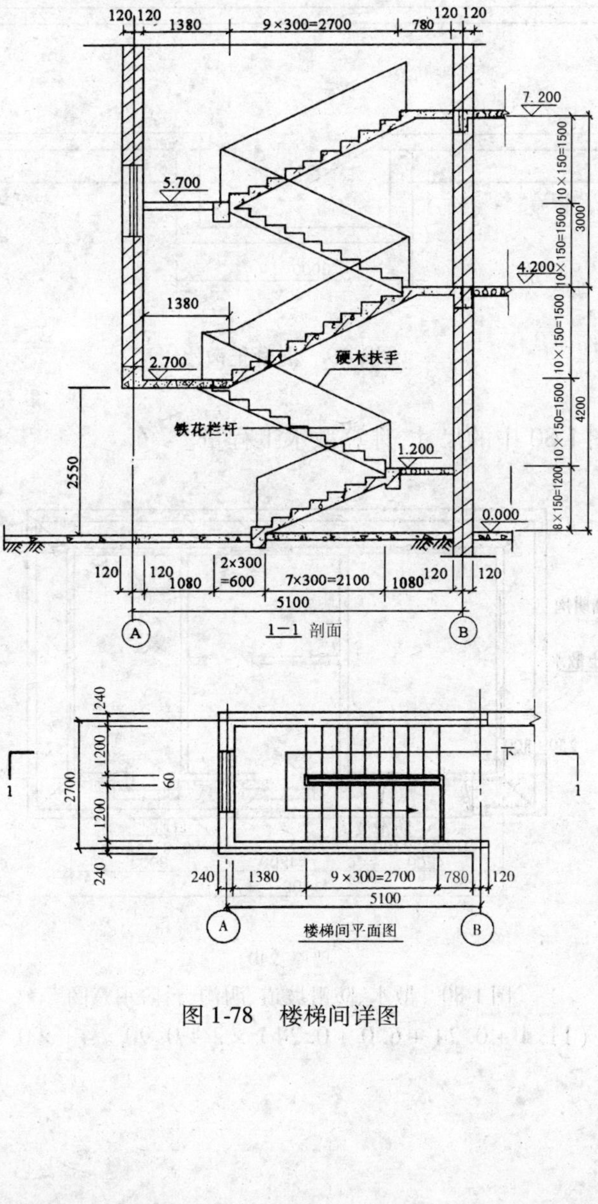

图 1-78　楼梯间详图

铁花栏杆长：[(2.10 + 2.10 + 0.60 + 0.30 × 9 + 0.30 × 10 + 0.30 × 10) × 1.12 + 0.60 + 1.20 + 0.06 + 0.06 × 4]m

= (13.5 × 1.12 + 1.86 + 0.24)m

= 17.22m

硬木扶手长：17.22m（同栏杆长）

硬木弯头：1 × 5 个 = 5 个

【例 85】 图 1-79 为一建筑物的底层平面图，计算混凝土散水的工程量。

【解】 混凝土散水的长度按图 1-79 计算为：(38.4 + 0.24 + 16.5 + 0.24) × 2m = 110.76m

扣减大门前的台阶的长度：3.0m

再加 4 个散水的宽度：0.6 × 4m = 2.4m

混凝土散水加浆一次抹光工程量 = (110.76 − 3.0 + 0.6 × 4) × 0.6m^2 = 66.10m^2

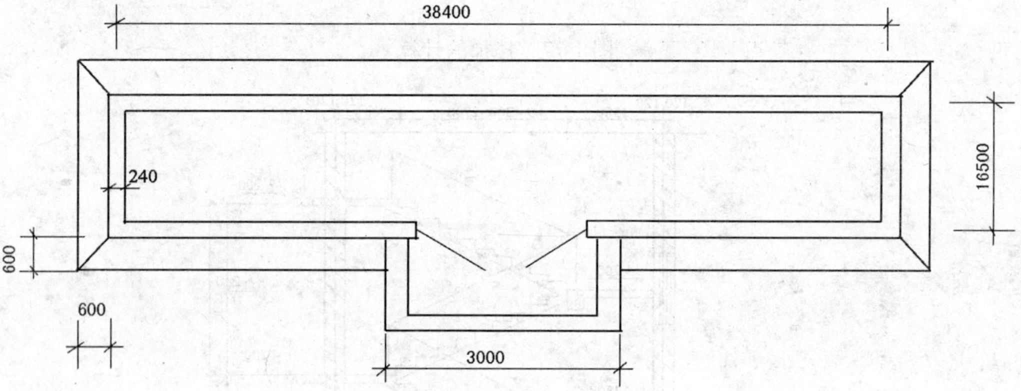

图 1-79 混凝土散水

【例 86】 根据图 1-80 中的尺寸，计算散水工程量。

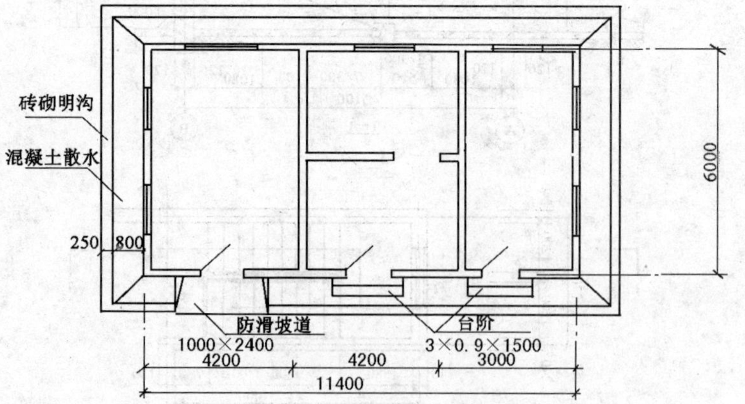

（墙厚：240）

图 1-80 散水、防滑坡道、明沟、台阶示意图

【解】 $L_{散水}$ = {[(11.4 + 0.24 + 6.0 + 0.24) × 2 + 0.90 × 4] × 0.90 − 2.4 × 0.9 − 1.5 ×

$0.9\times2\}$m

$=(35.42-4.86)$m

$=30.56$m

$S_{散水}=30.56\times0.9\text{m}^2=27.50\text{m}^2$

【例 87】 根据图 1-80 计算防滑坡道工程量。

【解】 $S_{坡道}=1.0\times2.4\text{m}^2=2.4\text{m}^2$

【例 88】 根据图 1-80 中的尺寸,计算砖砌明沟的工程量。

【解】 明沟长 $=[(11.64+6.24)\times2+0.90\times8+0.25\times4-2.4]$m

$=41.56$m

【例 89】 防潮层如图 1-81 所示,地下室外墙长 110m,计算防潮层工程量。

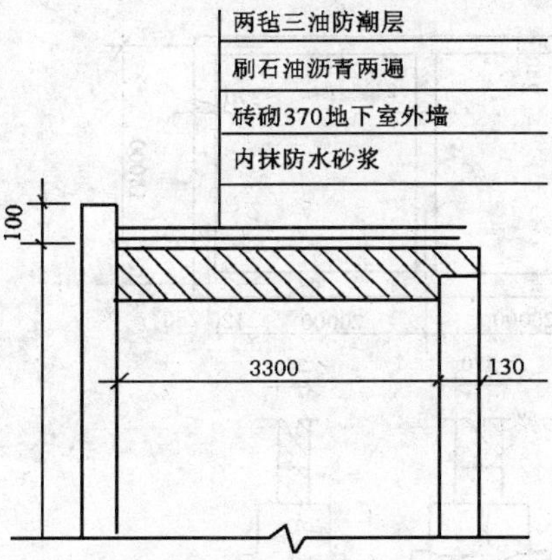

图 1-81 地下室防潮层

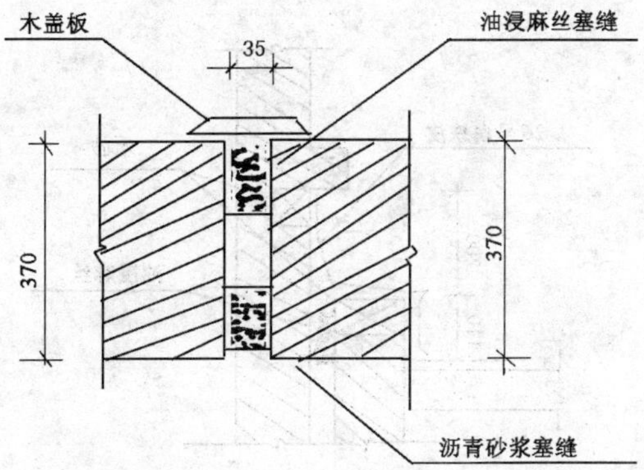

图 1-82 伸缩缝

【解】 (1)两毡三油防水层:

$$工程量=(0.1+3.3+0.13)\times110\text{m}^2=388.3\text{m}^2$$

(2)刷石油沥青:

$$工程量=388.3\text{m}^2$$

(3)内抹防水砂浆:

$$工程量=3.3\times110\text{m}^2=363\text{m}^2$$

【例 90】 伸缩缝如图 1-82 所示,两道,墙高 38m。工程量计算如下:

【解】 (1)外墙内侧木盖板:

$$工程量=38\times2\text{m}=76\text{m}$$

(2)外墙内侧油浸麻丝:

$$工程量=76\text{m}$$

(3)外墙外侧沥青砂浆塞缝:

$$工程量=76\text{m}$$

【例 91】 沉降缝如图 1-83 所示,高低跨沉降缝长 18m,计算工程量。

【解】 (1)铁皮盖面:

$$工程量=18\text{m}$$

(2)油浸麻丝：

$$工程量 = 18\text{m}$$

【例92】 如图1-84所示，计算墙基防潮层工程量。

【解】 墙基防潮（如图1-84所示）工程按水平投影面积计算。宽度按图示尺寸计算；长度，外墙按外墙中心线，内墙按内墙净长线计算。其工程量计算如下：

$$L_{中} = \{[(20+20+0.25\times2)+(18+0.25\times2)]\times2-0.37\times4\}\text{m}$$
$$=116.52\text{m}$$

$$墙基防潮工程量 = [0.37\times116.52+0.24\times(18-0.24)]\text{m}^2$$
$$=(43.11+4.26)\text{m}^2$$
$$=47.37\text{m}^2$$

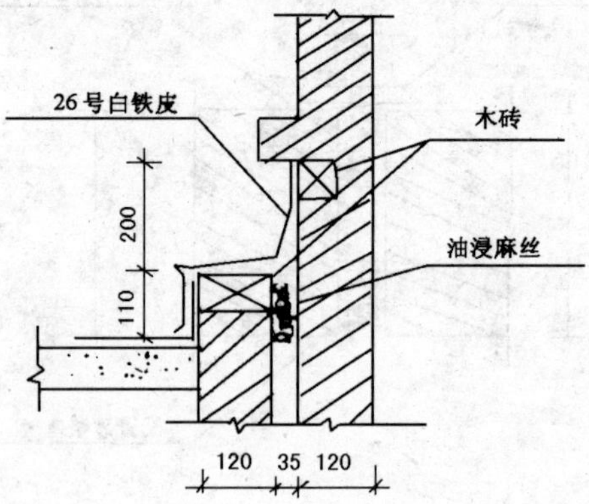

图1-83 沉降缝

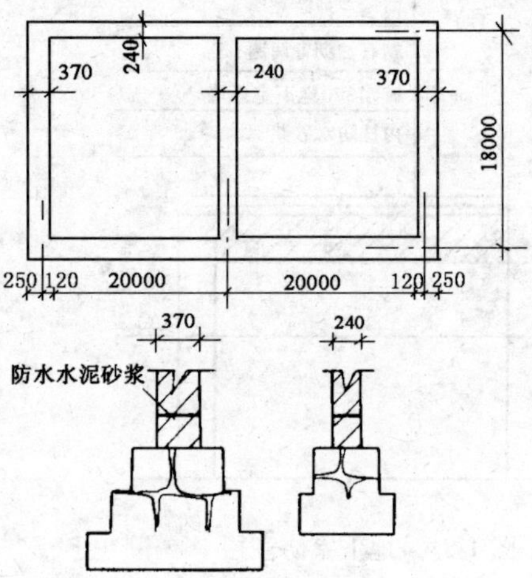

图1-84 墙基防潮层

【例93】 计算图1-85所示地下室防潮层的工程量。

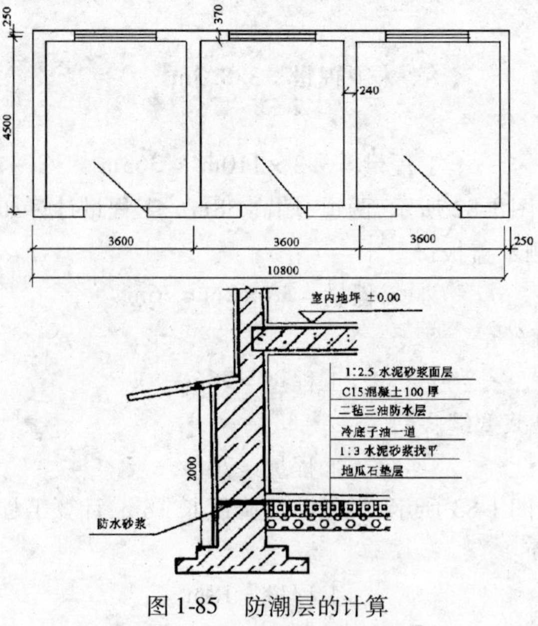

图1-85 防潮层的计算

【解】 $F = 10.8 \times 4.5\text{m}^2 = 48.6\text{m}^2$

【例 94】 计算图 1-86 所示的外墙面和屋面部分伸缩缝的工程量。

【解】 外墙面伸缩缝工程量 = 20 × 4m = 80m

定额直接费 = 80 ÷ 100 × 186.09 元 = 148.87 元

屋面伸缩缝工程量 = 18 × 2m = 36m

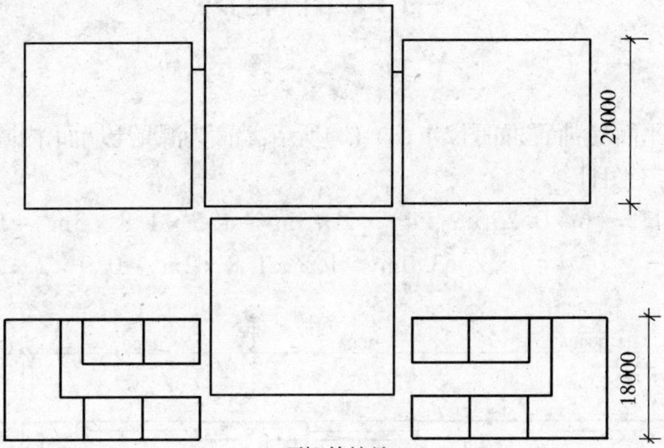

(a) 顶棚伸缩缝

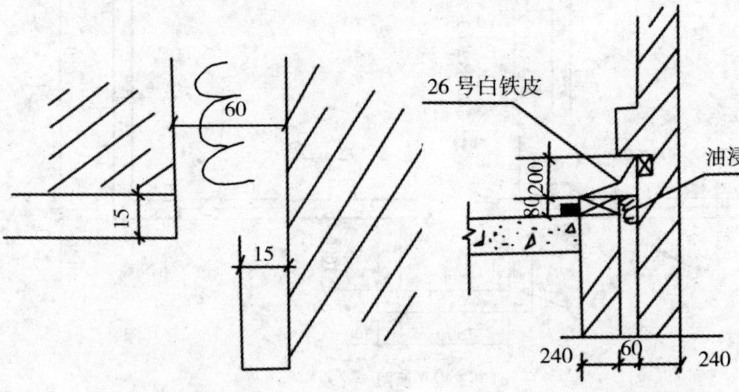

(b) 外墙伸缩缝　　(c) 层面伸缩缝

图 1-86　伸缩缝的计算

第二章　墙、柱面工程工程量清单设置与计价举例

【例1】 某工程平面及剖面图如图2-1 (a)、(b)所示,墙面为混凝土墙面,内墙抹水泥砂浆。

1. 业主根据施工图计算:

内墙抹灰工程量 $=(6+0.25\times2+4)\times2\times3\text{m}^2-1.5\times1.8\times3\text{m}^2-1\times2\text{m}^2-0.9\times2\text{m}^2+(3+4)\times2\times3.0\text{m}^2-1.5\times1.8\times2\text{m}^2-0.9\times2\times1\text{m}^2=85.9\text{m}^2$

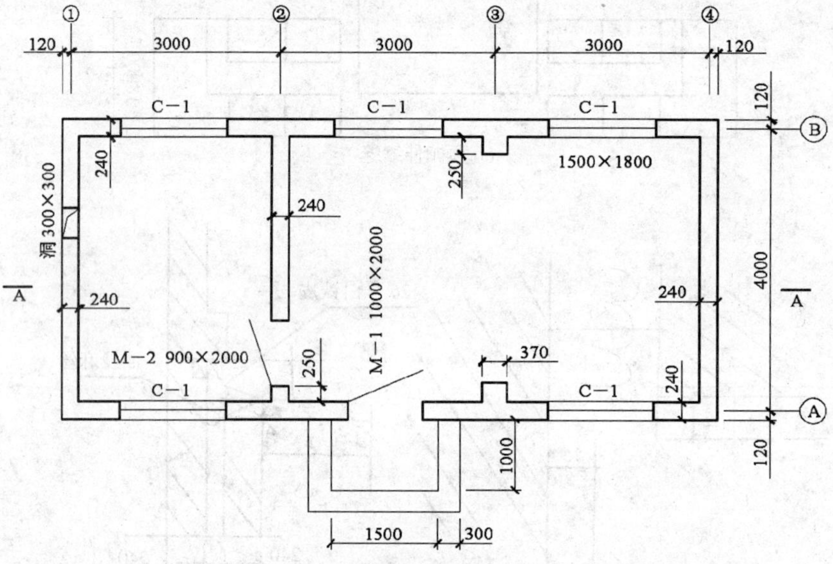

(a) 某工程平面图

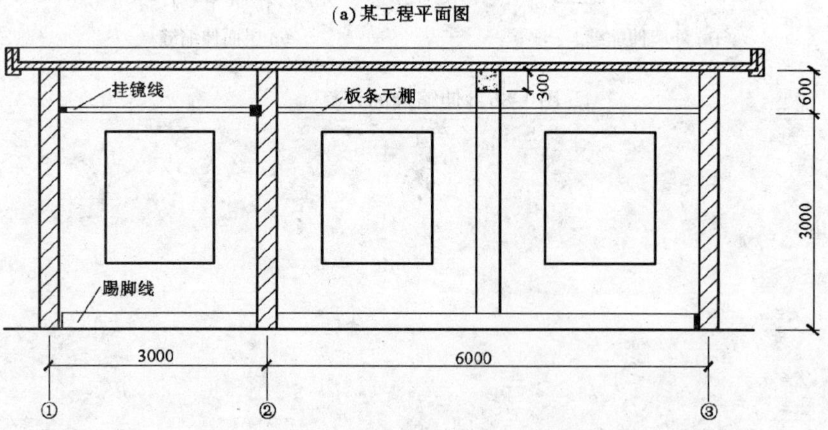

(b)A–A 剖面图

图2-1　某工程平面图及剖面图

表 2-1 分部分项工程量清单

工程名称:某工程

序号	项目编码	项目名称	计量单位	工程数量
1	020201001001	墙面一般抹灰 混凝土墙面 内墙面 抹 1:3 水泥砂浆 厚度为 6mm	m^2	85.9

2. 投标人根据施工图及施工方案计算:

(1)内墙面抹 1:3 水泥砂浆

人工费:4.80 元/m^2 ×85.9m^2 =412.32 元

材料费:4.10 元/m^2 ×85.9m^2 =352.19 元

机械费:0.44 元/m^2 ×85.9m^2 =37.80 元

(2)综合

直接费合计:802.31 元

管理费: 802.31 元×34% =272.79 元

利润: 802.31 元×8% =64.18 元

总计: (802.31 +272.79 +64.18)元 =1139.28 元

综合单价:1139.28 元 ÷85.9m^2 =13.26 元/m^2

表 2-2 分部分项工程量清单计价表

工程名称:某工程

序号	项目编码	项目名称	计量单位	工程数量	金额/元	
					综合单价	合价
1	020201001001	墙面一般抹灰 混凝土墙面 内墙面 抹 1:3 水泥砂浆 厚度为 6mm		85.9	13.26	1139.28
		合计				1139.28

表 2-3 分部分项工程量清单综合单价计算表

工程名称:某工程　　计量单位:m^2

项目编码:020201001001　　工程数量:85.9

项目名称:墙面一般抹灰　　综合单价:13.26

序号	定额编号	工程内容	单位	数量	其中/元					
					人工费	材料费	机械费	管理费	利润	小计
	3-82	内墙面抹 1:3 水泥砂浆	m^2	85.9	412.32	352.19	37.80			
		合计			412.32	352.19	37.80	272.79	64.18	1139.28

【例 2】 某宾馆玻璃隔断带电子感应自动门,某隔断为 12mm 厚钢化玻璃,边框为不锈钢,12mm 厚钢化玻璃门,带有电磁感应装置一套(日本 ABA)。

1. 经业主根据施工图计算：

(1)12mm 厚钢化玻璃隔断 10.8m^2

(2)电子感应门一樘

表 2-4　分部分项工程量清单

工程名称：某工程

序号	项目编码	项目名称	计量单位	工程数量
1	020209001001	隔断： 玻璃隔断 12mm 厚钢化玻璃 边框为不锈钢 0.8mm 厚 玻璃胶嵌缝	m^2	10.8
2	020404001001	电子感应门 电磁感应器(日本 ABA) 钢化玻璃门 12mm 厚	樘	1

2. 投标人根据施工图及施工方案计算：

(1)玻璃隔断：

1)12mm 厚钢化玻璃隔断，工程量为 10.8m^2。

人工费：16.53 元/m^2 ×10.8m^2 = 178.52 元

材料费：322.14 元/m^2 ×10.8m^2 = 3479.11 元

机械费：17.08 元/m^2 ×10.8m^2 = 184.46 元

2)不锈钢边框，工程量为 1.26m^2。

人工费：28.57 元/m^2 ×1.26m^2 = 36.00 元

材料费：434.58 元/m^2 ×1.26m^2 = 547.57 元

机械费：19.18 元/m^2 ×1.26m^2 = 24.17 元

3)综合

直接费合计：4449.83 元

管理费：　4449.83 元 ×34% = 1512.94 元

利润：　4449.83 元 ×8% = 355.99 元

总计：　(4449.83 + 1512.94 + 355.99)元 = 6318.76 元

综合单价：6318.76 元 ÷10.8m^2 = 585.07 元/m^2

(2)电子感应门：

1)电子感应玻璃门电磁感应装置，一套。

人工费：72.90 元/套 ×1 套 = 72.90 元

材料费：15012.26 元/套 ×1 套 = 15012.26 元

机械费：3.02 元/套 ×1 套 = 3.02 元

2)12mm 厚钢化玻璃门，其工程量 9.6m^2。

人工费：45.58 元/m^2 ×9.6m^2 = 437.57 元

材料费：909.95 元/m^2 ×9.6m^2 = 8735.52 元

机械费：29.36 元/m^2 ×9.6m^2 = 281.86 元

3)综合：

直接费合计:24543.13 元

管理费　　24543.13 元×34% =8344.66 元

利润:　　24543.13 元×8% =1963.45 元

总计:　　(24543.13 +8344.66 +1963.45)元 =34851.24 元

综合单价:34851.24 元÷1 樘 =34851.24 元/樘

表 2-5　分部分项工程量清单综合单价计算表

工程名称:某工程

序号	项目编码	项目名称	计量单位	工程数量	金额/元	
					综合单价	合价
1	020209001001	隔断: 玻璃隔断 12mm 厚钢化玻璃 边框为不锈钢 0.8mm 厚 玻璃胶嵌缝	m^2	10.8	585.07	6318.76
2	020404001001	电子感应门 电磁感应器 (日本 ABA) 钢化玻璃门 12mm 厚	樘	1	34851.24	34851.24
		合计				41170

表 2-6　分部分项工程量清单综合单价计算表

工程名称:某工程　　　　计量单位:m^2

项目编码:020209001001　　　　工程数量:10.8

项目名称:隔断　　　　综合单价:585.07

序号	定额编号	工程内容	单位	数量	其中/元					
					人工费	材料费	机械费	管理费	利润	小计
	4-35	钢化玻璃隔断(12mm 厚)	m^2	10.8	178.52	3479.11	184.46			
	6-60	不锈钢玻璃边框	m^2	1.26	36	547.57	24.17			
		合计			214.52	4026.68	208.63	1512.94	355.99	6318.76

表 2-7　分部分项工程量清单综合单价计算表

工程名称:某工程　　　　计量单位:樘

项目编码:020404001001　　　　工程数量:1

项目名称:电子感应门　　　　综合单价:34851.24

序号	定额编号	工程内容	单位	数量	其中/元					
					人工费	材料费	机械费	管理费	利润	小计
	6-67	电子感应门电磁感应装置	套	1	72.9	15012.26	3.02			
	6-64	12mm 厚钢化玻璃门	m^2	9.6	437.57	8735.52	281.86			
		合计			510.47	23747.78	284.88	8344.66	1963.45	34851.24

【例 3】　某工程如图 2-2 所示,室内墙面抹 1:2 水泥砂浆底,1:3 石灰砂浆找平层,麻刀石

灰浆面层,共20mm厚。室内墙裙采用1∶3水泥砂浆打底(19厚),1∶2.5水泥砂浆面层(6厚),计算室内墙面一般抹灰和室内墙裙工程量。

M:1000mm×2700mm　共3个

C:1500mm×1800mm　共4个

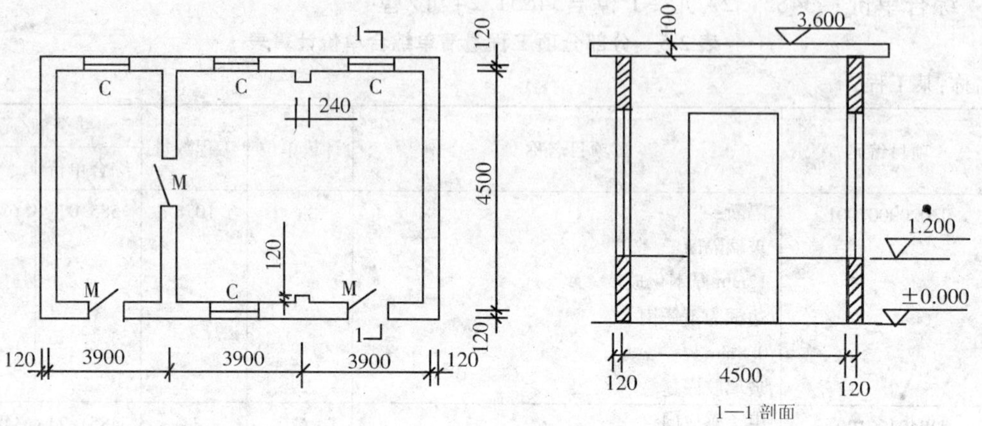

图2-2　某工程剖面图

【解】　(1)墙面一般抹灰工程量计算如下:

室内墙面抹灰工程量 = 主墙间净长度×墙面高度 - 门窗等面积 + 垛的侧面抹灰面积

$$= \{[(3.9\times3-0.24\times2+0.12\times2)\times2+(4.5-0.24)\times4]\times(3.6-0.1-1.2)-2.7\times1.0\times3-1.5\times1.8\times4\}\text{m}^2$$

$$=73.01\text{m}^2$$

(2)室内墙裙工程量计算如下:

室内墙裙工程量 = 主墙间净长度×墙裙高度 - 门窗所占面积 + 垛的侧面抹灰面积

室内墙裙工程量 $=[(3.9\times3-0.24\times2+0.12\times2)\times2+(4.5-0.24)\times4-1\times3]\times1.2\text{m}^2$

$$=44.35\text{m}^2$$

【例4】　某工程如图2-3所示,外墙面抹水泥砂浆,底层为1∶3水泥砂浆打底14mm厚,面层为1∶2水泥砂浆抹面6mm厚;外墙裙水刷石,1∶3水泥砂浆打底12mm厚,素水泥浆两遍,1∶2.5水泥白石子10mm厚(介格),挑檐水刷白石,计算外墙面抹灰和外墙裙及挑檐装饰抹灰工程量。

M:1000mm×2500mm

C:1200mm×1500mm

【解】　(1)墙面一般抹灰工程量计算如下:

外墙面抹灰工程量 = 外墙面长度×墙面高度 - 门窗等面积 + 垛梁柱的侧面抹灰面积

外墙面水泥砂浆工程量 $=[(6+4.500)\times2\times(3.6-0.10-0.90)-1.00\times(2.50-0.90)-1.20\times1.50\times5]\text{m}^2$

$$=44\text{m}^2$$

(2)墙面装饰抹灰工程量计算如下:

外墙装饰抹灰工程量 = 外墙面长度×抹灰高度 - 门窗等面积 + 垛梁柱的侧面抹灰面积

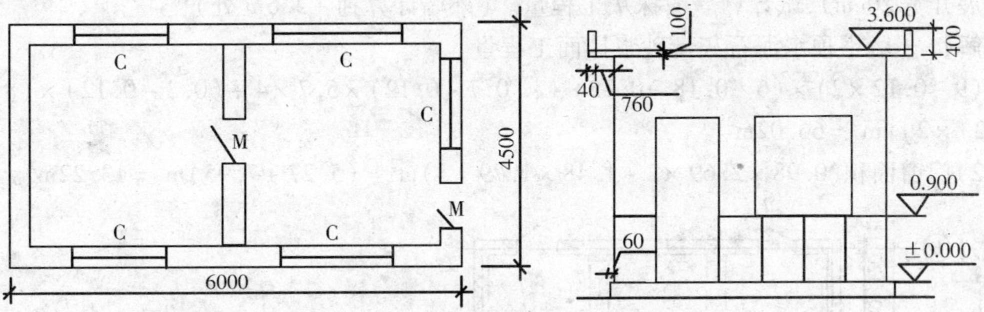

图 2-3　某工程示意图

外墙裙水刷白石子工程量 = [(6 + 4.500) × 2 − 1.00] × 0.90m² = 18m²

(3)零星项目装饰抹灰工程量计算如下:

零星项目装饰抹灰工程量 = 按设计图示尺寸展开面积计算

挑檐水刷石工程 = [(6 + 4.500) × 2 + 0.8 × 8] × (0.10 + 0.40) m² = 13.7m²

【例 5】　如图 2-4 所示,计算木墙裙的工程量(不考虑装饰条,门窗洞口中侧面宽 100mm,窗台高 1000mm)。

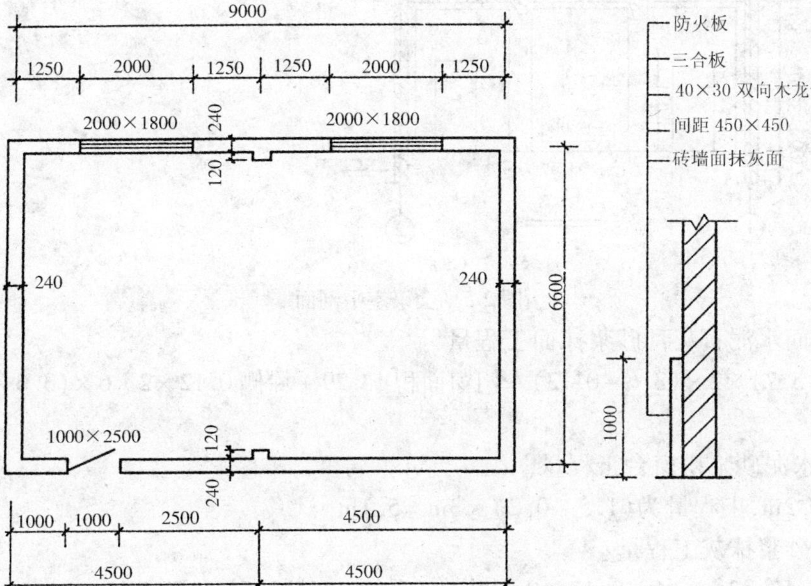

图 2-4　木墙裙示意图

【解】　(1)木墙裙工程量:

$$\{[(9-0.24)+(6.6-0.24)]\times 2\times 1.0-1.0\times 1.0+(0.12\times 4\times 1.0+0.1\times 1.0\times 2)\}\text{m}^2$$
$$=29.92\text{m}^2$$

【例 6】　会议室如图 2-5 所示,内墙面及平顶均为水泥石灰膏砂浆粉刷,外墙水泥砂浆,镶板木门 1.0m × 2.7m,一玻一纱木窗 1.5m × 1.8m,门窗刷调和漆二遍,1∶2 水泥砂浆粉窗台

（窗台展开宽 20cm），试计算一般抹灰工程量。（外墙计算到 +3.6m 处）

【解】 （1）平顶水泥石灰膏砂浆抹面工程量

$\{(9-0.12\times2)\times(6-0.18-0.12)+[(0.7-0.12)\times5.7\times4+(0.3-0.12)\times(8.76-0.4\times2)\times2]\}m^2=66.02m^2$

（2）门窗面积$(0.98\times2.69\times2+1.48\times1.79\times3)m^2=(5.27+7.95)m^2=13.22m^2$

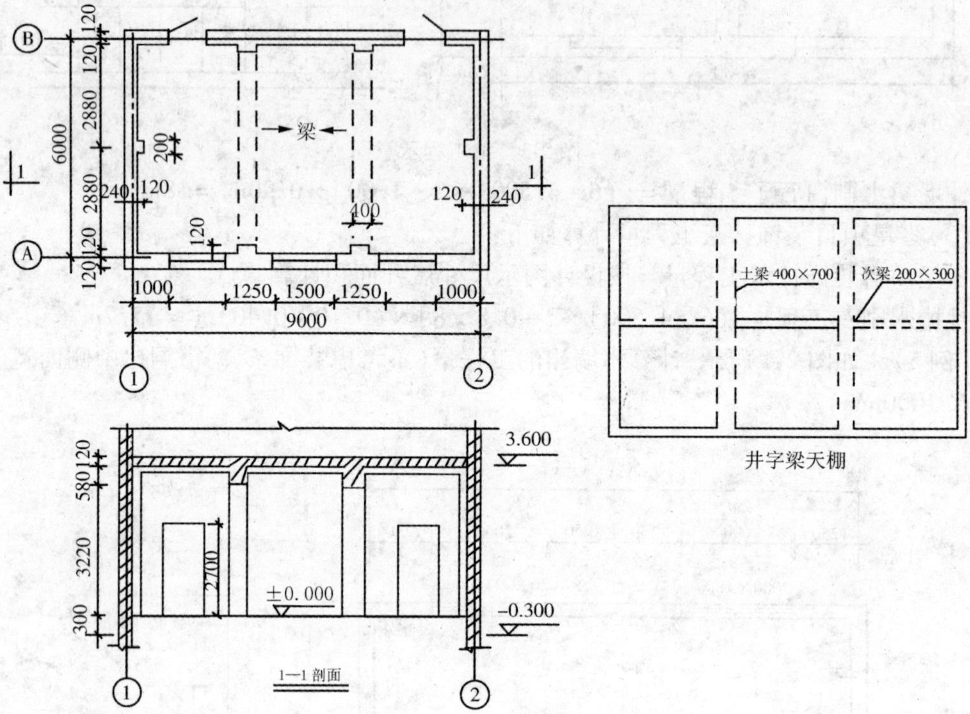

图 2-5　会议室平剖面

（3）内墙面水泥石灰膏砂浆抹面工程量

$[(8.76+5.7)\times2\times(3.6-0.12)-$门窗面积$13.29+$垛侧$0.12\times2\times6\times(3.6-0.12)]m^2$
$=92.36m^2$

（4）1∶2 水泥砂浆粉窗台工程量

展开宽 0.2m，工程量为$(1.5+0.2)\times3m=5.1m$

（5）水泥砂浆抹灰工程量

$\{[(9+0.12\times2)+(6+0.12+0.180)]\times2\times(3.6+0.3)-$门窗$13.29\}m^2$
$=(121.21-13.29)m^2=107.92m^2$

【例 7】 某建筑物屋面女儿墙如图 2-6 所示，假设女儿墙压顶抹水泥砂浆，计算压顶抹灰工程量。外墙长 61m。

【解】 其工程量计算如下：

女儿墙压顶抹灰长度 =（外墙外边线长度 $-4\times$女儿墙厚度）$\times$系数

$=(61-4\times0.24)\times1.8m$

$=108.07m$

【例 8】 图 2-7 所示为三层住宅楼的平面图，厨房、卫生间内墙面贴釉面砖，其他内墙面

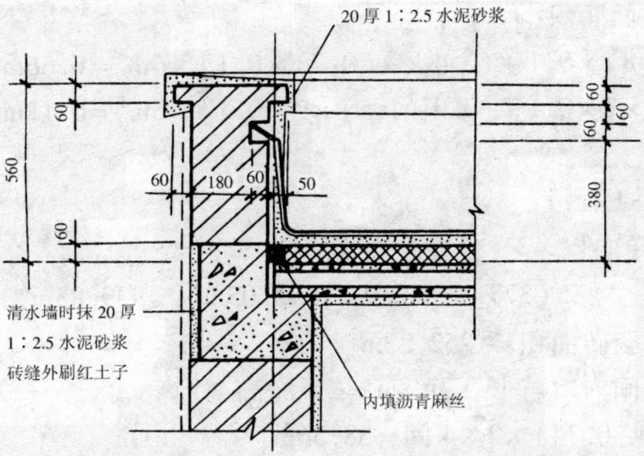

图 2-6　女儿墙示意图

为混合砂浆抹面、刷乳胶漆两遍。楼层高为 2.8m，现浇板厚 80mm，圆孔板厚 130mm。外墙上门窗洞口面积已算出是 83.88m²，内墙上门窗洞口面积是 78.3m²。在墙体工程量中也算出外墙净面积是 378.1m²，内墙净面积是 473.2m²。计算内墙面装修工程量。

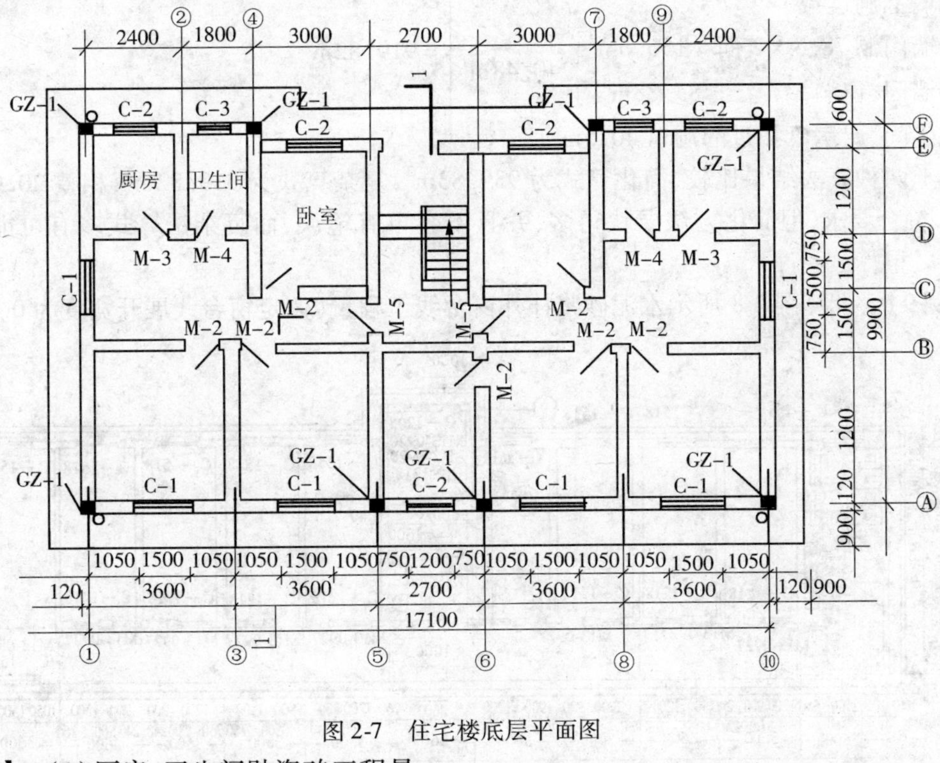

图 2-7　住宅楼底层平面图

【解】　(1)厨房、卫生间贴瓷砖工程量：

$[(2.4-0.24+2.7-0.24)\times2+(1.8-0.24+2.7-0.24)\times2]\times(2.8-0.1)\times2\times3\text{m}^2$

$=279.94\text{m}^2$

扣门窗洞口面积：

$(2.4\times0.8+2.4\times0.7+1.2\times1.5+0.9\times1.5)\times2\times3\text{m}^2=40.5\text{m}^2$

增加洞口侧面、顶面面积：

门：$[(2.4\times2+0.8)\times0.1+(2.4\times2+0.7)\times0.1]\times6\text{m}^2=6.66\text{m}^2$

窗：$[(1.2+1.5)\times2\times0.1+(0.9+1.5)\times2\times0.1]\times6\text{m}^2=6.12\text{m}^2$

合计：252.22m^2

(2)混合砂浆抹面工程量：

简化算法：(内墙净面积 × 2 + 外墙净面积) × 0.9

$$\left.\begin{array}{l}=(473.2\times2+378.1)\times0.9=1192.05\text{m}^2\\ \text{扣厨房、卫生间贴瓷砖面积：}-252.22\text{m}^2\end{array}\right\}=939.83\text{m}^2$$

复杂算法：按各房间内"(净长 + 净宽) × 2 × 净高"计算

$$\left.\begin{array}{l}(3.6-0.24+4.2-0.24)\times2\times4\text{ 间}=58.56\text{m}\\(2.7-0.24+4.2-0.24)\times2=12.84\text{m}\\(3.0-0.24+3.6-0.24)\times2\times2\text{ 间}=24.48\text{m}\\(4.2-0.24+3.0-0.24)\times2\times2\text{ 间}=26.88\text{m}\\(3.0+1.5-0.24)\times2\times2=17.04\text{m}\end{array}\right\}=139.8\text{m}$$

$$\left.\begin{array}{l}139.8\text{m}\times(2.8-0.13)\times3\text{ 层}=1119.8\text{m}^2\\ \text{扣墙上洞口：}\\ \left.\begin{array}{l}\text{内墙门洞 }78.3\times2\text{ 面}=156.6\text{m}^2\\ \text{外墙门、窗洞 }83.88\text{m}^2\end{array}\right\}240.48\text{m}^2\\ \text{卫生间、厨房已扣过的洞口 }40.5\text{m}^2\end{array}\right\}=919.82\text{m}^2$$

以上两种算法结果比较，简化算式为 939.83m^2，复杂算式为 919.82m^2，相差 20.01m^2，误差 2%，符合要求，但简化方法要快得多，并且不会再有笔误，而复杂法算式多有可能发生笔误、漏算、重算。

【例 9】 计算图 2-8 所示水泥砂浆抹外窗台线工程量（假定窗台线展开宽度为 0.36m）。

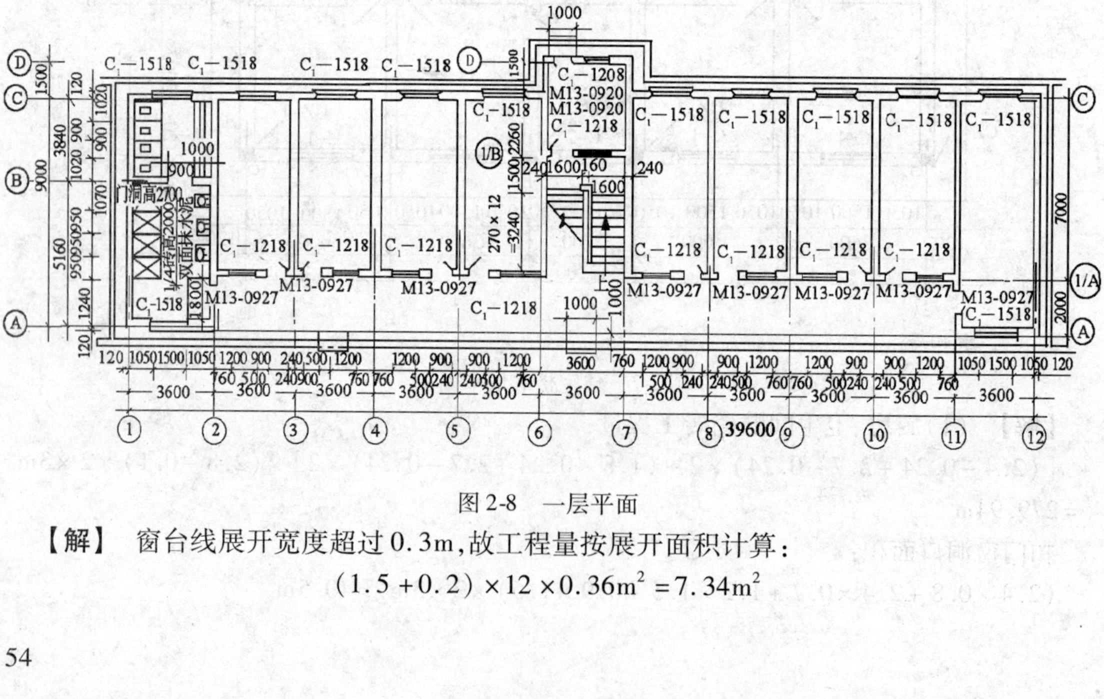

图 2-8 一层平面

【解】 窗台线展开宽度超过 0.3m，故工程量按展开面积计算：

$$(1.5+0.2)\times12\times0.36\text{m}^2=7.34\text{m}^2$$

$(1.2+0.2)\times9\times0.36\text{m}^2=4.54\text{m}^2$

窗台抹水泥砂浆工程量 $=(7.34+4.54)\text{m}^2=11.88\text{m}^2$

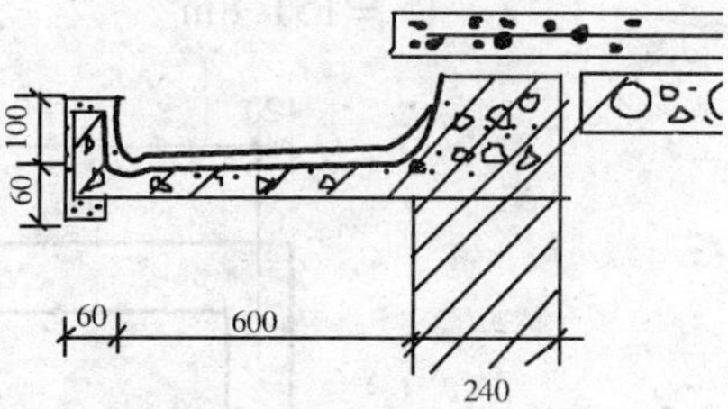

图 2-9 挑檐天沟剖面图

【例 10】 计算图 2-9 所示正面水刷白石子挑檐天沟 90m 长工程量。

【解】 $(0.1+0.06)\times90\text{m}^2=14.4\text{m}^2$

【例 11】 计算图 2-10 所示水泥砂浆抹小便池(长 2m)工程量。

【解】 工程量 $=2\times(0.18+0.4+0.45\times3.14/2)\text{m}^2$
$=2.57\text{m}^2$

【例 12】 计算图 2-11 中二、三层栏杆扶手抹水泥砂浆工程量。

【解】 工程量 $=[(3.24-0.24)\times0.2+(0.02+0.03+0.02)\times2+(0.2-0.09)\times2\times2]\text{m}^2$
$=(0.6+0.14+0.44)\text{m}^2$
$=1.18\text{m}^2$

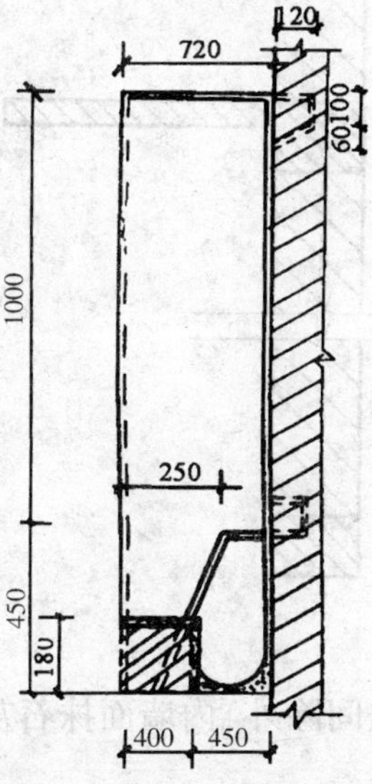

图 2-10 小便池剖面图

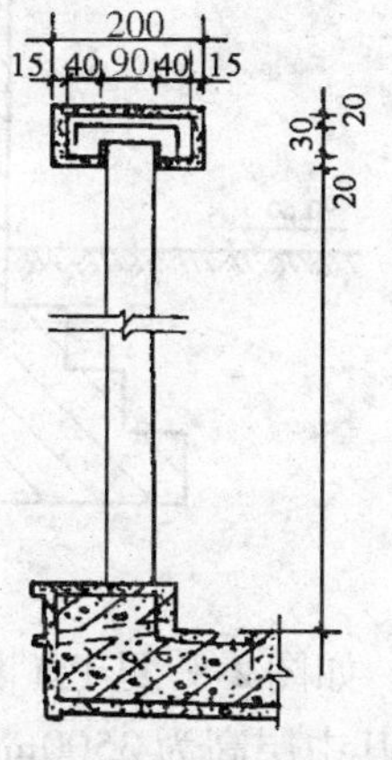

2-11 拦杆扶手示意图

【例 13】 计算图 2-12 中黑板抹水泥砂浆工程量。

【解】 工程量 $=3.5\times1.5\text{m}^2=5.25\text{m}^2$

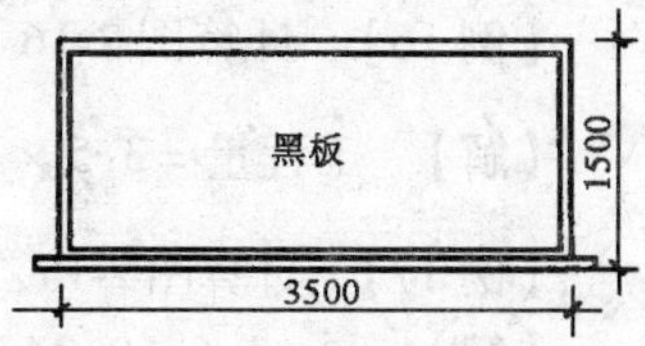

图 2-12 黑板平面示意图

【例 14】 建筑正面墙的平面图和剖面图如图 2-13、图 2-14 所示,该建筑首层(层高3.6m)窗台以下为水磨石墙裙,以上均为水刷石墙面(包括女儿墙在内),窗和门的规格分别为:C-1:1.5m×1.8m,M-1:1.2×2.4m,该面共有6樘C-1,1樘M-1,则外墙装饰抹灰的工程量计算如下:

外墙水磨石 $=[(15+0.12\times2)\times1.46-1.46\times1.2+1.46\times(0.24-0.1)\times2]\text{m}^2$
$=20.91\text{m}^2$

外墙水刷石 $=[(12.5-1.4)\times(15+0.12\times2)-1.5\times1.8\times6-1.2\times(2.4-1.4)]\text{m}^2$

$=151.8\text{m}^2$

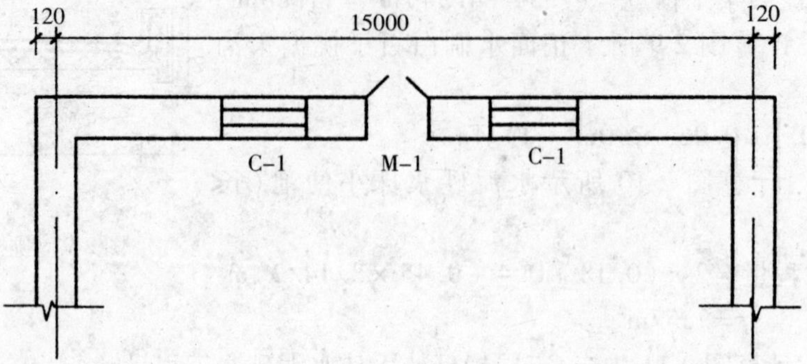

图 2-13　正面墙平面图

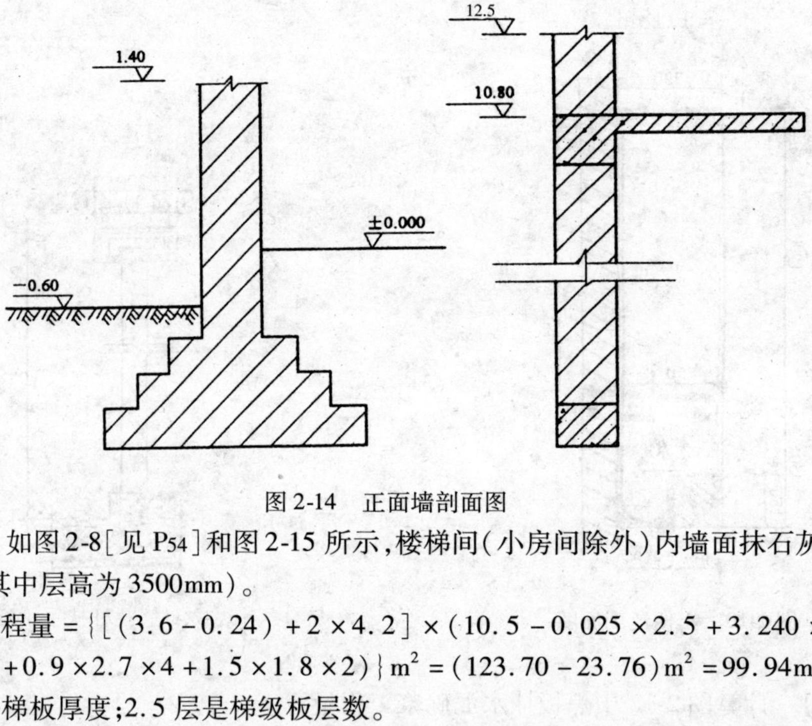

图 2-14　正面墙剖面图

【例 15】　如图 2-8[见 P54]和图 2-15 所示，楼梯间(小房间除外)内墙面抹石灰砂浆两遍，计算工程量(其中层高为 3500mm)。

【解】　工程量 $=\{[(3.6-0.24)+2\times4.2]\times(10.5-0.025\times2.5+3.240\times0.025)-(1.2\times1.8\times4+0.9\times2.7\times4+1.5\times1.8\times2)\}\text{m}^2=(123.70-23.76)\text{m}^2=99.94\text{m}^2$

式中，0.025 是梯板厚度；2.5 层是梯级板层数。

【例 16】　计算图 2-16 所示长度为 100m 的毛石墙内墙面抹水泥砂浆工程量。

【解】　工程量 $=3.5\times\dfrac{1.732}{2}\times100\text{m}^2=303.10\text{m}^2$

【例 17】　计算图 2-15 二层楼梯间后房间内墙面上部的石灰拉毛(注：下面为水泥内墙裙)工程量。

【解】　$\{[(3.6-0.24)\times2+(3.76-0.24)\times2]\times(3.50-0.1)-[(3.6-0.24)\times2+(3.76-0.24)\times2]\times1.2-6.21\}\text{m}^2$

其中门窗面积 $=6.21\text{m}^2$

M13—0927　　$1\times0.9\times(2.7-1.2)\text{m}^2=1.35\text{m}^2$

C_1—1518　　$1\times1.5\times1.8\text{m}^2=2.7\text{m}^2$

C_1—1218　　$1\times1.2\times1.8\text{m}^2=2.16\text{m}^2$

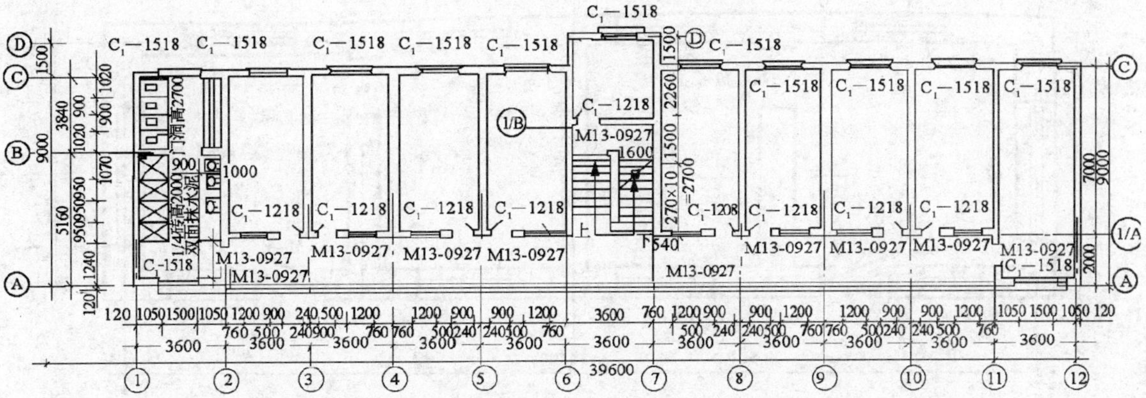

图 2-15　二、三层平面图

工程量 $= (46.78 - 27.52 - 6.21)\,m^2 = 13.05m^2$

【例 18】　计算图 2-17 所示小型住宅的外墙抹灰工程量。设计外墙抹灰要求：

20 厚 1:1:6 混合砂浆打底及面层，室内外高差为0.3m，层高 2.9m。

【解】　(1)计算应扣除面积

门 M－1: $1.0 \times 2 \times 2m^2 = 4m^2$，窗 C: $(1.8 \times 2 + 1.1 \times 2 + 1.6 \times 6) \times 1.5m^2 = 23.1m^2$

(2)外墙长 $= [(14.4 + 0.24) + (4.8 + 0.24)] \times 2m = 39.36m$

抹灰高度 $= (2.9 + 0.3)\,m = 3.2m$

(3)外墙抹灰面积 $= (39.36 \times 3.2 - 4 - 23.1)\,m^2 = 98.85m^2$

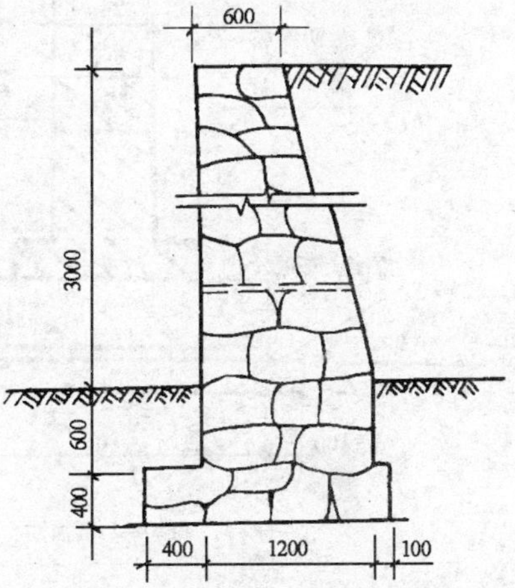

图 2-16　毛石墙示意图

【例 19】某工程局部如图 2-18 所示，外墙为混凝土墙面，设计为干粘白石子(16mm 厚水泥砂浆 1:2.5)，计算所需工程量。

注：本章定额凡注明砂浆种类、配合比、饰面材料及型材的型号规格与设计不同时，可按设计规定调整，但人工、机械消耗量不变。抹灰砂浆厚度，如设计与定额取定不同时，除定额有注明厚度的项目可以换算外，其他一律不作调整。

【解】　外墙水刷白石子工程量如下：

$[(9.9 + 0.12 \times 2 + 6 + 0.12 \times 2) \times 2 \times (4.6 + 0.3) - 1.8 \times 2.7 \times 4 - 1.0 \times 2.7]\,m^2$

$= 138.38m^2$

【例 20】　计算图 2-8 所示一层房间内墙石灰砂浆中级抹灰(卫生间、楼梯间除外)的工程量(其中层高为 3500mm)。

【解】　门窗面积：

M13—0927　　$9 \times 0.9 \times 2.7m^2 = 21.87m^2$

C_1—1218　　$8 \times 1.2 \times 1.8m^2 = 17.28m^2$

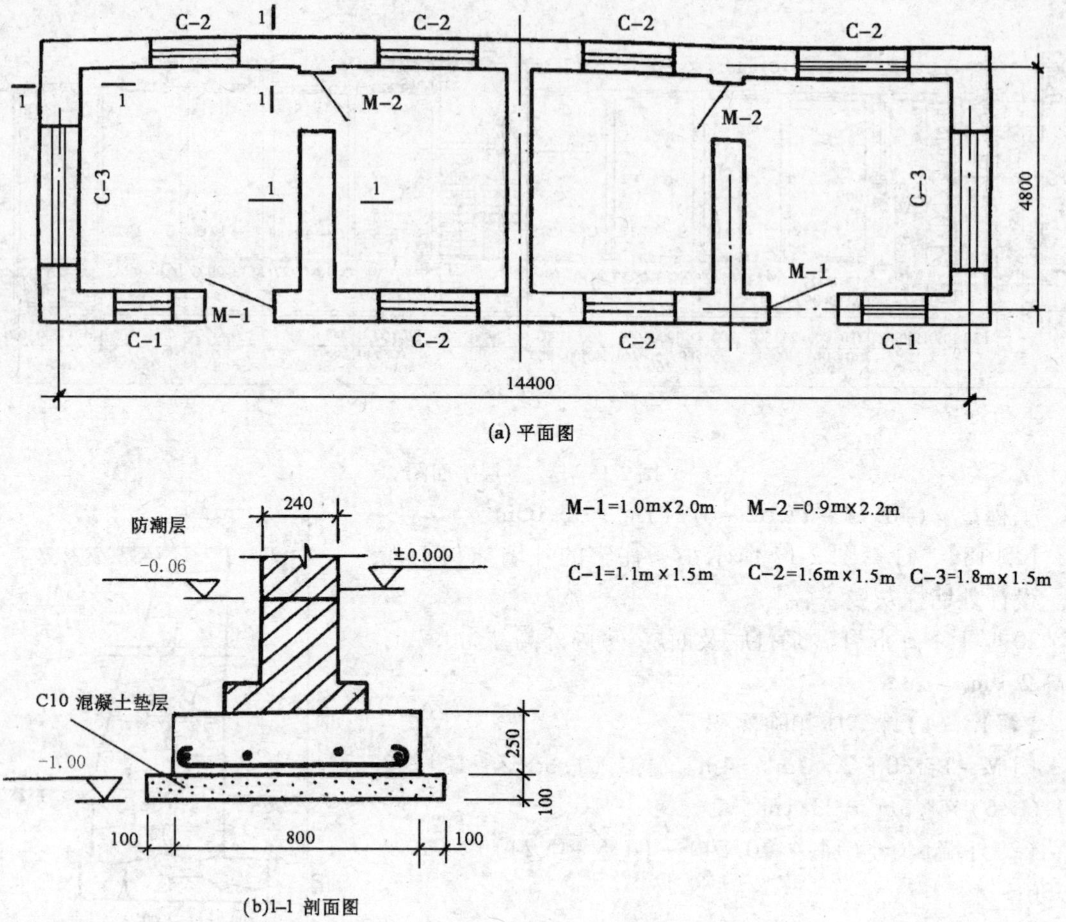

(a) 平面图

(b)1-1 剖面图

图 2-17　小型住宅示意图

C_1—1518　　$12\times1.5\times1.8m^2=32.4m^2$

合计　　$71.55m^2$

内墙抹灰$\{[(3.6-0.24)\times2+(7-0.24)\times2]\times8+(3.6-0.24)\times2+(9-0.24)\times2\}\times(3.5-0.1)m^2-71.55m^2=561.39m^2$

【例 21】　如图 2-15 所示，二层楼梯间后房间水泥砂浆抹灰内墙裙高 1.2m，求工程量。

【解】　工程量 $=\{[(3.6-0.24)\times2-0.9]+(3.76-0.24)\times2\}\times1.2m^2$

$=12.86\times1.2m^2=15.43m^2$

【例 22】　如图 2-19 所示，计算独立柱面抹石灰砂浆的工程量。

【解】　其工程量计算如下：

柱身：$0.5\times4\times3m^2=6m^2$

柱帽：$[(0.5+0.2\times2)+0.5]/2\times\sqrt{0.2^2+0.2^2}\times4m^2=0.79m^2$

柱脚：$(0.5\times4+4\times0.06\times2)\times0.06\times2+(0.5\times4+8\times0.06)\times0.06+(0.5\times4+8\times0.06\times2)\times0.12m^2=0.80m^2$

工程量合计：$(6+0.79+0.8)m^2=7.59m^2$

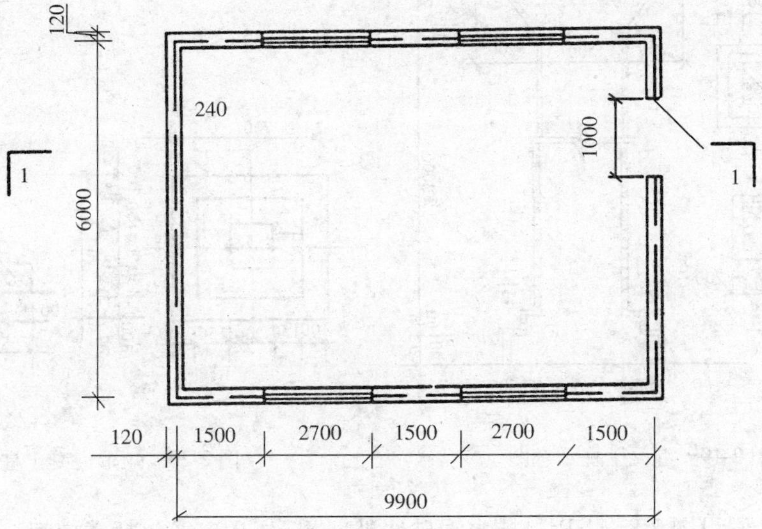

(a)平面图

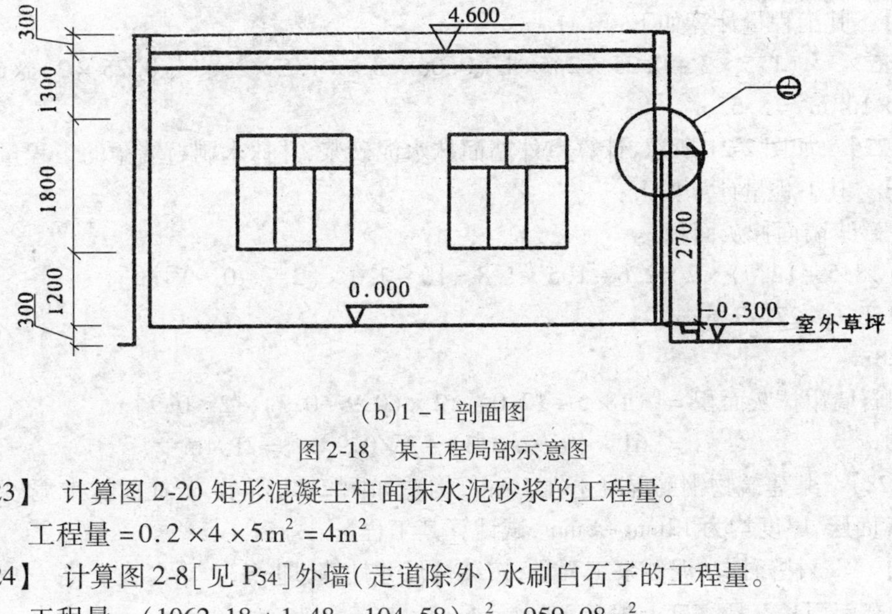

(b)1－1剖面图

图2-18　某工程局部示意图

【例23】　计算图2-20矩形混凝土柱面抹水泥砂浆的工程量。

【解】　工程量 $=0.2\times4\times5\mathrm{m}^2=4\mathrm{m}^2$

【例24】　计算图2-8[见P54]外墙(走道除外)水刷白石子的工程量。

【解】　工程量 $=(1062.18+1.48-104.58)\mathrm{m}^2=959.08\mathrm{m}^2$

其中:墙面 $=[(9+0.24)\times2+1.5\times2+(39.6+0.24)\times2]\times10.5\mathrm{m}^2=1062.18\mathrm{m}^2$

减门窗面积:C—1518　$37\times1.5\times1.8\mathrm{m}^2=99.9\mathrm{m}^2$

C1—1208　$3\times1.2\times0.8\mathrm{m}^2=2.88\mathrm{m}^2$

M13—0920　$1\times0.9\times2\mathrm{m}^2=1.80\mathrm{m}^2$

合计　$104.58\mathrm{m}^2$

两端山墙尖工程量 $=(9+0.24)\times0.08\times2\mathrm{m}^2=1.48\mathrm{m}^2$

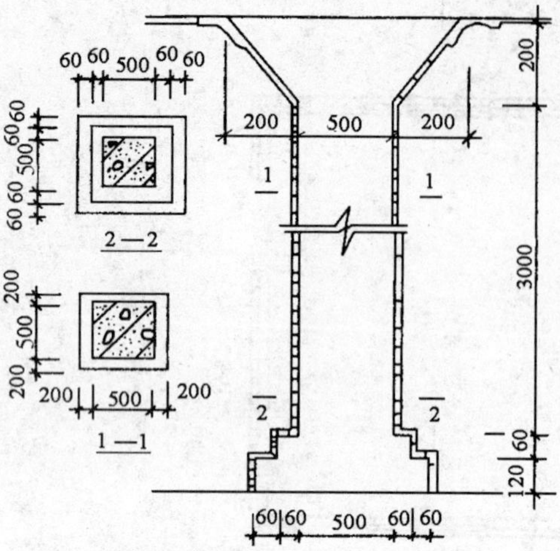

图 2-19　混凝土柱示意图

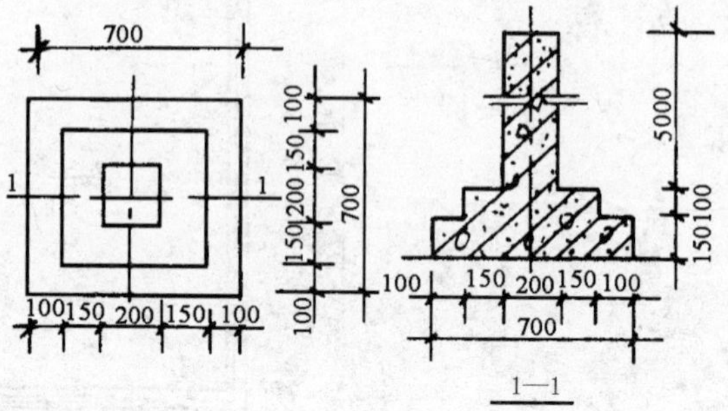

图 2-20　矩形混凝土柱示意图

【例 25】　假设图 2-8[见 P54]抹水泥砂浆外墙裙，高 0.9m（包括楼梯间），计算工程量。

【解】　工程量 $=[(39.84+9.24+1.5)\times 2-12\times 0.9-(3.6-0.24)]\times 0.9\text{m}^2$

$=78.3\text{m}^2$

【例 26】　如图 2-21 所示，计算抹水刷石窗台线的工程量。

【解】　其工程量计算如下：

$[0.06\times 3\times(1.5\times 3+0.25\times 2)\times 4+0.06\times 3\times(1.5\times 2+1+0.25\times 2)\times 6+0.06\times 0.06\times 2\times 10]\text{m}^2=8.53\text{m}^2$

【例 27】　如图 2-21 所示，计算室外墙面抹水泥砂浆，并抹水刷石墙裙的工程量。

【解】　其工程量计算如下：

水泥砂浆墙面抹灰面积

$=[(18.5+12.0)\times 2\times 2.6-1.5\times 1.8\times 10-2.0\times(2.7-0.9)]\text{m}^2$

$=(158.6-27-3.6)\text{m}^2$

$=128\text{m}^2$

水刷石墙裙抹灰面积 $=[(18.5+12.0)\times 2\times(0.9+0.3)-2\times 0.9]\text{m}^2$

$=[61\times(0.9+0.3)-2\times 0.9]\text{m}^2=71.4\text{m}^2$

【例 28】　某建筑物钢筋混凝土柱 16 根，构造如图 2-22 所示，若柱面抹水泥砂浆，1∶3 底层，1∶2.5 面层，厚度均为 12mm + 8mm，试计算其工程量。

【解】　(1)柱面抹水泥砂浆工程量，按结构尺寸计算，即

结构断面周长 × 柱高度 × 根数 $=0.4\times 4\times 3\times 16\text{m}^2=76.8\text{m}^2$

(2)柱帽抹水泥砂浆工程量按展开面积计算，即

$\frac{1}{2}\times(0.4\times 4+0.5\times 4)\times 0.15\times 2\times 16\text{m}^2=8.64\text{m}^2$

【例 29】　如图 2-23 所示，根据图示尺寸和有关条件计算正立面外墙浅色水刷石装饰工程量（腰线、窗台线宽 120mm）。

【解】　(1)计算门窗面积

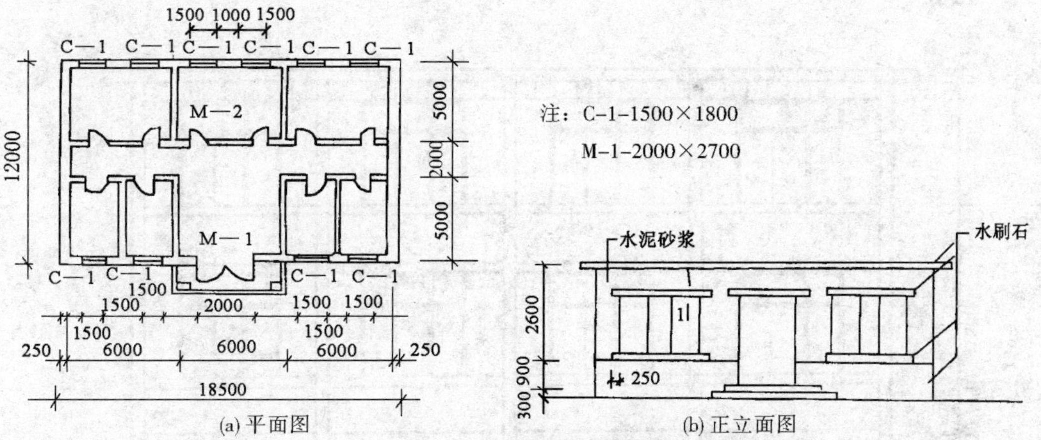

图 2-21　房间设计示意图

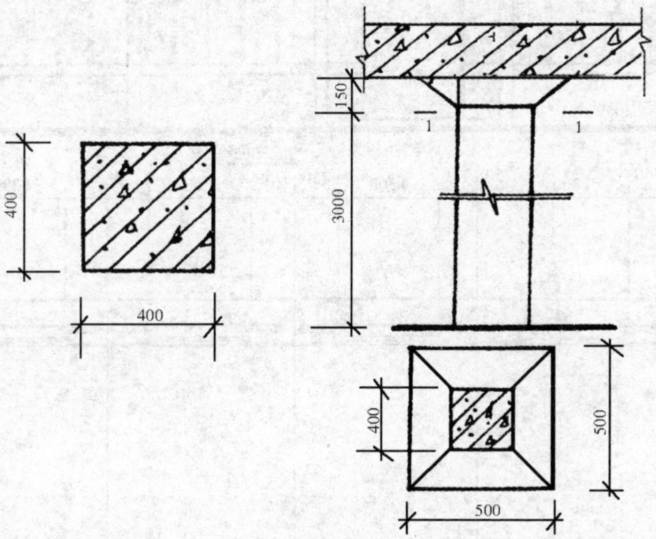

图 2-22　钢筋混凝土柱构造图

C－1 窗面积 $=1.80\times1.80\times11\text{m}^2=35.64\text{m}^2$

M－2 门面积 $=1.8\times2.7\times1\text{m}^2=4.86\text{m}^2$

(2) 外墙水刷石面积 $=\{9.05\times(13.20+0.24)-(35.64+4.86)+9.05\times(0.37-0.12)\times 8-[(3.30-0.24)\times4\times8-1.80]\times0.12\}\text{m}^2$

$=(9.05\times13.44-40.50+9.05\times0.25\times8-96.12\times0.12)\text{m}^2$

$=87.7\text{m}^2$

【例 30】　一卫生间墙面装饰如图 2-24 所示。做法为 12 厚 1∶3 水泥砂浆底层，5 厚素水泥砂浆结合层。已知该工程为三类工程，250×330 瓷砖为 6.5 元/块，250×80 瓷砖腰线为 15 元/块，其余材料价格按定额价，并且不考虑门、窗小面瓷砖。计算该分项工程的工程量。

【相关知识】

(1) 瓷砖规格与《计价表》不同，瓷砖数量、单价均应换算。

(2) 贴面用素水泥砂浆与《计价表》不同，应扣除混合砂浆，增加括号内价格。

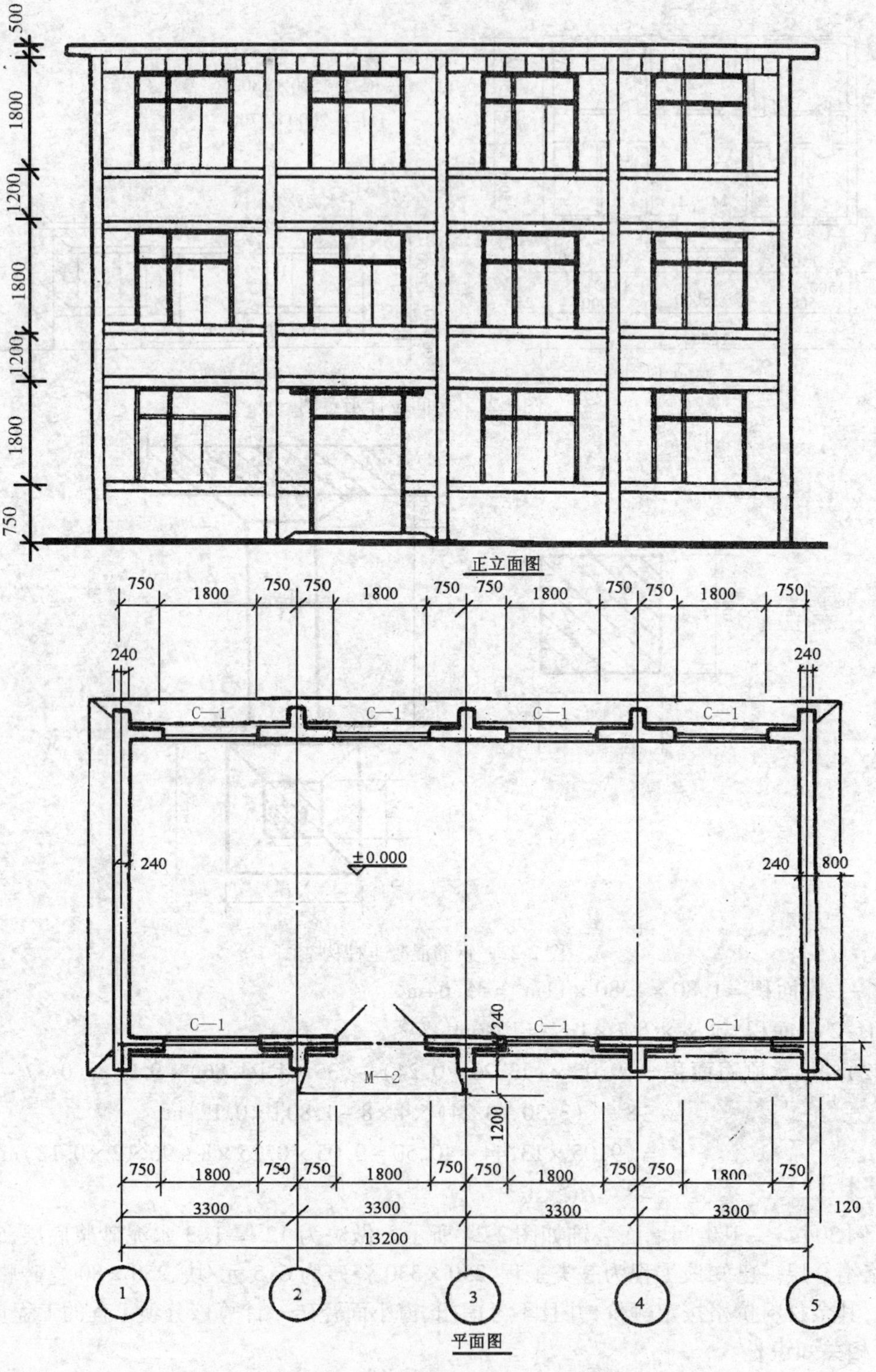

图 2-23　外墙面计算实例用图

注：C—1—1800 × 1800　M—2—1800 × 2700

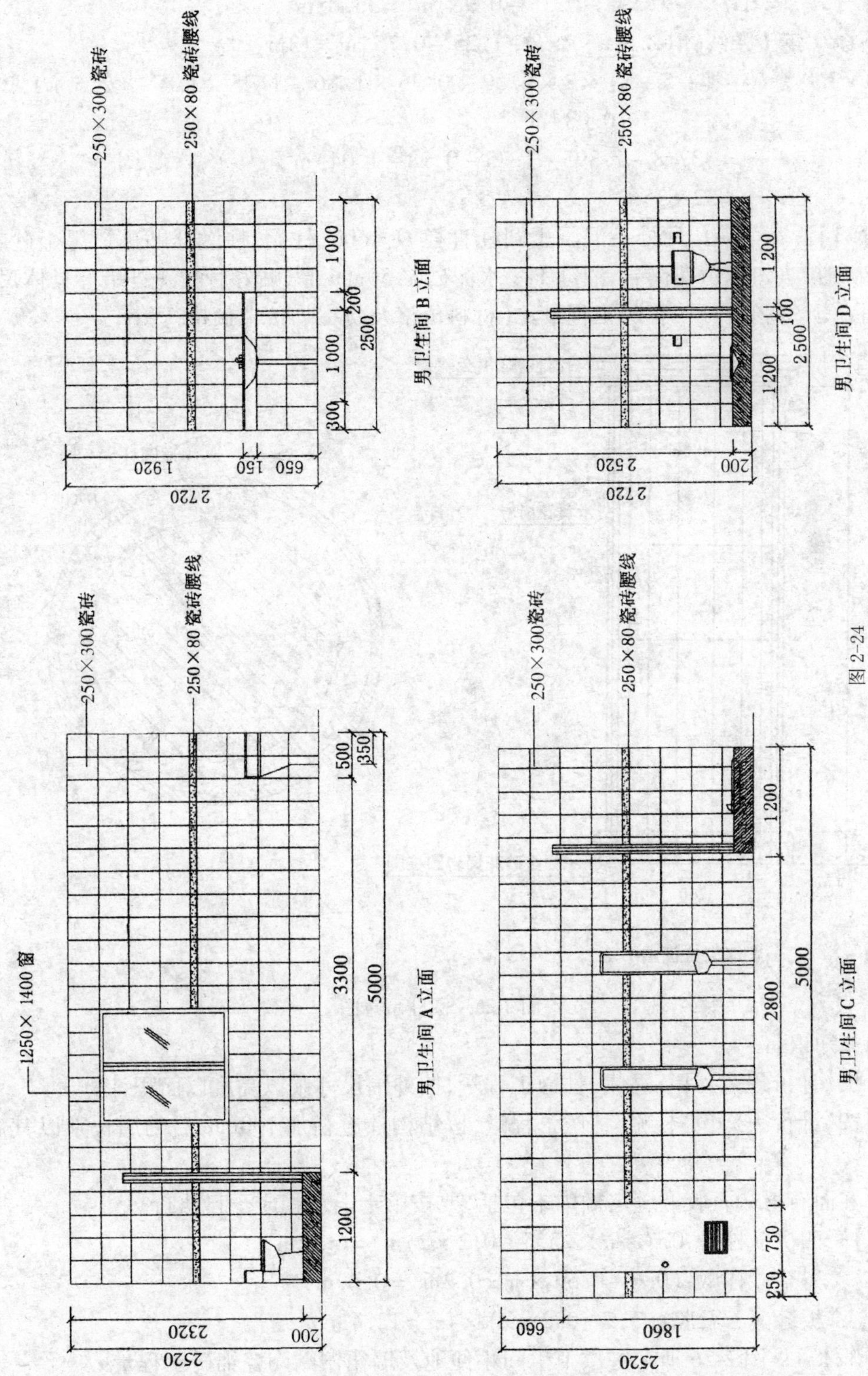

图 2-24

【解】

瓷砖墙面：$[(2.5+5)\times 2\times 2.52-0.75\times 1.86-1.25\times 1.4-(2.5+1.2\times 2)\times 0.2]\ \text{m}^2$

$= (37.8 - 1.395 - 0.35 - 0.98)m^2 = 35.08m^2$

250×80 瓷砖腰线：$[(2.5+5)\times2-1.25-0.75]m = 13m$

250×330 瓷砖：$[(2.5+5)\times2\times2.52-0.75\times1.86-1.25\times1.4-(2.5+1.2\times2)\times 0.2-13\times0.08]m^2$

$= (37.8-1.395-1.75-0.98-1.04)m^2$

$= 32.635m^2$

【例 31】 某学院门厅处一混凝土圆柱直径 $D=600$，柱帽、柱墩挂贴进口黑金砂花岗岩，柱身挂贴四拼进口米黄花岗岩，灌缝 1∶2 水泥砂浆 50mm 厚，贴好后酸洗打蜡。具体尺寸如图 2-25 所示。计算该分项工程的工程量。（材料价格及费率均按定额执行）

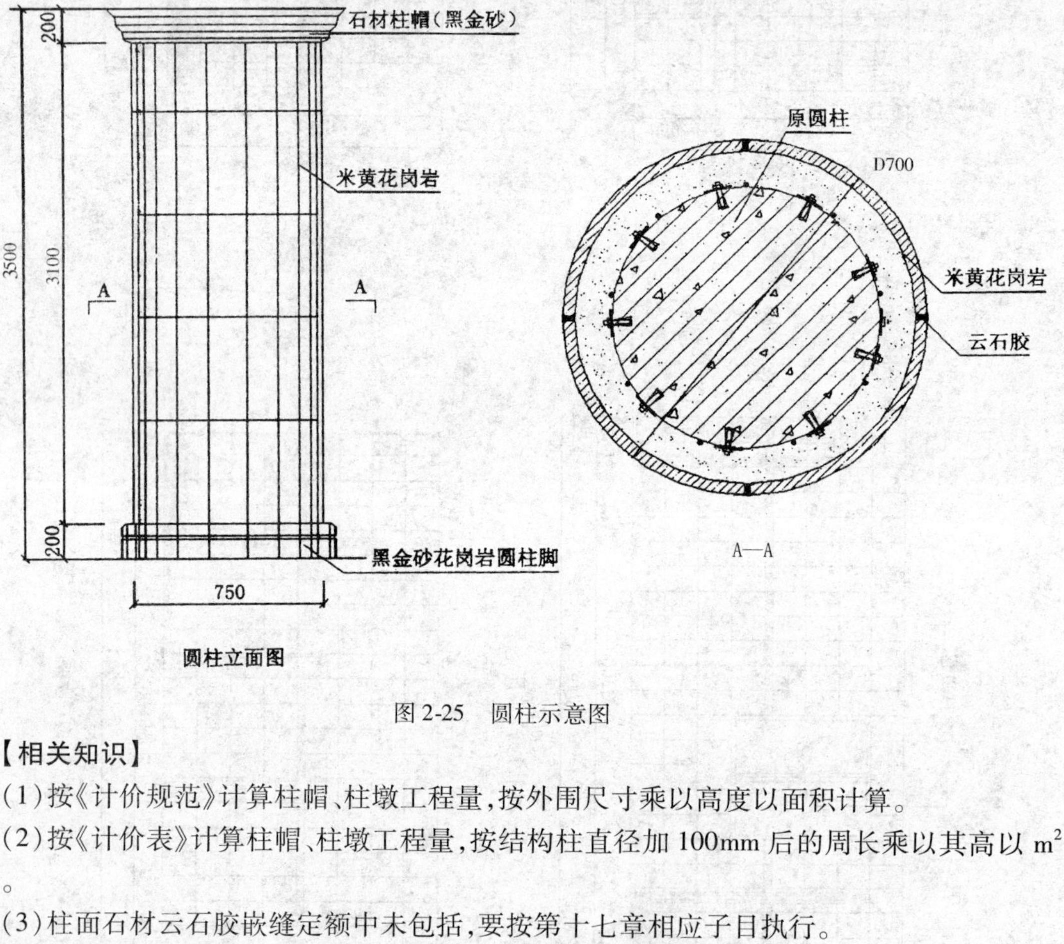

图 2-25 圆柱示意图

【相关知识】

（1）按《计价规范》计算柱帽、柱墩工程量，按外围尺寸乘以高度以面积计算。

（2）按《计价表》计算柱帽、柱墩工程量，按结构柱直径加 100mm 后的周长乘以其高以 m^2 计算。

（3）柱面石材云石胶嵌缝定额中未包括，要按第十七章相应子目执行。

【解】 四拼横柱身：$0.7\times\pi\times(3.5-0.2\times2)m^2 = 6.81m^2$

黑金砂柱墩：$(0.6+0.5)\times\pi\times0.2m^2 = 0.69m^2$

板缝嵌云石胶：$(3.5-0.2\times2)\times4m = 12.4m$

【例 32】 求图 2-26 所示一层卫生间小便池及墙裙镶贴陶瓷锦砖工程量。

【解】 （1）小便池镶贴陶瓷锦砖工程量：

$(4-0.24)\times(0.4+0.2+0.3+0.18)m^2 = 4.06m^2$

（2）墙裙镶贴陶瓷锦砖工程量：

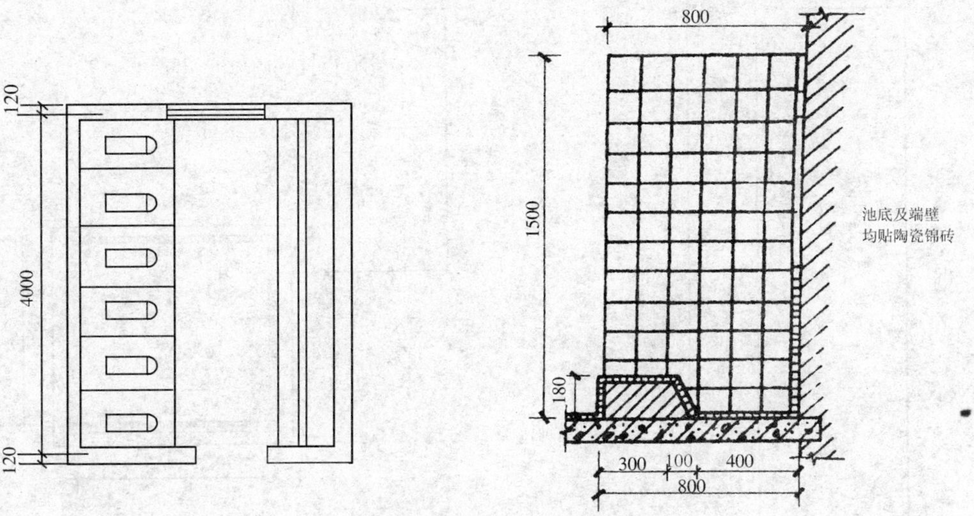

图 2-26　男卫生间示意图

$[0.8\times2+(4-0.24)]\times1.5\mathrm{m}^2=8.04\mathrm{m}^2$

【例 33】　图 2-27 为某学院卫生间平面布置图，计算如图 2-28 所示卫生间 A 墙面贴 200mm × 300mm 瓷砖的工程量。

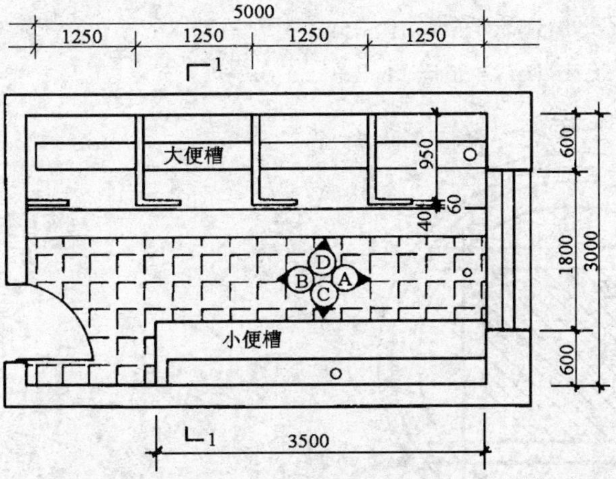

图 2-27　男寝卫生间平面布置图

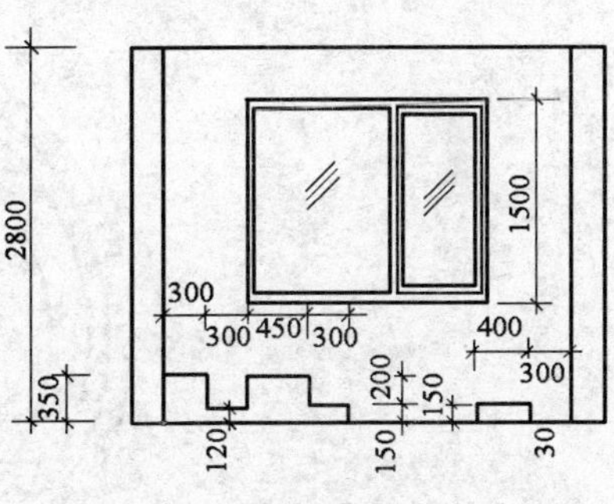

图 2-28　男寝卫生间剖面图

【解】　A 墙面贴 200mm × 300mm 瓷砖工程量为：

$F=[3\times2.8-1.8\times1.5+0.3\times(1.8+1.5)\times2-(0.3\times0.35+0.3\times0.12+0.45\times0.35+0.3\times0.15)-(0.4\times0.15+0.3\times0.03)]\mathrm{m}^2=7.27\mathrm{m}^2$

【例 34】　如图 2-29 所示，5 根混凝土柱四面挂贴花岗岩板，计算工程量。

【解】　花岗岩柱工程量：

$$0.45\times4\times4\times5\mathrm{m}^2=36\mathrm{m}^2$$

【例 35】　在图 2-30 中钢丝网水泥砂浆饰面的半径是 400mm，大理石饰面的半径是 450mm，试计算圆柱高为 4m 时的钢丝网水泥砂浆和大理石装饰面的工程量。

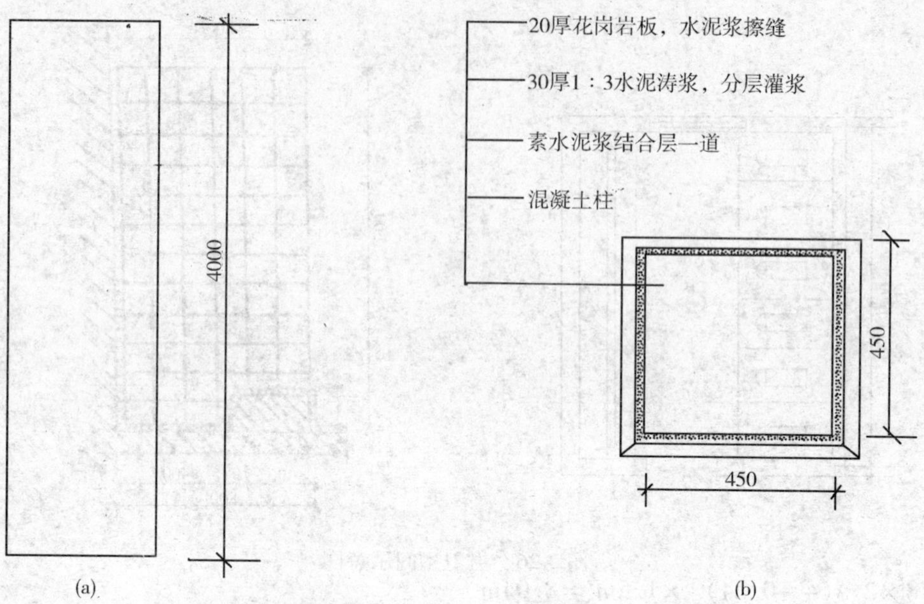

图 2-29　花岗岩柱示意图

【解】

(1)钢丝网水泥砂浆面积 $=0.40\times2\times3.1416\times4\text{m}^2=10.05\text{m}^2$

(2)圆柱大理石饰面面积 $=0.45\times2\times3.1416\times4\text{m}^2=11.3\text{m}^2$

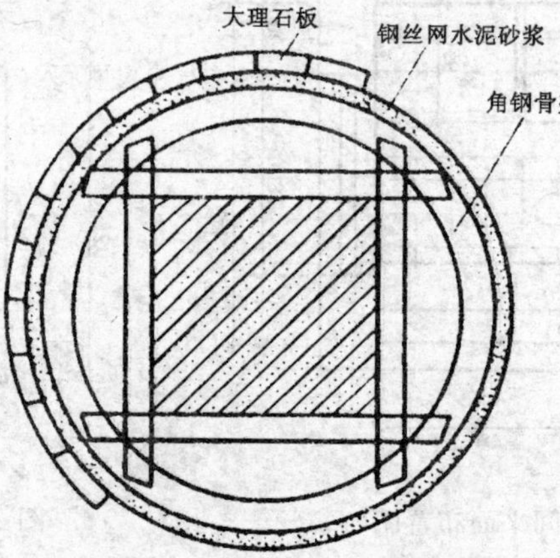

图 2-30　镶贴石材饰面板的圆柱构造

【例 36】　某卫生间的一侧墙面见图 2-31，墙面贴 2m 高的白色瓷砖，窗侧壁贴瓷砖宽 120mm，试计算贴瓷砖的工程量。

【解】　墙面贴瓷砖的工程量为：

$\{5\times2.2-1.2\times1.2+[(2.2-0.8)\times2+1.2]\times0.12\}\text{m}^2=10.04\text{m}^2$

【例 37】　试计算图 2-32 所示墙面装饰工程量。

【解】　(1)墙面贴壁纸的工程量：$6.30\times2.6\text{m}^2=16.38\text{m}^2$

(2)贴柚木板墙裙的工程量：$[6.30\times(0.15+0.60+0.25)-1.50\times0.60\times2]\text{m}^2=4.5\text{m}^2$

(3)铜丝网暖气罩的工程量：$1.50\times0.60\times2\text{m}^2=1.8\text{m}^2$

(4)木压条的工程量：$[6.3+(0.15+0.60+0.25)\times8]m=14.3m$

(5)踢脚板工程量：6.3m

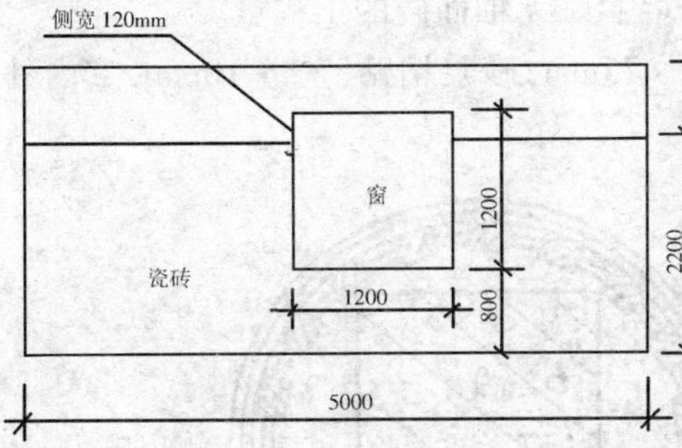

图 2-31　某卫生间墙面示意图

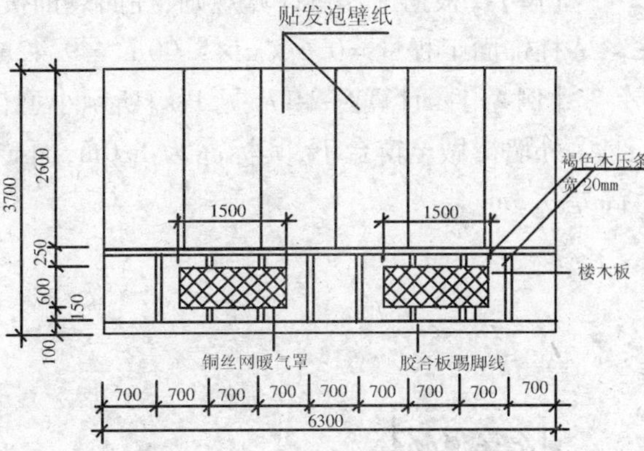

图 2-32　墙面装饰示意图

【例 38】　某变电室，外墙面尺寸如图 2-33 所示，M：1500mm × 2000mm；C－1：1500mm × 1500mm；C－2：1200mm × 800mm；门窗侧面宽度 100mm，外墙水泥砂浆粘贴规格 194mm × 94mm 瓷质外墙砖，灰缝 5mm，计算工程量。

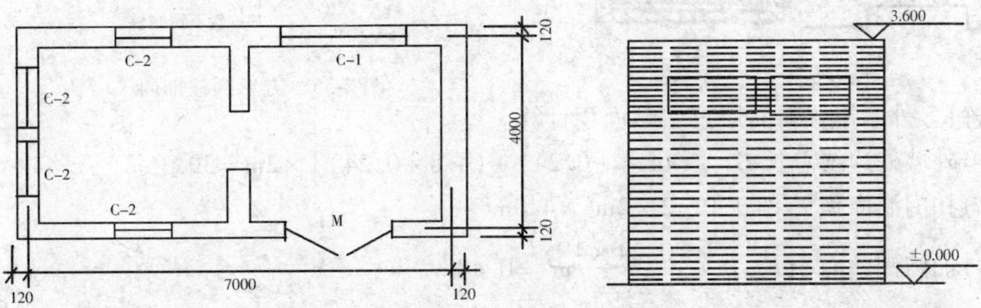

图 2-33　某变电室外墙面尺寸

【解】　块料墙面工程量计算如下：

块料墙面工程量＝按设计图示尺寸展开面积计算

外墙面砖工程量 $=[(7.24+4.24)\times2\times3.6-1.50\times2.00-1.50\times1.50-1.20\times0.80\times4+(2.00\times2+1.50\times2+1.2\times2\times4)\times0.10]m^2$

$=75.23m^2$

【例 39】　图 2-34 为一独立柱截面，柱高 4.50m，挂贴大理石，试计算工程量。

【解】　根据工程量计算规则，独立柱镶贴块料按结构断面周长乘以柱的高度计算，即柱周长不应包括块料厚度。

柱饰面工程量 $=0.30\times4\times4.50m^2=5.4m^2$

【例 40】 图 2-35 为一独立方柱圆形饰面示意图,外包不锈钢饰面,外围直径为 600mm、柱高 5m,试计算饰面工程量。

【解】 根据工程量计算规则,柱面装饰按柱外围尺寸乘以柱的高度计算

柱饰面工程量 $=0.6\times\pi\times5.00\text{m}^2=9.42\text{m}^2$

【例 41】 计算图 2-17[见 P58]所示小型住宅的外墙裙贴无釉面砖的工程量。

外墙裙做至窗台下,其标高为 1.0m,面砖 150mm×75mm,砂浆粘贴,灰缝 10mm,室内外高差 0.3m。

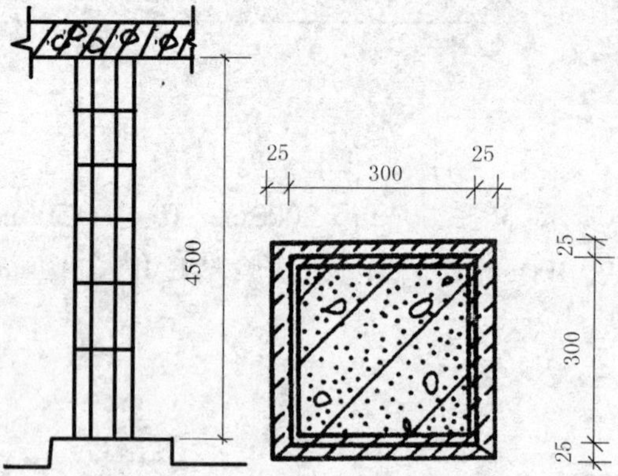

图 2-34 柱挂贴大理石

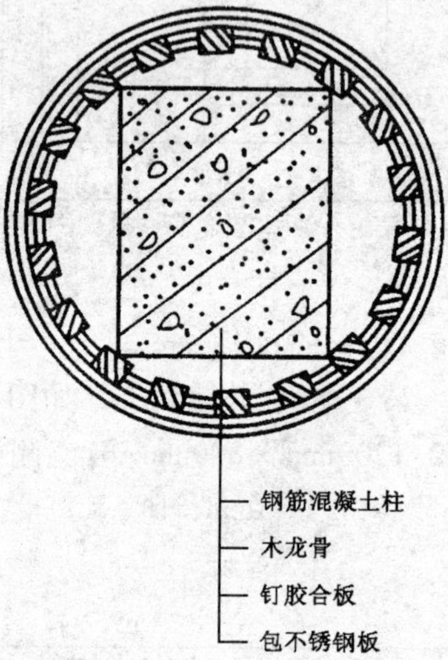

图 2-35 方形圆柱饰面

【解】 外墙裙块料面层按实贴面积计算。

(1)外墙外边线总长 $L=[(14.4+0.24)+(4.8+0.24)]\times2\text{m}=39.36\text{m}$

(2)扣门洞面积 $F_{洞}=1.0\times2\times2\text{m}^2=4.0\text{m}^2$

(3)加门侧壁面积 $F_{侧}=\dfrac{1\times0.24\times4}{2}\text{m}^2=0.48\text{m}^2$

(4)外墙裙面积 $F=[39.36\times(1+0.3)-4.0+0.48]\text{m}^2=47.65\text{m}^2$

【例 42】 如图 2-36 所示,设计要求做镶贴瓷板墙裙(假设门框断面宽 100mm),求其工程量。

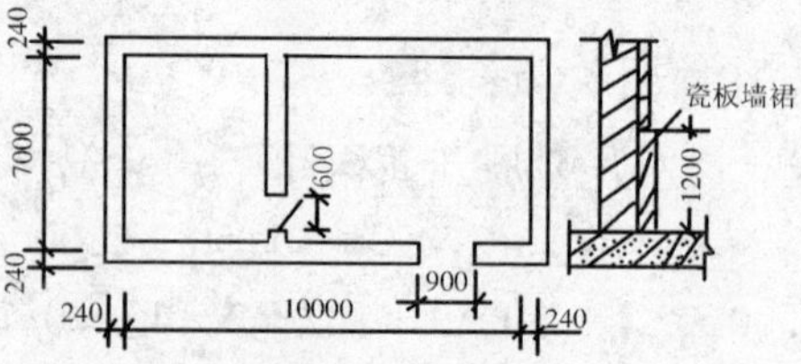

图 2-36 墙裙镶贴面层示意图

【解】 其工程量计算如下:

(室内墙面净长度 + 门洞侧壁长度 − 门宽) × 墙裙高度

$=[(7.0\times4+10.0\times2+(0.24-0.1)\div2\times6-0.9-0.6]\times1.20\text{m}^2$

$=46.92m^2$

【例 43】 如图 2-37 所示，求墙面铺木龙骨、胶合板基层面层工程量。

【解】 工程量计算：

木龙骨 $=9\times4.5m^2=40.5m^2$

胶合板基层 $=9\times4.5m^2=40.5m^2$

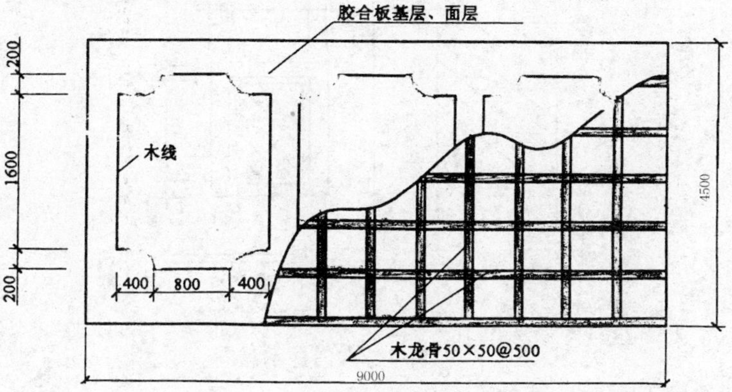

图 2-37 某墙面示意图

【例 44】 某教学楼工程雨篷柱如图 2-38 所示，柱面贴大理石，试计算工程量。

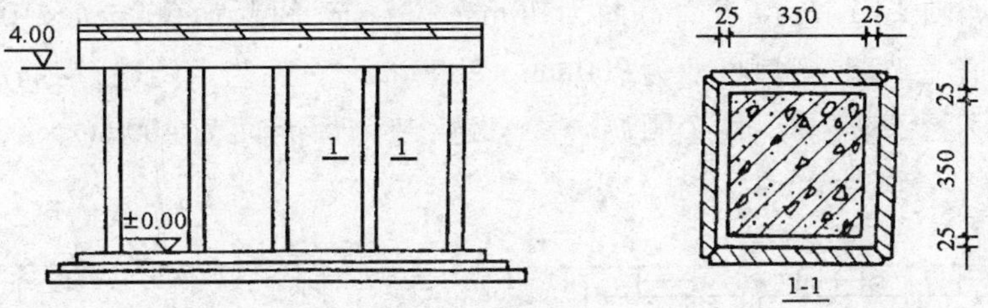

图 2-38 雨篷柱示意图

【解】 工程量 $=(0.35+0.025\times2)\times4\times4\times5m^2=32m^2$

【例 45】 图 2-39 为钢筋混凝土柱面挂贴花岗岩面层，已知柱底至柱帽下高 3.2m，柱帽高 0.15m，柱帽尺寸为 740mm×740mm，计算 16 根该钢筋混凝土柱面挂贴花岗岩面层的工程量。

【解】 (1)柱身挂贴花岗岩工程量

$0.64\times4\times3.2\times16m^2=131.07m^2$

(2)柱帽挂贴花岗岩工程量

$\frac{1}{2}\times\sqrt{0.05^2+0.15^2}\times(0.64+0.74)\times4\times16m^2=6.98m^2$

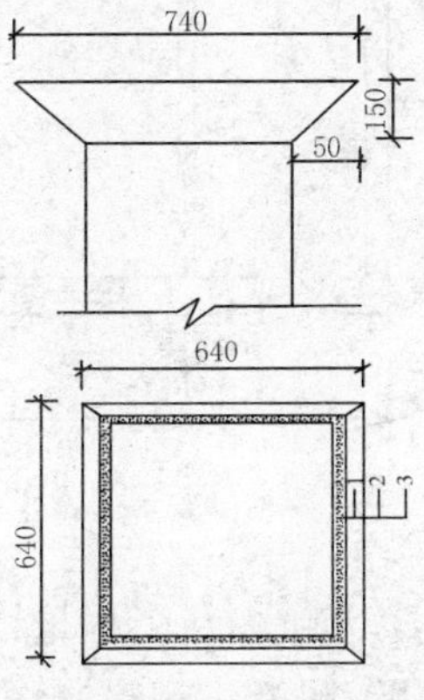

2-39 混凝土柱挂贴花岗岩板断面

1—钢筋混凝土柱；2—50 厚 1∶2 水泥砂浆；3—20 厚花岗岩板

【例 46】 某单位大门砖柱 4 根，砖柱块料面层设计尺寸见图 2-40，面层水泥砂浆贴玻璃马赛克，计算工程量。

【解】 (1)块料柱面工程量计算如下：

柱面一般抹灰、装饰抹灰和勾缝工程量 = 柱结构断面周长 × 设计柱抹灰(勾缝)高度

柱面贴块料工程量 = 柱设计图示外围周长 × 装饰高度

柱面装饰板工程量 = 柱饰面外围周长 × 装饰高度 + 柱帽、柱墩面积

柱面工程量 = $(0.5+1.0)\times 2\times 3\times 4\text{m}^2=36\text{m}^2$

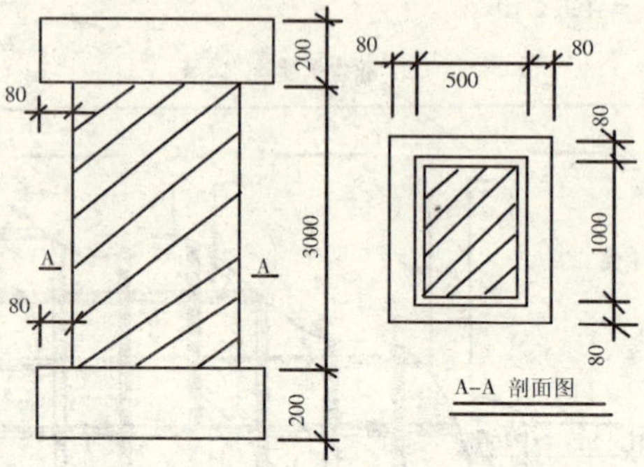

图 2-40 某单位大门柱示意图

(2)块料零星项目工程量计算如下:

块料零星项目工程量 = 按设计图示尺寸展开面积计算

压顶及柱脚工程量 = $[(0.66+1.16)\times 2\times 0.2+(0.58+1.08)\times 2\times 0.08]\times 2\times 4\text{m}^2=7.95\text{m}^2$

【例 47】 如图 2-41 所示,龙骨截面为 40mm × 35mm,间距为 500mm × 1000mm 的玻璃木隔断,木压条镶嵌花玻璃,门口尺寸为 900mm × 2000mm,安装艺术门扇;钢筋混凝土柱面钉木龙骨,中密度板基层,三合板面层,刷调合漆三遍,装饰后断面为 400mm × 400mm,计算工程量。

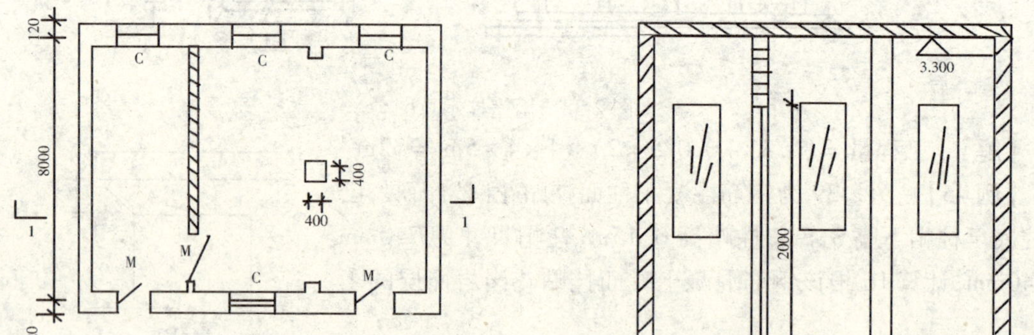

图 2-41 隔断示意图

【解】 (1)隔断工程量计算如下:

木间壁、隔断工程量 = 图示长度 × 高度 − 不同材质门窗面积

间壁墙工程量 = $[(8-0.24)\times 3.3-0.9\times 2.0]\text{m}^2=23.81\text{m}^2$

(2)柱面装饰工程量计算如下:

柱面装饰板工程量 = 柱饰面外围周长 × 装饰高度 + 柱帽、柱墩面积

柱面工程量 $=0.40\times4\times3.3\text{m}^2=5.28\text{m}^2$

【例 48】 木龙骨,五合板基层,不锈钢柱面尺寸如图 2-42 所示,共 8 根,龙骨断面 30mm × 40mm,间距 250mm,计算工程量。

【解】 柱面装饰工程量计算如下:

柱面装饰板工程量 = 柱饰面外围周长 × 装饰高度 + 柱帽、柱墩面积

柱面装饰工程量 $=0.8\times3.1416\times7\times8\text{m}^2=140.74\text{m}^2$

【例 49】 图 2-43 所示为木骨架全玻璃隔墙,求其工程量。

【解】 工程量 = 间隔间面积 − 门洞面积 $=(4.8\times3.6-1.0\times2.1)\text{m}^2=15.18\text{m}^2$

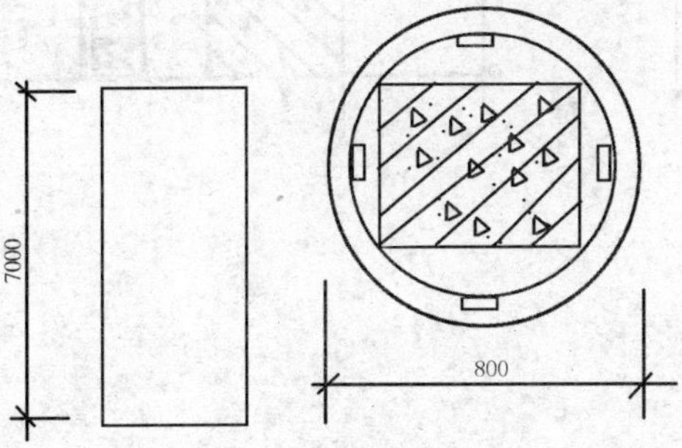

图 2-42 不锈钢柱面尺寸图

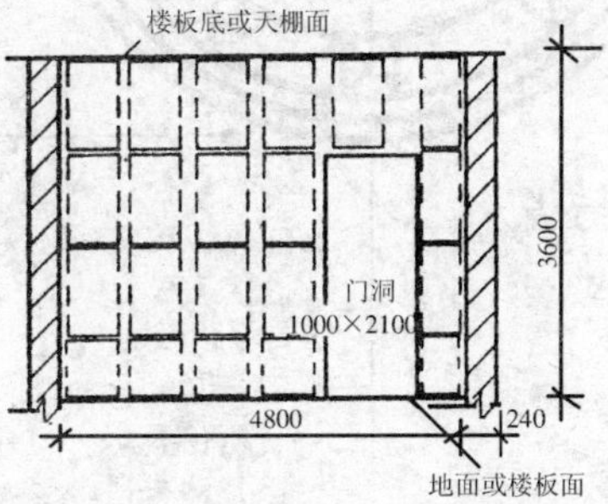

图 2-43 木骨架全玻璃隔墙示意

【例 50】 某证券营业厅 4 根钢筋混凝土柱包镀钛不锈钢镜面板圆形面层,做法如图 2-44 所示。圆形木龙骨,夹板基层上包不锈钢镜面板面层,包法同圆锥形柱帽、柱脚。试计算工程量。

【解】 按工程量计算规则,柱身、柱帽及柱脚应分别计算其工程量。

(1)柱身工程量

木龙骨外围直径按 787mm 计算,则工程量为:

$0.787\times3.1416\times(3.2-0.28)\times4\text{m}^2=28.88\text{m}^2$

夹板基层按十二夹板考虑,其外围直径按 811mm 计算:

$0.811\times3.1416\times2.92\times4\text{m}^2=29.76\text{m}^2$

不锈钢面层板,直径按 814mm 计算:

$0.814\times3.1416\times2.92\times4\text{m}^2=29.87\text{m}^2$

(2)柱帽、柱脚工程量

其计算公式为:$\frac{\pi}{2}$ × 母线长 ×(上面直径 + 下面直径)

计算结果为:木龙骨 3.83m^2;夹板基层 3.94m^2;镀钛不锈钢镜面板面层 3.95m^2。

【例 51】 如图 2-45 所示,方柱装饰成不锈钢板圆形面。计算不锈钢板圆柱工程量。

【解】 (1)不锈钢柱工程量:

$$3.1416\times0.8\times3.4\text{m}^2=8.55\text{m}^2$$

说明:①按圆饰面尺寸乘以柱的高度计算工程量。

②不能套不锈钢板圆柱的面。

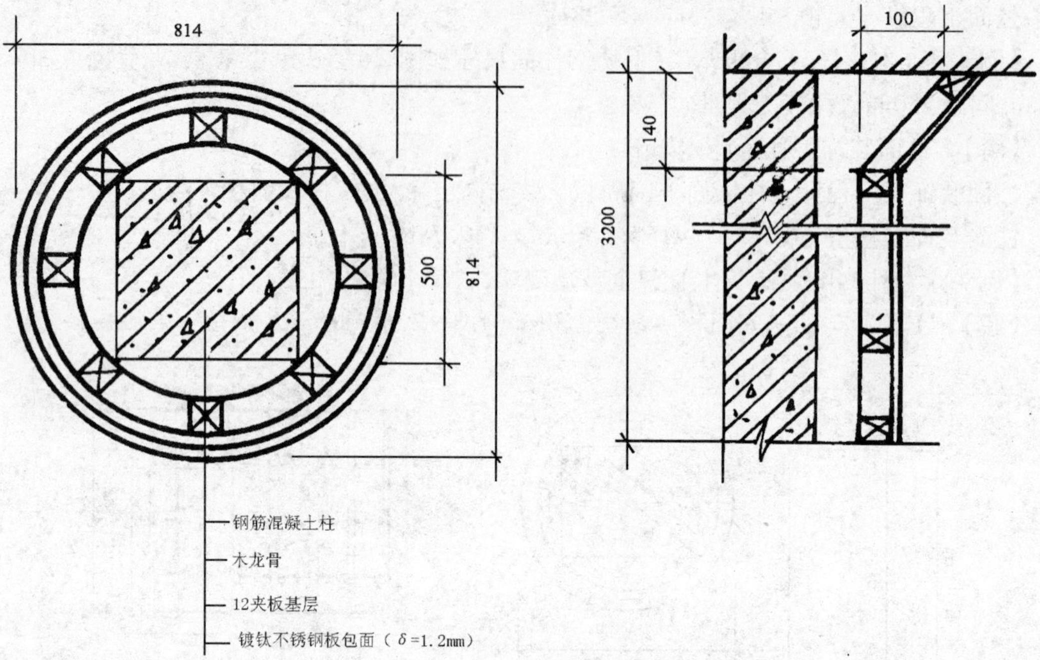

图 2-44　方柱包不锈钢镜面板圆形面

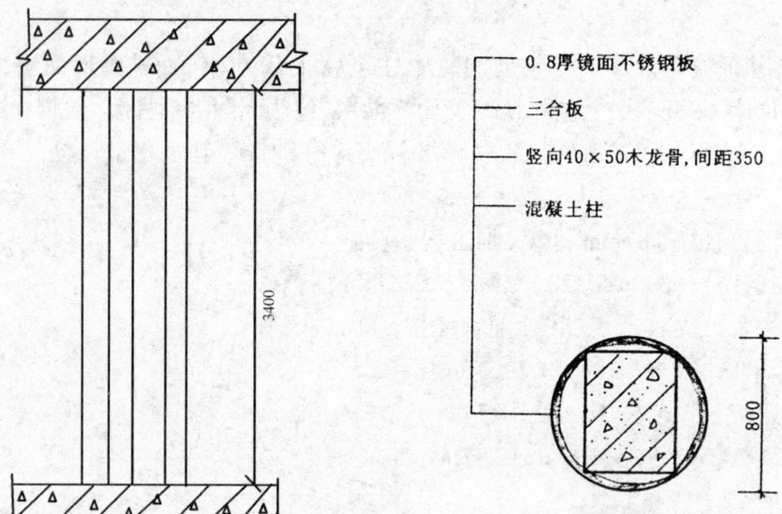

图 2-45　不锈钢柱示意图

③不能套方柱包成圆形柱不锈钢板饰面(ϕ800 外)。

【例 52】　如图 2-46 所示，某会议室装修，计算所需工程量。

【解】　(1) A 立面装饰布工程量如下：

$$1.7\times(0.53+0.7+0.3+0.3+0.7+0.53)\text{m}^2=5.202\text{m}^2$$

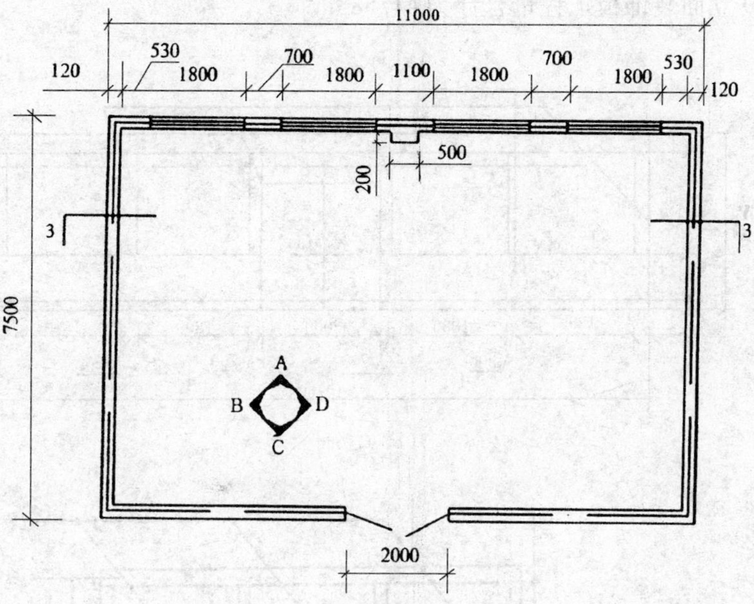

(a)平面图

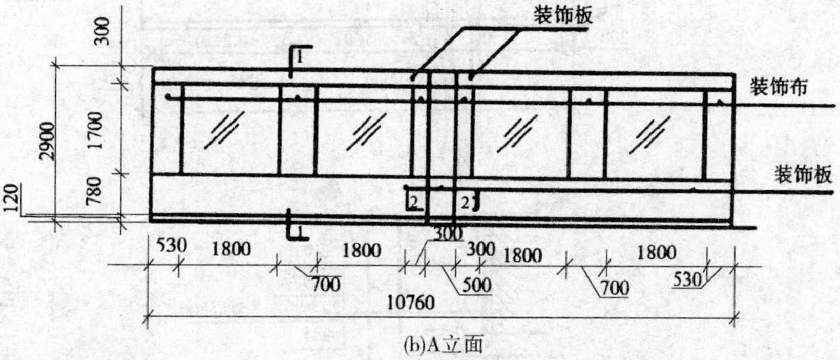

(b)A立面

图 2-46　会议室装修示意图

(2)B、D 立面装饰布工程量如下：

$$(2.15\times2+2.16)\times1.7\times2\text{m}^2=21.964\text{m}^2$$

(3)C 立面装饰布工程量如下：

$$[1.89\times4\times1.7+2\times(0.12+0.78+1.7-2.1)]\text{m}^2=13.852\text{m}^2$$

A、B、C、D 立面装饰布工程量合计为 41.018m²

(4)A 立面装饰板工程量如下：

$$[0.3\times(10.76-0.5)+0.78\times(10.76-0.5)]\text{m}^2=11.08\text{m}^2$$

B、D 立面装饰板工程量如下：

$$[(0.3+0.78)\times7.26+0.2\times1.7\times4]\times2\text{m}^2=18.402\text{m}^2$$

C 立面装饰板工程量如下：

$[0.3\times10.76+0.2\times1.7\times6+0.78\times(10.76-2)]m^2=12.101m^2$

A、B、C、D 立面装饰板工程量合计为 $41.583m^2$

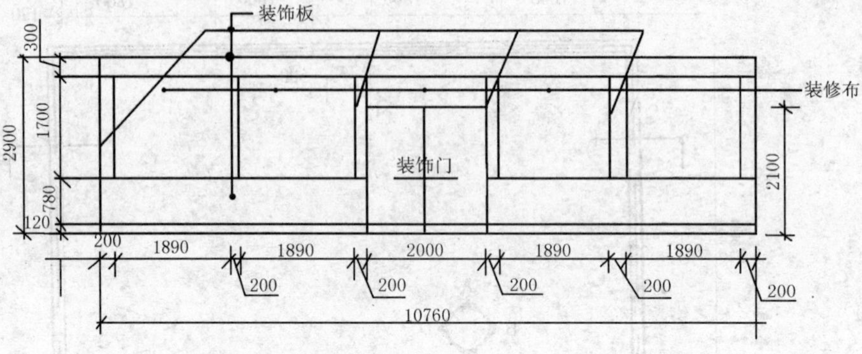

（c）C立面

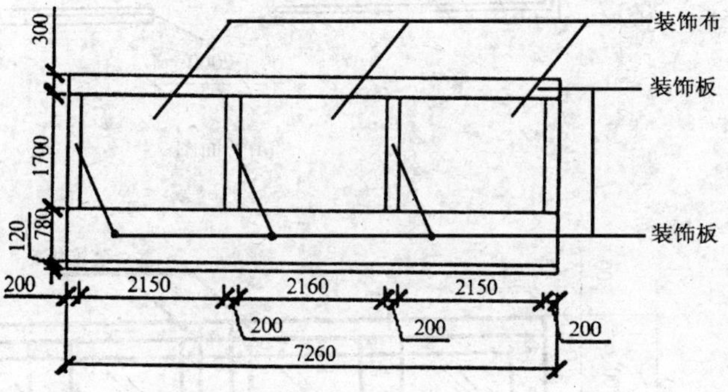

(d)B、D立面

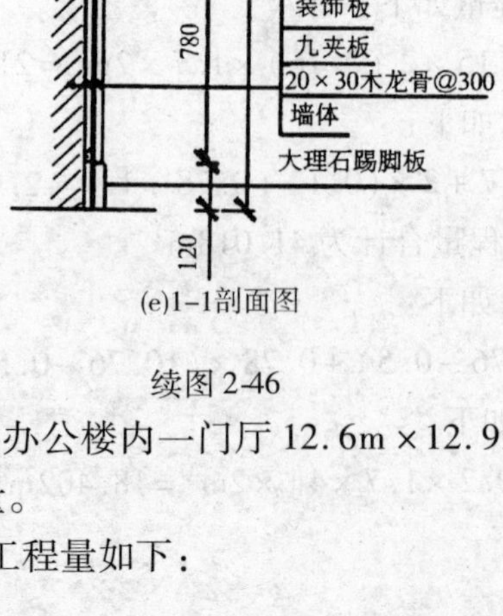

(e)1–1剖面图

续图 2-46

【例 53】 如图 2-47 所示，某办公楼内一门厅 12.6m×12.9m，设计为墙面米黄大理石及咖网纹花岗岩装饰，计算此工程量。

【解】 (1)墙面米黄大理石工程量如下：

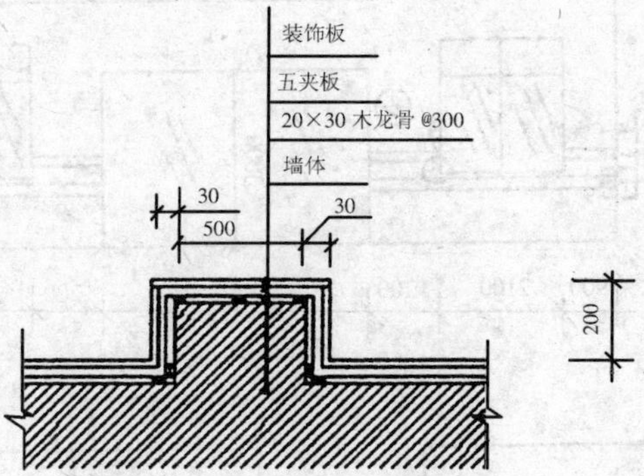

续图 2-46　会议室装修示意图

A、C 立面：$(2.6+0.3+0.9)\times 9.6\times 2\text{m}^2=72.96\text{m}^2$

B 立面：$(2.6+0.3+0.9)\times 12.9\text{m}^2=49.02\text{m}^2$

D 立面：$[(1.2-0.2+0.9)\times(0.9+2.1+1.2)\times 2+(2.1-0.2)\times(0.9+1.2)\times 2+(4.2-3)\times 4.5]\text{m}^2=29.34\text{m}^2$

以上各立面合计：$(72.96+49.02+29.34)\text{m}^2=151.32\text{m}^2$

(2)墙面咖网花岗岩工程量如下：

A、C 立面：$0.2\times 2\times 9.6\times 2\text{m}^2=7.68\text{m}^2$

B 立面：$0.2\times 2\times 12.9\text{m}^2=5.16\text{m}^2$

D 立面：$[0.2\times(0.9+1.2+2.1)\times 2+0.2\times(1.2+0.9)\times 2]\text{m}^2=2.52\text{m}^2$

以上各立面合计：15.36m^2

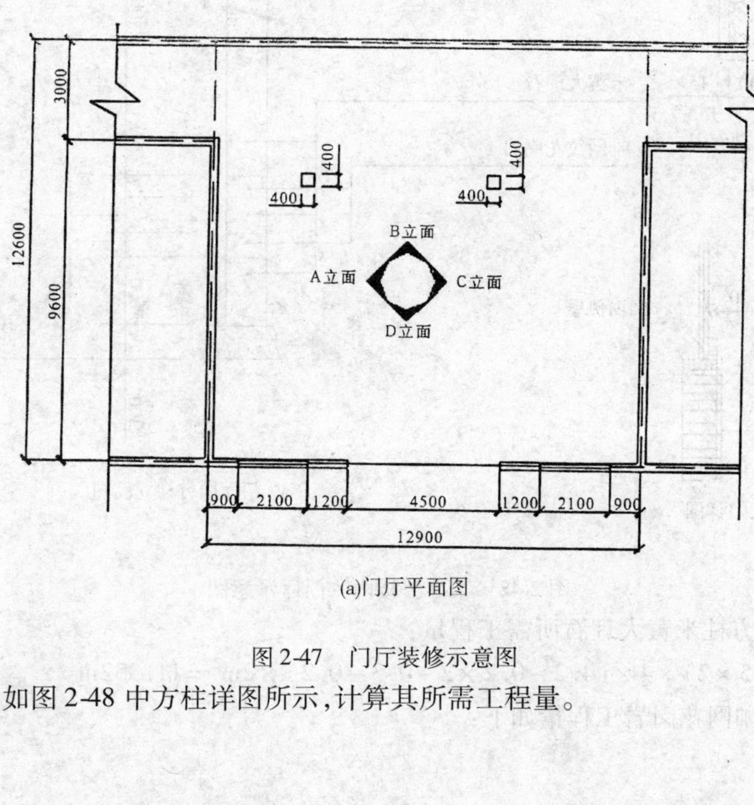

(a)门厅平面图

图 2-47　门厅装修示意图

【例 54】　如图 2-48 中方柱详图所示，计算其所需工程量。

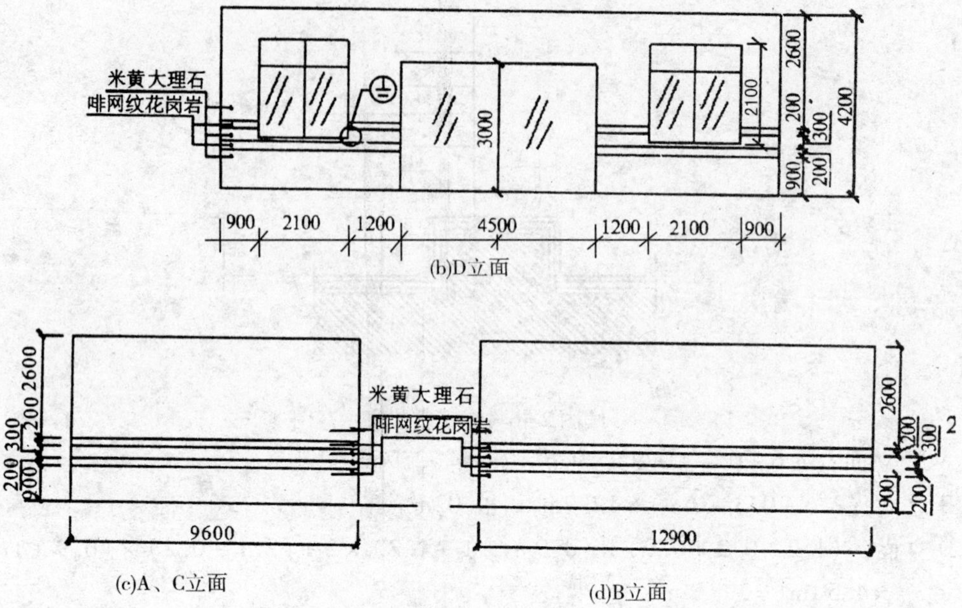

续图 2-47　门厅装修示意图

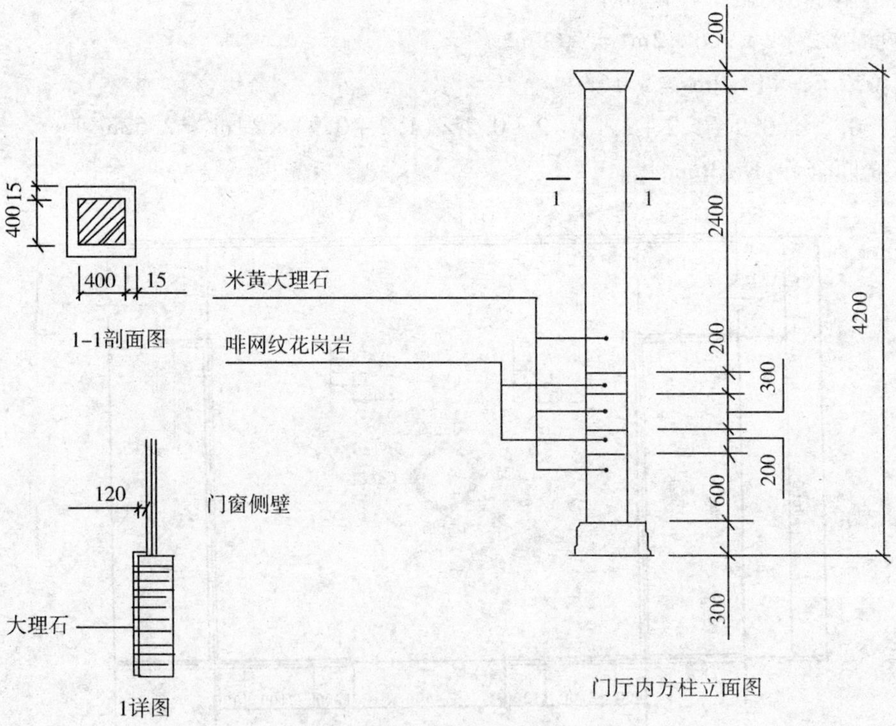

图 2-48　某办公楼内一门厅示意图

【解】 (1)方柱米黄大理石所需工程量：

$(0.4+0.015\times2)\times4\times(4.2-0.2\times2-0.3-0.2)\times2\text{m}^2=11.352\text{m}^2$

(2)方柱面咖网花岗岩工程量如下：

$(0.4+0.015\times2)\times4\times0.2\times2\times2\text{m}^2=1.376\text{m}^2$

(3)柱墩工程量计算如下：

$(0.4+0.015\times2)\times2\times4\times0.3\text{m}=1.032\text{m}$

【例 55】 如图 2-47 中门窗侧壁详图所示，计算门窗侧壁大理石所用量。

【解】 门窗侧壁米黄色大理石工程量如下：

$0.12\times(2.1\times4+3\times2)\text{m}^2=1.728\text{m}^2$

【例 56】 如图 2-49 所示一间贵宾厅，墙面木龙骨基层胶合板夹层装饰面板拼花面层。计算墙面木做的工程量。

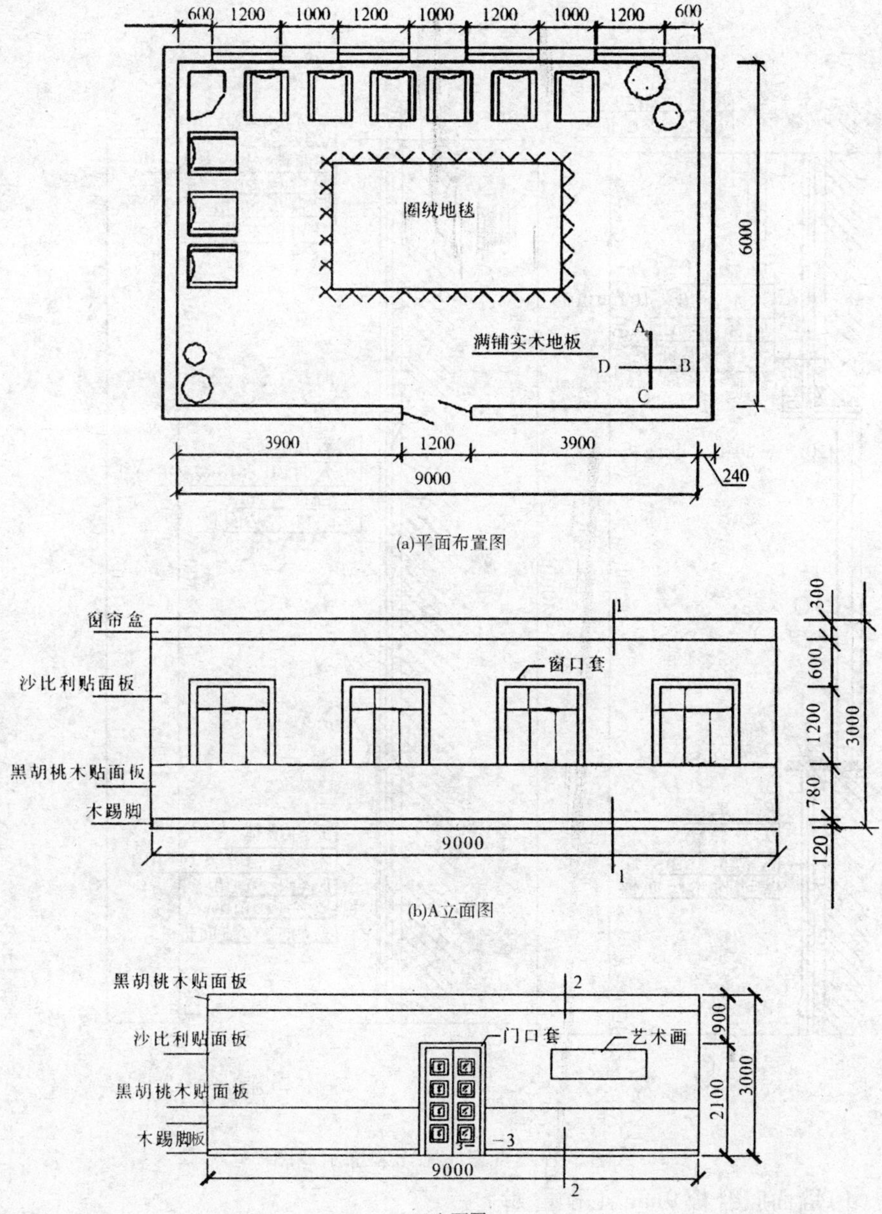

图 2-49 贵宾厅墙面装饰示意图

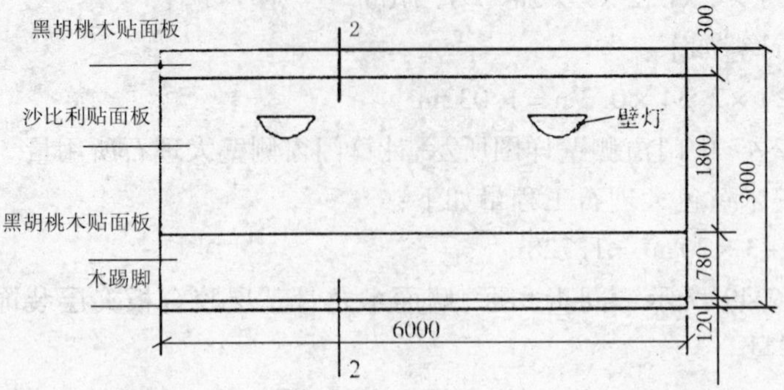

（d）D、B立面图

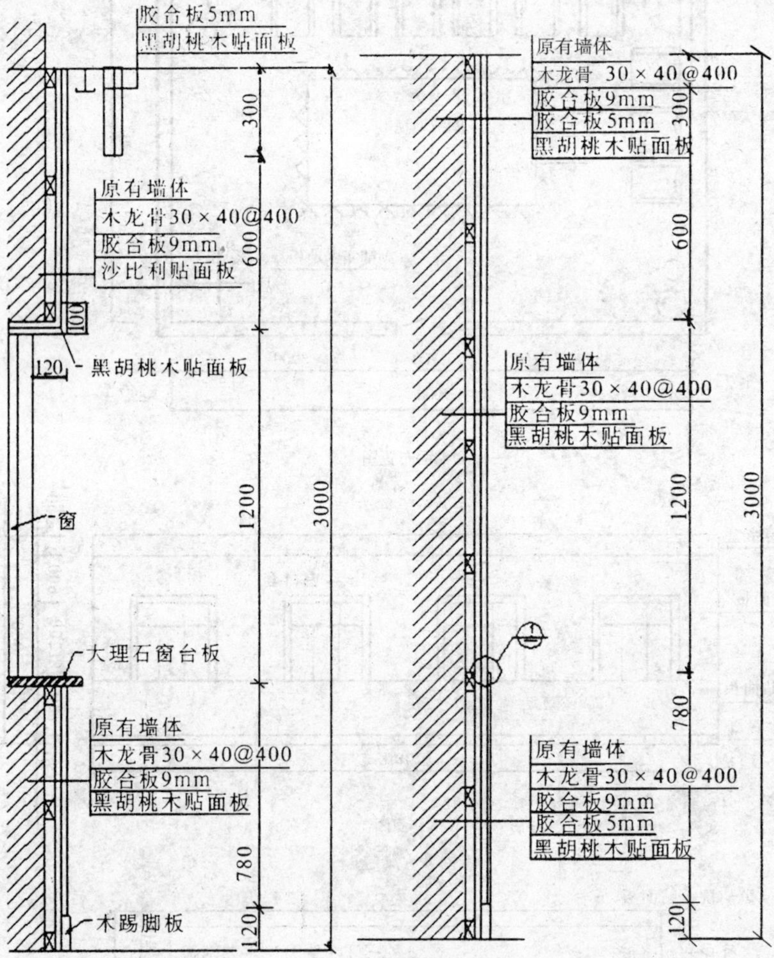

（e）1–1剖面图　　（f）2–2剖面图

图2-49　贵宾厅墙面装饰示意图

【解】（1）墙面胶合板9mm工程量如下：

A立面：$[3\times9-(1.2+0.2)\times(1.2+0.1)\times4]\text{m}^2=19.72\text{m}^2$

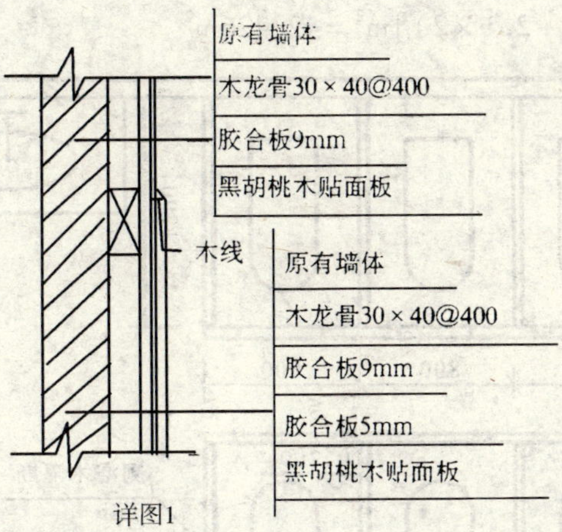

详图1

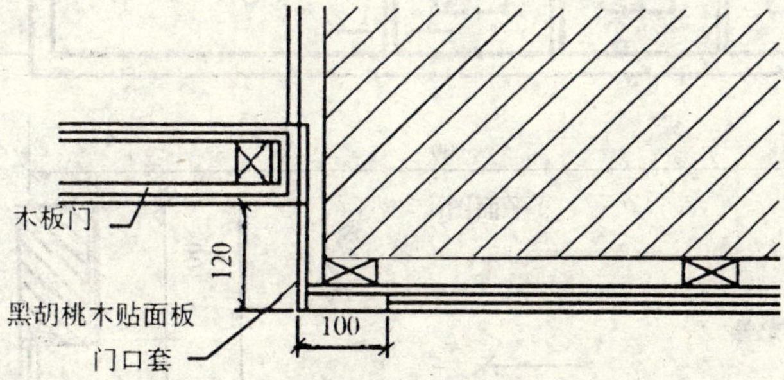

3-3剖面图

续图 2-49

C 立面：$[3\times9-(1.2+0.1\times2)\times(2.1+0.1)]\text{m}^2=23.92\text{m}^2$

D、B 立面：$3\times6\times2\text{m}^2=36\text{m}^2$

A、B、C、D 立面合计：79.64m^2

(2)黑胡桃木贴面板 5mm，工程量如下：

A 立面：$0.78\times9\text{m}^2=7.02\text{m}^2$

C 立面：$[0.3\times9+0.78\times(9-1.2-0.1\times2)]\text{m}^2=8.628\text{m}^2$

D、B 立面：$(0.3+0.78)\times6\times2\text{m}^2=12.96\text{m}^2$

A、C、B、D 立面合计：28.61m^2

(3)沙比利贴面板工程量如下：

A 立面：$[(1.2+0.6+0.3)\times9-1.4\times1.3\times4]\text{m}^2=11.62\text{m}^2$

C 立面：$[1.8\times9-1.4\times(2.2-0.9)]\text{m}^2=14.38\text{m}^2$

B、D 立面：$1.8\times6\times2\text{m}^2=21.6\text{m}^2$

A、B、C、D 立面合计：47.60m^2

【例 57】 如图 2-50 所示一卫生间，计算内墙面砖工程量。

【解】 墙面面砖工程量如下：

$[(5+3.6)\times2\times2.7-1.5\times1.2-0.9\times2.1-0.2\times(1.2+3\times0.8)\times2+0.12\times(1.2+$

$1.5 \times 2) + 0.12 \times (0.9 + 2.1 \times 2)]\mathrm{m}^2 = 42.426\mathrm{m}^2$

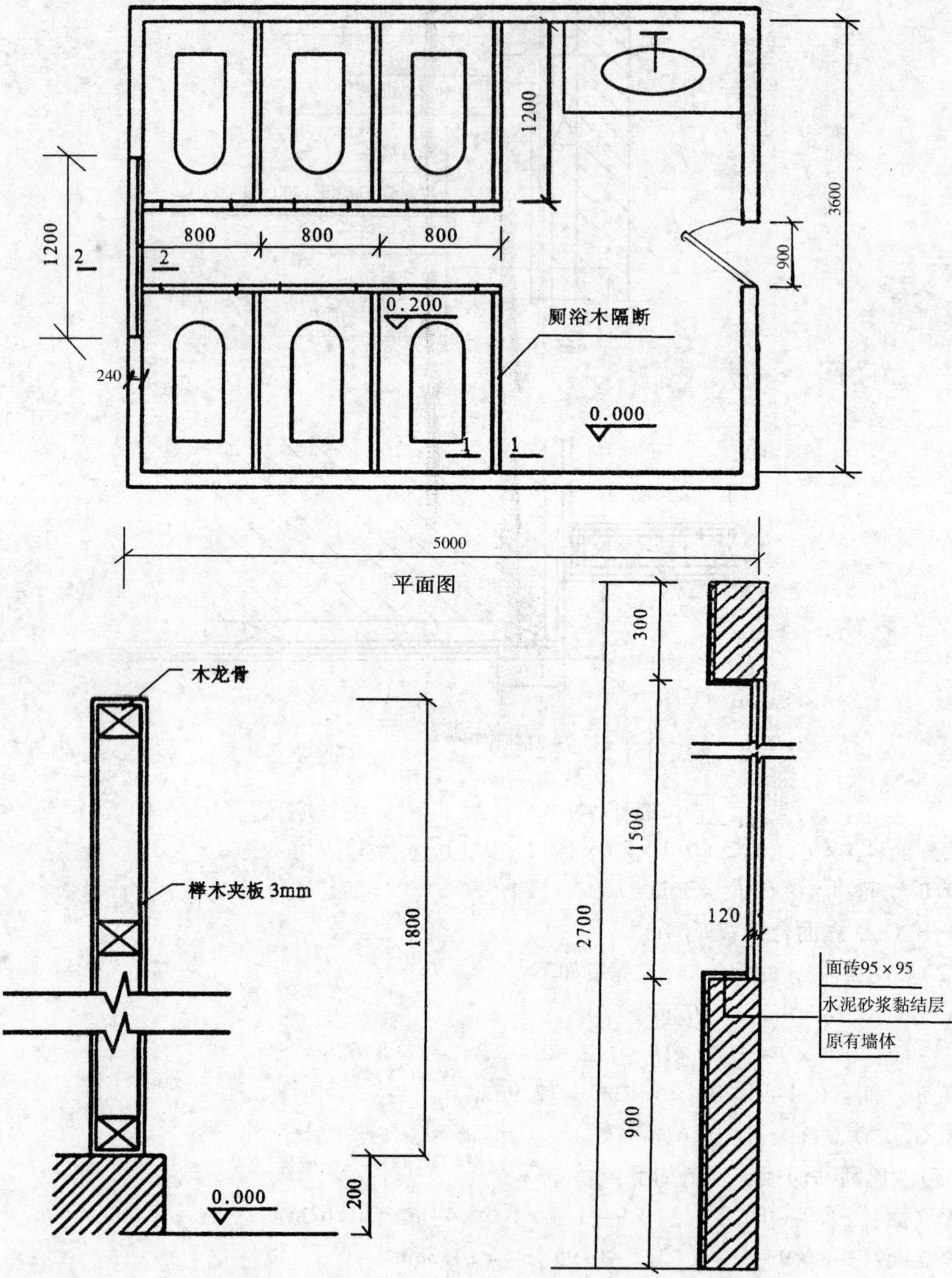

图 2-50　某卫生间示意图

1. 门洞尺寸为 900mm×2100mm，蹲便区沿隔断内起地台，高度为 200mm；

2. 墙面为水泥砂浆粘贴面砖 95mm×95mm，灰缝 5mm 内

【例 58】 如图 2-51 所示一大型影剧院，为达到一定的听觉效果，墙体设计为锯齿形，外墙干挂石材，且要求密封，计算外墙干挂石材工程所需量。

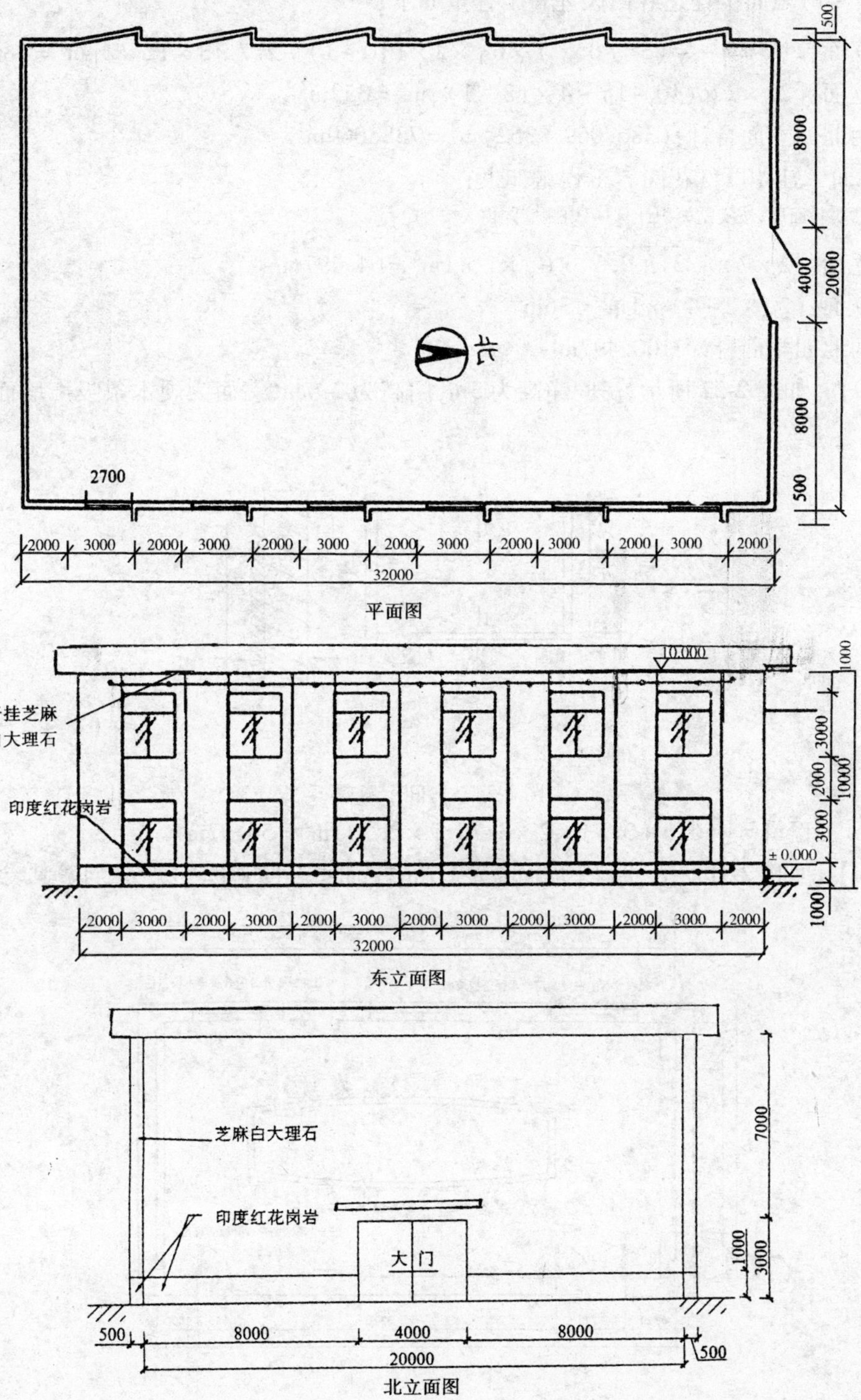

图 2-51 某大型影剧院示意图

注：圆弧形、锯齿形等不规则墙面抹灰、镶贴块料按相应人工乘以系数1.15，材料乘以系数1.05。此影剧院墙体属于锯齿形，所以应做相应调整。

【解】 (1)墙面干挂芝麻白大理石工程量如下：

东西立面：$\{[2\times7+\sqrt{(3^2+0.5^2)}\times6]\times2\times(10-1)-2.7\times3\times12\times2\}m^2=386.069m^2$

南北立面：$[20\times2\times(10-1)-4\times(3-1)]m^2=352m^2$

东西南北四立面合计：$(386.069+352)m^2=738.069m^2$

(2)墙面干挂印度红花岗岩工程量如下：

注：墙面贴块料面层，按实贴面积计算；门内侧壁同窗。

东西立面：$[2\times7\times\sqrt{3^2+0.5^2}\times6]\times2\times1m^2=64.497m^2$

南北立面：$(20\times2-4)\times1m^2=36m^2$

东南西北四立面合计：$100.497m^2$

【例59】 如图2-52所示，房间净高为3m，门高为2.7m，墙面为硬木条吸声墙面，计算其工程量。

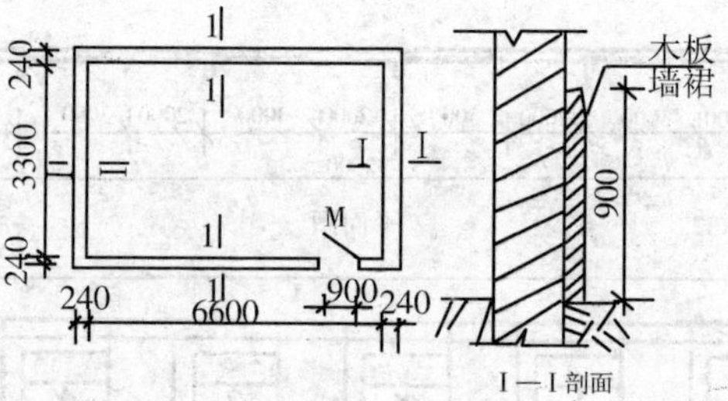

图2-52 房间示意图

【解】 工程量 $=[(6.6+3.3)\times2\times3-0.9\times2.70]m^2=56.97m^2$

【例60】 如图2-53所示，会议室墙面高为2.7m，柱饰面尺寸如图2-54所示，计算其装饰工程量。

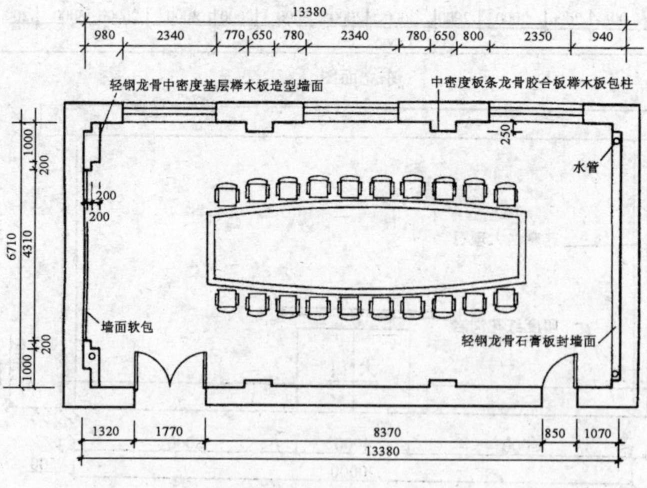

图2-53 会议室平面图

注：会议室房间墙、柱面装饰高度 $h=2700mm$

【解】 (1)轻钢龙骨封墙：$F=[6.71\times2.7+(0.2\times3+1)\times2.7\times2]m^2=26.76m^2$

(2)石膏板面层封墙：$F=6.71\times2.7m^2=18.12m^2$

(3)龙骨上钉中密度板基层：$F=(0.2\times3+1)\times2.7\times2m^2=8.64m^2$

(4)榉木板面层造型墙：$F=(0.2\times3+1)\times2.7\times2m^2=8.64m^2$

(5)软包墙面：$F=4.31\times2.7m^2=11.64m^2$

(6)中密度板龙骨立柱：$F=(0.65+0.25\times2)\times2.7\times4m^2=12.42m^2$

(7)胶合板榉木板面层包柱工程量为：$F=(0.65+0.25\times2)\times2.7\times4m^2=12.42m^2$

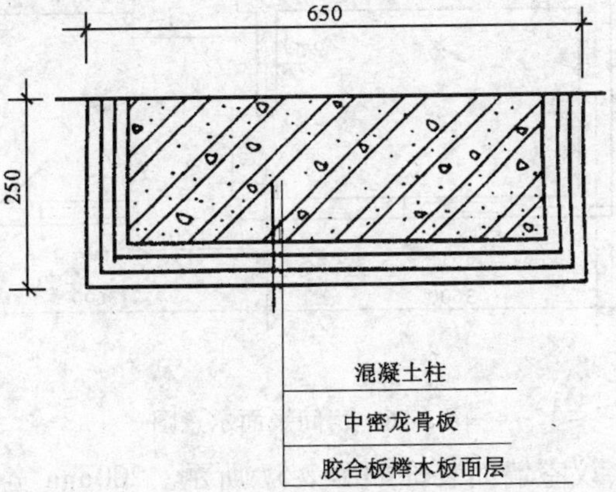

图 2-54 柱装饰图

【例 61】 某银行营业大楼设计为铝合金玻璃幕墙，幕墙上带铝合金窗。如图 2-55 为该幕墙立面简图。试计算工程量。

【解】 幕墙工程量为：

$[(38\times7.6+11\times2.3)-2.2\times1.4\times32]m^2=(314.1-98.56)m^2=215.54m^2$

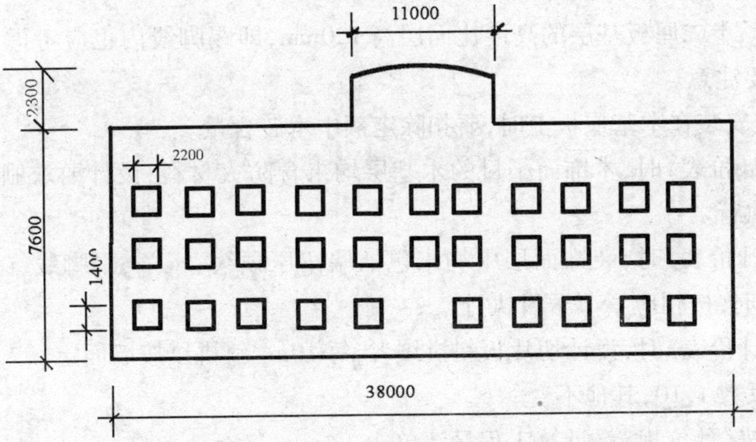

图 2-55 幕墙简图

【例 62】 若图 2-56 的墙内侧面做花式切片板墙裙，做法为木龙骨（木骨架），五夹板基层上粘贴花式切片板。墙裙高度 900mm（平窗台），门框料断面 75mm × 100mm。计算其工程量。

【解】 工程量为：

$[(3.6\times2-0.24-0.24)\times4+(7-0.24\times2)\times4-1.0-0.9\times2-0.8\times4+(0.24-0.1)\times4+0.24\times2+(0.24-0.1)\div2\times2]\times0.9m^2=43.33m^2$

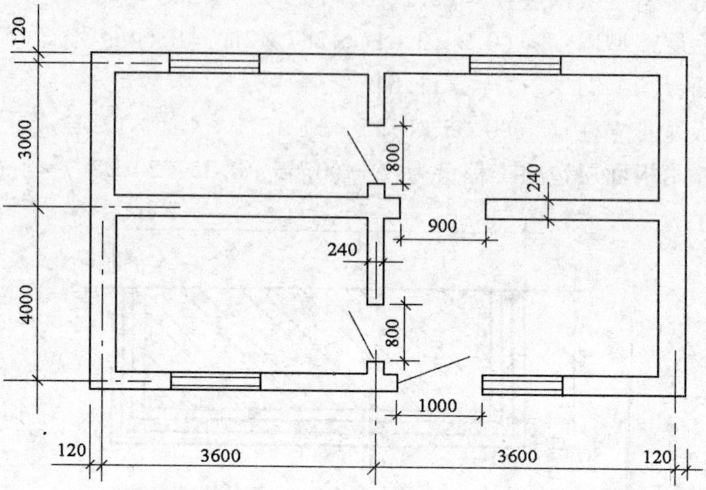

图 2-56　房间平面示意图

【例 63】　某公司小会议室墙面装饰如图 2-57 所示。200mm 宽铝塑板腰线，120mm 高红影踢脚线，有 4 条竖向镭射玻璃装饰条（210mm 宽），镭射玻璃边采用 30mm 宽红影装饰线条，其余红影切片板斜拼纹。做法：预埋木砖、木龙骨 24mm × 30mm，间距 300mm × 300mm，杨木芯十二厘板基层，踢脚线基层板为 12mm 厚细木工板。木龙骨木基层板刷防火漆二度。饰面板油漆为润油粉、刮腻子、漆片、刷硝基清漆、磨退出亮。计算该分项工程的清单造价及综合单价。（材料价格及费率均不调整）

【相关知识】

（1）木龙骨、十二厘板基层的高度比面层高 120mm，即踢脚线内也应考虑，在用《计价表》计算工程量时要注意。

（2）踢脚线安装在木基层板上时，要扣除定额中木砖含量。

（3）套用《计价表》时，木饰面子目的木基层均未含防火材料，设计要求刷防火漆，按十六章中相应子目执行。

（4）套用《计价表》时，装饰面层中均未包括墙裙压顶线、压条、踢脚线、门窗贴脸等装饰线，设计有要求时，按相应章节子目执行。

（5）套用《计价表》时，设计切片板斜拼纹者，每 $10m^2$ 斜拼纹按墙面定额人工乘系数 1.30，切片板含量乘系数 1.10，其他不变。

【解】　1）按《计价规范》计算工程量清单

（1）确定项目编码和计量单位

红影饰面板踢脚线查《计价规范》项目编码为 020105006001，取计量单位 m^2。

红影饰面板墙面查《计价规范》项目编码为 020207001001，取计量单位 m^2。

（2）按《计价规范》规定计算工程量

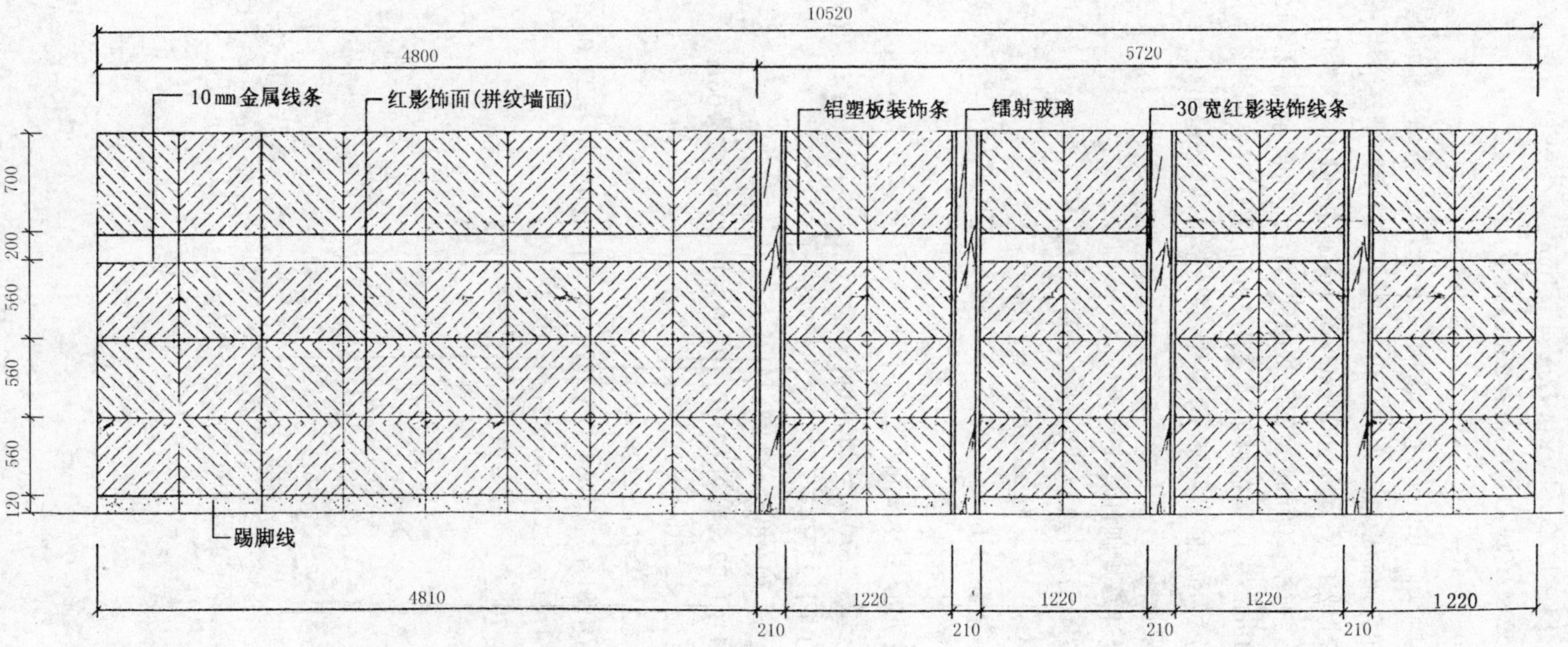

图 2-57　小会议室墙面装饰示意图

红影饰面板踢脚线：$(4.81+1.22\times4)\times0.12m^2=1.16m^2$

红影饰面板墙面：$(10.52\times2.70-1.16)m^2=27.24m^2$

(3)项目特征描述

红影饰面板踢脚线：踢脚线高120mm，12厚细木工板基层，红影切片板面层，红影阴角线15×15，基层板刷防火漆二度，饰面板油漆为润油粉、刮腻子、漆片、刷硝基清漆、磨退出亮。

红影饰面板墙面：墙面预埋木砖，木龙骨24mm×30mm，间距300mm×300mm杨木芯十二厘板基层，面层红影饰面板斜拼纹，200mm宽铝塑板腰线，腰线10mm金属线条收口，局部有4条竖向镭射玻璃装饰条(210mm宽)，镭射玻璃边采用30mm宽红影装饰线条，木龙骨木基层板刷防火漆二度，饰面板油漆为润油粉、刮腻子、漆片、刷硝基清漆、磨退出亮。

2)按《计价表》计算清单造价

(1)按《计价表》工程量计算规则计算工程量

①红影饰面板踢脚线：$(4.81+1.22\times4)m=9.69m$

木基层板防火漆：$(4.81+1.22\times4)\times0.12m^2=1.16m^2$

红影饰面板踢脚线硝基清漆：9.69m

②红影饰面板墙面

墙面木龙骨：$10.52\times2.70m^2=28.40m^2$

墙面十二厘板基层：$10.52\times2.70m^2=28.40m^2$

墙面铝塑板面层：$(4.81+1.22\times4)\times0.20m^2=1.94m^2$

墙面贴镭射玻璃：$0.21\times2.70\times4m^2=2.27m^2$

墙面红影饰面板：$(4.81+1.22\times4)\times(2.70-0.20-0.12)m^2=23.06m^2$

木龙骨防火漆二度：$10.52\times2.70m^2=28.40m^2$

基层板防火漆二度：$10.52\times2.70m^2=28.40m^2$

红影饰面板硝基清漆：$(4.81+1.22\times4)\times(2.70-0.20-0.12)m^2=23.06m^2$

10mm金属装饰线条：$(4.81+1.22\times4)\times2m^2=19.38m^2$

30mm红影装饰线条：$2.70\times2\times4m^2=21.6m^2$

木装饰线条油漆：21.6m

第三章　天棚工程工程量清单设置与计价举例

【例 1】　某工程有一套三室一厅商品房，其客厅为不上人型轻钢龙骨石膏板吊顶，如图3-1所示，龙骨间距为 450mm × 450mm。

1. 经业主根据施工图计算：

(1)天棚龙骨工程量为：$6.96 \times 7.16m^2 = 49.83m^2$

(2)墙纸工程量为：$5.36 \times 5.56m^2 + (5.36 + 5.56) \times 2 \times 0.4m^2 = 38.54m^2$

(3)织锦缎：$6.96 \times 7.16m^2 - 5.36 \times 5.56m^2 = 20.03m^2$

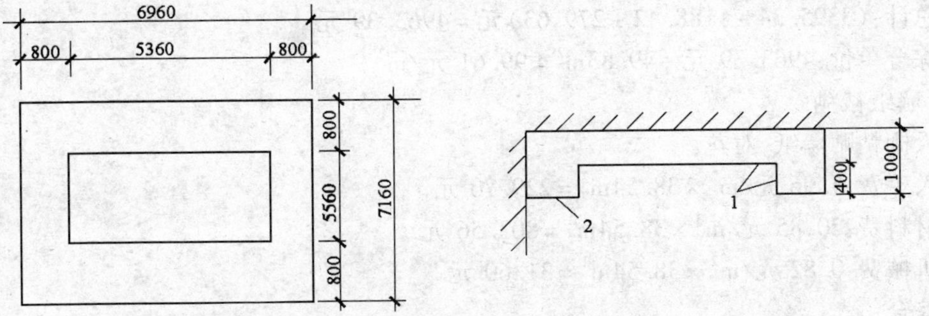

图 3-1　某工程不上人型轻钢龙骨石膏板吊顶平面及剖面图

分部分项工程量清单见表 3-1 ~ 表 3-5。

表 3-1　分部分项工程量清单

工程名称：某工程

序号	项目编码	项目名称	计量单位	工程数量
1	020302001001	天棚吊顶 龙骨类型为不上人型 材料为轻钢 U 形 间距为 450mm × 450mm 面层：石膏板	m^2	49.83
2	020509001001	墙纸裱糊 基层为石膏板 裱糊天棚 对花	m^2	38.54
3	020509002001	织锦缎裱糊 基层为石膏板 裱糊天棚 无海绵底	m^2	20.03

2. 经投标人根据施工图及施工方案计算：

(1)天棚吊顶

1)U 形轻钢龙骨不上人型,双层,面板规格 0.5m^2 以外。

人工费:6.42 元/m^2 ×49.83m^2 =319.91 元

材料费:30.12 元/m^2 ×49.83m^2 =1500.88 元

机械费:1.94 元/m^2 ×49.83m^2 =96.67 元

2)石膏板面层,安装在 U 形龙骨上面,工程量 58.57m^2。

人工费:4.62 元/m^2 ×58.57m^2 =270.59 元

材料费:21.52 元/m^2 ×58.57m^2 =1260.43 元

机械费:0.80 元/m^2 ×58.57m^2 =46.86 元

3)综合:

直接费合计:3495.34 元

管理费:3395.34 元×34% =1188.42 元

利润:3395.34 元×8% =279.63 元

总计:(3395.34 +1188.42 +279.63)元 =4963.39 元

综合单价:4963.39 元÷49.83m^2 =99.61 元/m^2

(2)墙纸裱糊

1)天棚粘贴墙纸,对花。

人工费:5.96 元/m^2 ×38.54m^2 =229.70 元

材料费:20.85 元/m^2 ×38.54m^2 =803.56 元

机械费:0.82 元/m^2 ×38.54m^2 =31.60 元

2)综合:

直接费合计:1064.86 元

管理费:1064.86 元×34% =362.05 元

利润:1064.86 元×8% =85.19 元

总计:(1064.86 +362.05 +85.19)元 =1512.10 元

综合单价:1512.10 元÷38.54m^2 =39.23 元/m^2

(3)织锦缎裱糊

1)天棚粘贴织锦缎,无海绵底。

人工费:8.11 元/m^2 ×20.03m^2 =162.44 元

材料费:42.89 元/m^2 ×20.03m^2 =859.07 元

机械费:1.56 元/m^2 ×20.03m^2 =31.25 元

2)综合:

直接费合计:1052.76 元

管理费:1052.76 元×34% =357.94 元

利润:1052.76 元×8% =84.22 元

总计:(1052.76 +357.94 +84.22)元 =1494.92 元

综合单价:1494.92 元÷20.03m^2 =74.63 元/m^2

表 3-2　分部分项工程量清单计价表

工程名称:某工程

序号	项目编码	项目名称	计量单位	工程数量	金额/元	
					综合单价	合价
1	020302001001	天棚吊顶 龙骨类型为不上人型 材料为轻钢 U形 间距为450mm×450mm 面层:石膏板	m^2	49.83	99.61	4963.39
2	020509001001	墙纸裱糊 基层为石膏板 裱糊天棚 对花	m^2	38.54	39.23	1512.10
3	020509002001	织锦缎裱糊 基层为石膏板 裱糊天棚 无海绵底	m^2	20.03	74.63	1494.92
		总计				7970.41

表 3-3　分部分项工程量清单综合单价计算表

工程名称:某工程　　　　计量单位:m^2

项目编码:020302001001　　　　工程数量:49.83

项目名称:天棚吊顶　　　　综合单价:99.61

序号	定额编号	工程内容	单位	工程数量	其中/元					
					人工费	材料费	机械费	管理费	利润	小计
	2－11	U形轻钢龙骨不上人型吊顶双层,面板规格0.5m^2 以外	m^2	49.83	319.91	1500.88	96.67			
	2－70	石膏板面层 (安装在U形龙骨上面)	m^2	58.57	270.59	1260.43	46.86			
		总计			590.50	2761.31	143.53	1188.42	279.63	4963.39

表 3-4　分部工程工程量清单综合单价计算表

工程名称:某工程　　　　计量单位:m^2

项目编码:020509001001　　　　工程数量:38.54

项目名称:墙纸裱糊　　　　综合单价:39.23

序号	定额编号	工程内容	单位	工程数量	其中/元					
					人工费	材料费	机械费	管理费	利润	小计
	2－115	天棚粘贴墙纸,对花	m^2	38.54	229.70	803.56	31.60			
		总计			229.70	803.56	31.60	362.05	85.19	1512.10

表 3-5　分部分项工程量清单综合单价计算表

项目名称:某工程　　　　　　　　　　　　　　　　　　　　　　　　计量单位:m^2

项目编码:020509002001　　　　　　　　　　　　　　　　　　　　工程数量:20.03

项目名称:织锦缎裱糊　　　　　　　　　　　　　　　　　　　　　　综合单价:74.63

序号	定额编号	工程内容	单位	工程数量	其中/元					
					人工费	材料费	机械费	管理费	利润	小计
	2-119	天棚粘贴织锦缎,无海绵底	m^2	20.03	162.44	859.07	31.25			
		总计			162.44	859.07	31.25	357.94	84.22	1494.92

【例 2】　某工程现浇井字梁天棚如图 3-2 所示,麻刀石灰浆面层,计算工程量。

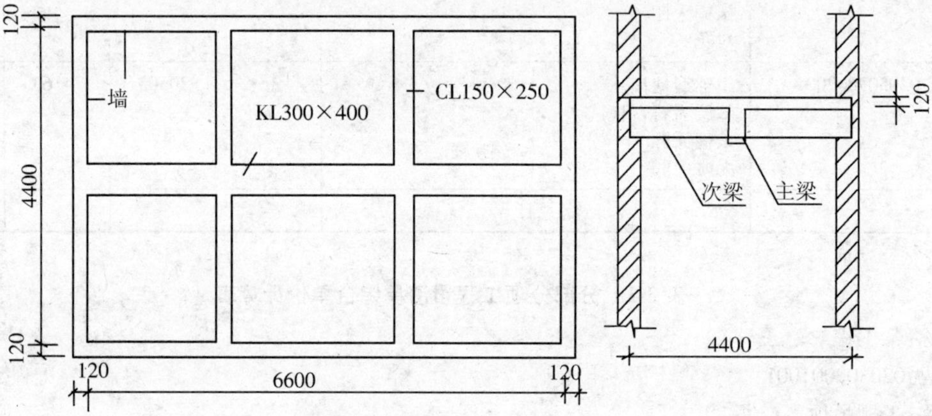

图 3-2　现浇井字梁天棚

【解】　天棚抹灰工程量计算如下:

天棚抹灰工程量 = 主墙间的净长度 × 主墙间的净宽度 + 梁侧面面积

$$= [(6.60-0.24)\times(4.40-0.24)+(0.40-0.12)\times 6.36\times 2+(0.25-0.12)\times 3.86\times 2\times 2-(0.25-0.12)\times 0.15\times 4]\,m^2$$

$$=31.95m^2$$

【例 3】　如图 3-3 所示,已知主梁尺寸为 300mm × 500mm,次梁 150mm × 300mm,板厚 100mm。计算井字梁天棚抹灰工程量。

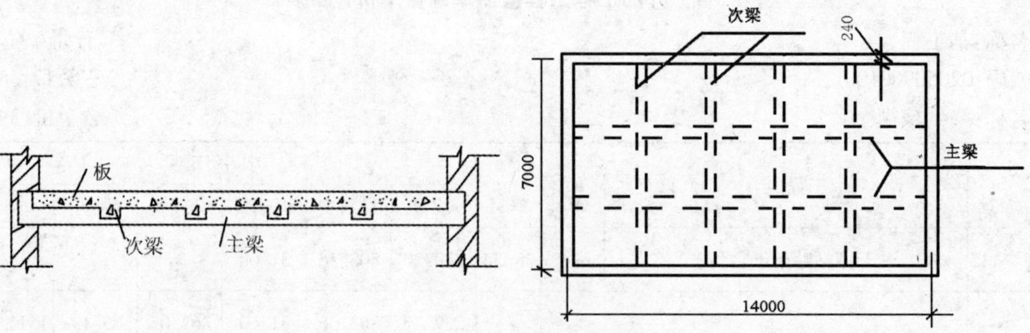

图 3-3　井字梁天棚示意图

【解】 井字梁、天棚抹灰工程量

$$F = [(14.00 - 0.24) \times (7 - 0.24) + (0.50 - 0.1) \times (14.00 - 0.24) \times 2 \times 2 + (0.30 - 0.1) \times (7 - 0.24) \times 2 \times 4 - (0.30 + 0.15) \times 2 \times 0.2 \times 8]\,\mathrm{m}^2$$

$$= (93.02 + 22.02 + 10.82 - 1.44)\,\mathrm{m}^2 = 124.42\mathrm{m}^2$$

【例4】 计算图2-8第一层混凝土顶棚石灰砂浆中级抹灰工程量。

【解】 工程量 $= (2 \times 8.76 \times 3.36 + 8 \times 6.76 \times 3.36 + 3.52 \times 3.36 + 32.16 \times 2 + 2 \times \dfrac{0.3 + 0.2}{2} \times 2 \times 8)\,\mathrm{m}^2 = 324.72\mathrm{m}^2$

【例5】 某房间开间3.6m，进深5.4m，采用U形轻钢吊顶龙骨骨架，500mm×500mm×9mm浮雕石膏板天棚面，其布置形式如图3-4所示，试确定龙骨骨架材料用量。

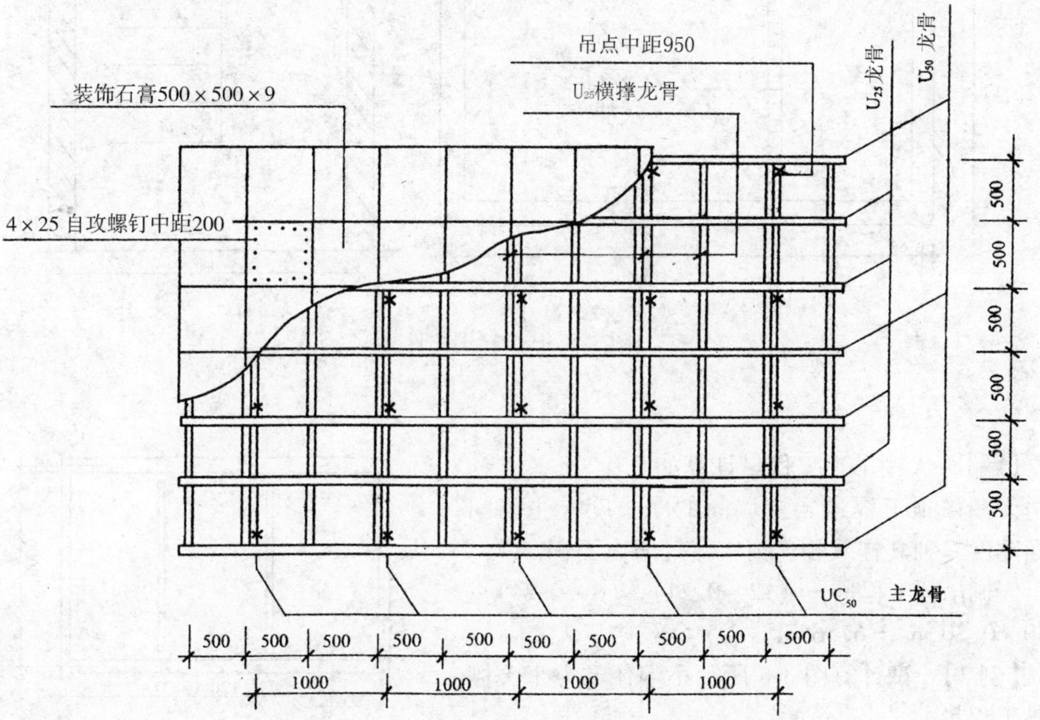

图3-4 某房间吊顶龙骨布置图

【解】 根据图3-4的布置：

U50主龙骨用量 $L_{龙骨大} = 5 \times 3.36 \times (1 + 6\%)\,\mathrm{m} = 17.81\mathrm{m}$

U50中龙骨用量 $L_{龙骨中} = 3 \times 5.16 \times (1 + 6\%)\,\mathrm{m} = 16.41\mathrm{m}$

U25小龙骨用量 $L_{龙骨小} = 4 \times 5.16 \times (1 + 6\%)\,\mathrm{m} = 21.88\mathrm{m}$

U50横撑龙骨用量 $L_{龙骨中横} = 4 \times 3.36 \times (1 + 6\%)\,\mathrm{m} = 14.25\mathrm{m}$

U25横撑龙骨用量 $L_{龙骨小横} = 5 \times 3.36 \times (1 + 6\%)\,\mathrm{m} = 17.81\mathrm{m}$

龙骨配件用量：

吊件 $n_{吊} = 4 \times 5$ 个 $= 20$ 个

U50挂件 $n_{挂1} = 5 \times 3$ 个 $= 15$ 个

U25 挂件　　　　　　　　$n_{挂2}=5\times4$ 个 $=20$ 个

U50 支托　　　　　　　　$n_{支1}=7\times4\times2$ 个 $=56$ 个

U25 支托　　　　　　　　$n_{支2}=7\times5\times2$ 个 $=70$ 个

主龙骨按设计下料,没有接头,故无需连接件。U50 中龙骨和 U25 小龙骨每根考虑一个接头,故 U50 接插件为 3 个,U25 接插件为 4 个。

【例 6】 预制钢筋混凝土板底吊不上人型装配式 U 形轻钢龙骨,间距 450mm×450mm,龙骨上铺钉中密度板,面层粘贴 6m 厚铝塑板,尺寸如图 3-5 所示,计算天棚吊顶工程量。

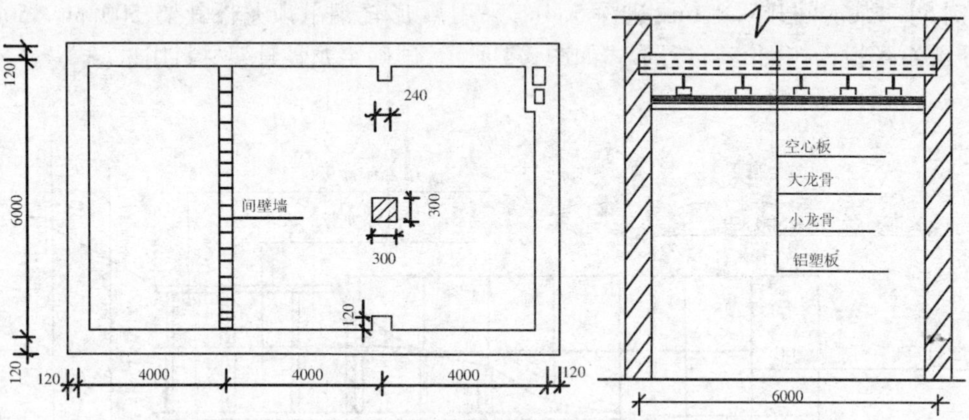

图 3-5　U 形轻钢龙骨

【解】 天棚吊顶工程量计算如下:

天棚吊顶工程量 = 主墙间的净长度 × 主墙间的净宽度 − 独立柱及相连窗帘盒等所占面积

天棚吊顶工程量 $=[(12-0.24)\times(6-0.24)-0.30\times0.30]m^2=67.65m^2$

【例 7】 试计算图 3-6 所示小型住宅方木天棚龙骨工程量。

【解】 吊顶天棚龙骨工程量按主墙间净空面积计算,则

$F=(12-0.24\times3)\times(6-0.24)m^2=64.97m^2$

【例 8】 如图 3-6 所示,设计要求做吊在混凝土板下的方木楞天棚骨架。计算其工程量。

【解】 其工程量计算如下:

天棚骨架工程量 $=(12-0.24)\times(6-0.24)m^2$
$=67.74m^2$

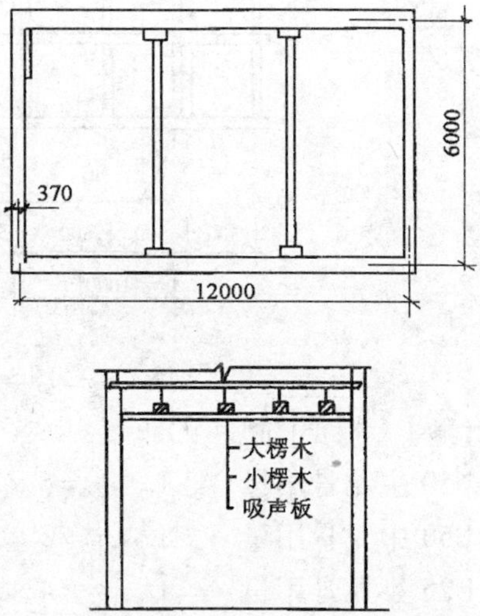

图 3-6　方木楞天棚骨架和面层示意图

【例 9】 根据图 3-7 计算主卧室轻钢龙骨吊顶工程量(墙厚 240mm,混合砂浆抹墙面厚 20mm)。

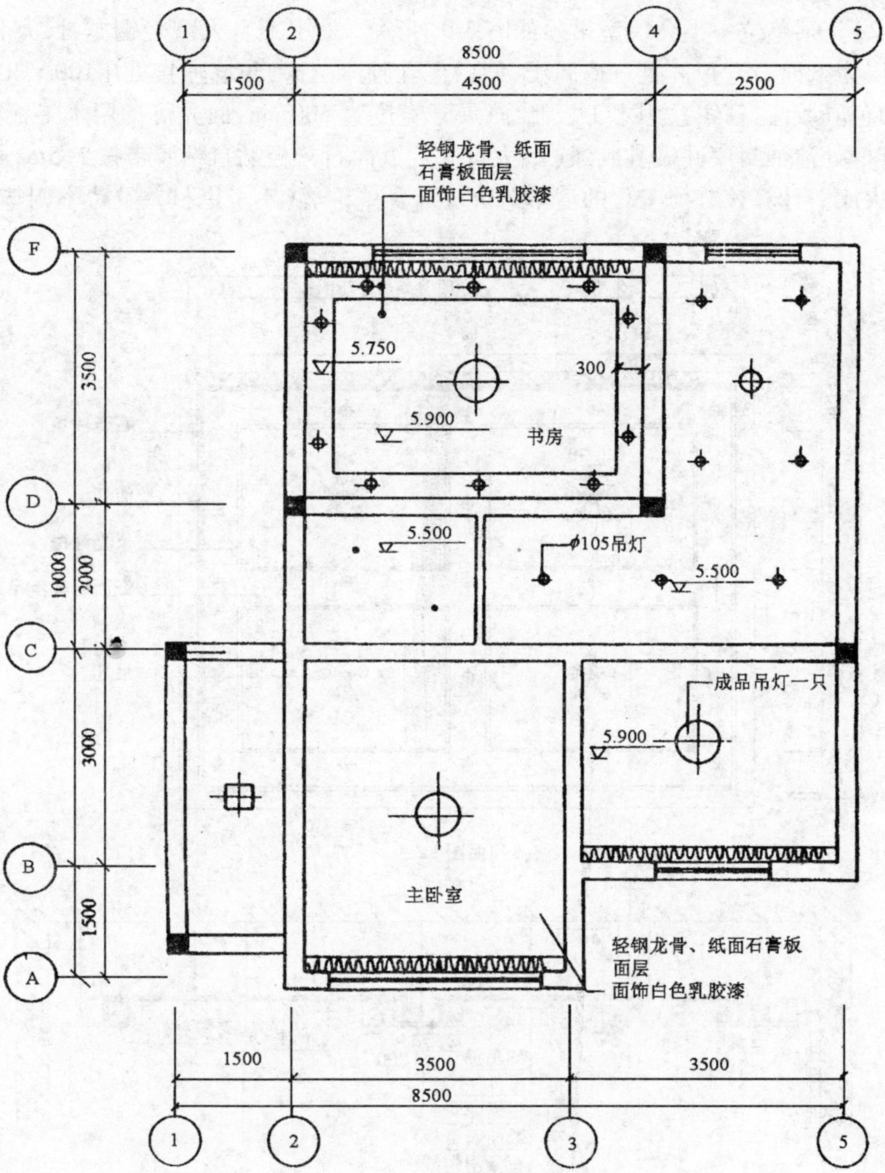

图 3-7　顶棚平面图

【解】　主卧室轻钢龙骨面积 $=(1.5+3.0-0.24-0.02\times2)\times(3.5-0.24-0.02\times2)\text{m}^2$

$=4.22\times3.22\text{m}^2=13.59\text{m}^2$

【例 10】　如图 3-8 所示的一级顶棚吊顶为吸声板面层，计算其工程量。

【解】　工程量 $=3.76\times5.16\text{m}^2=19.4\text{m}^2$

【例 11】　如图 3-8 所示为一级顶棚吊顶，方木楞直接搁置在砖墙上。计算此方木楞的工程量。

【解】　工程量计算：

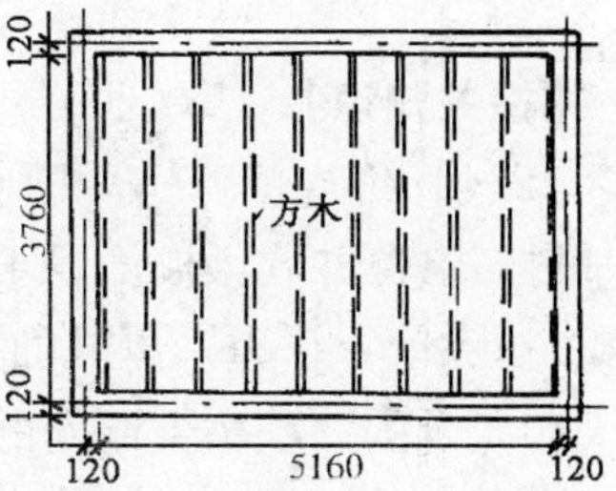

图 3-8

工程量 = 顶棚的面积 = $5.16 \times 3.76m^2 = 19.4m^2$

【例 12】 某单位一小会议室吊顶如图 3-9 所示。采用不上人型轻钢龙骨,龙骨间距 400 ×600,面层为纸面石膏板。批三遍腻子,刷白色乳胶漆三遍,与墙连接处用100 ×30 石膏线条交圈,刷白色乳胶漆,窗帘盒用木工板制作,展开宽度为 500mm,回光灯槽用木工板制作,窗帘盒、回光灯槽处清油封底并做乳胶漆(做法同上),纸面石膏板贴自粘胶带按 $1.5m/m^2$ 考虑,暂不考虑防火漆。计算该分项工程的清单造价及综合单价。(不考虑材差及费率调整)

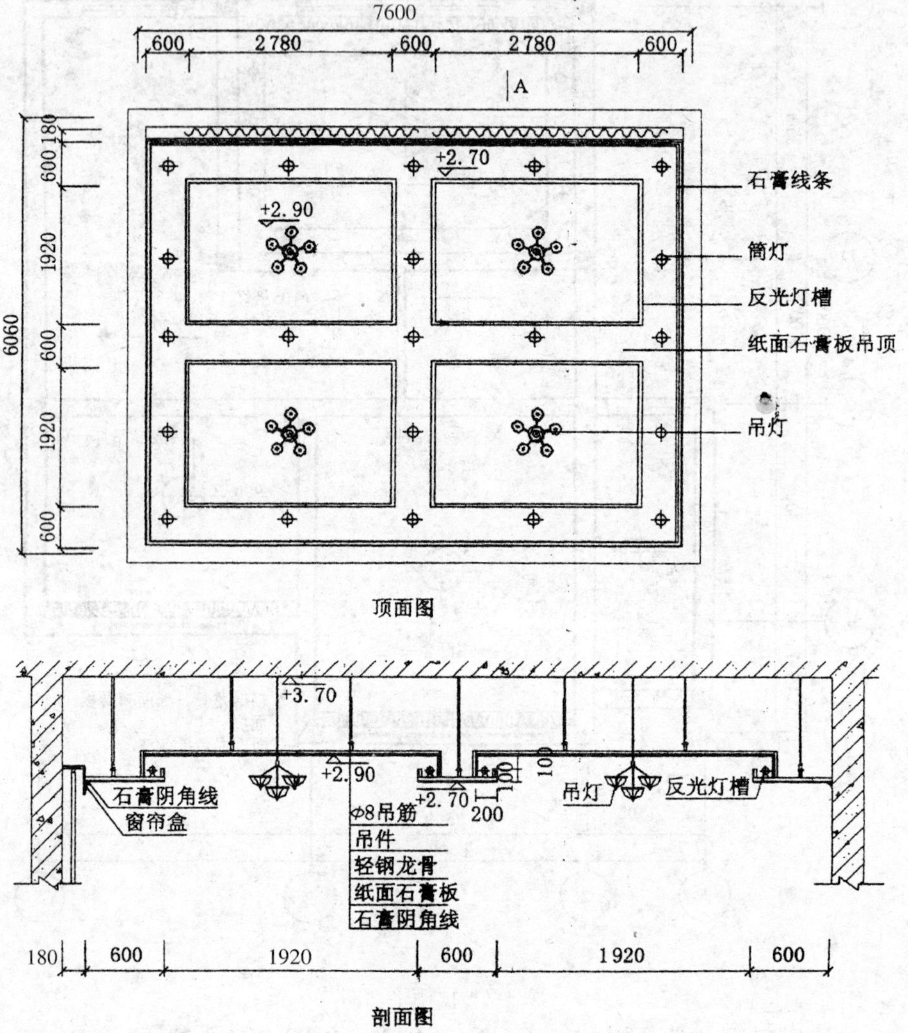

图 3-9 吊顶示意图

【相关知识】

(1)《计价规范》计算规则规定天棚按水平投影面积计算。天棚面中的灯槽及跌级、锯齿形、吊挂式、藻井式天棚面积不展开计算。不扣除间壁墙、检查口、附墙烟囱、柱垛和管道所占面积,扣除单个 $0.3m^2$ 以外的孔洞、独立柱及与天棚相连的窗帘盒所占的面积。《计价表》规定天棚龙骨的面积按主墙间的水平投影面积计算。天棚龙骨的吊筋按每 $10m^2$ 龙骨面积套用相应子目计算。天棚中假梁、折线、叠线等圆弧形、拱形、特殊艺术形式的天棚饰面,均按展开面积计算。

(2)《计价表》计算时,考虑该天棚高差200mm;$S_1/(S_1+S_2)=13.33\div(13.33+29.51)\times 100\%=31.12\%>1.5\%$,该天棚为复杂型天棚。

(3)《计价表》计算吊筋时要按距楼板的高度不同分别套用。

(4)《计价表》计算石膏线条刷乳胶漆工程量并入天棚中分别计算。

【解】 按《计价规范》计算工程量清单

(1)确定项目编码和计量单位

轻钢龙骨纸面石膏板吊顶查《计价规范》项目编码为020302001001,取计量单位为m^2。

(2)按《计价规范》规定计算工程量

轻钢龙骨纸面石膏板吊顶:$7.36\times(5.82-0.18)m^2=41.51m^2$

(3)项目特征描述

轻钢龙骨纸面石膏板吊顶ϕ8吊筋,不上人型轻钢龙骨,龙骨间距400×600,面层为9.5mm纸面石膏板,板缝贴自粘胶带,批三遍腻子,刷白色乳胶漆三遍,与墙连接处用100×30石膏线条交圈,窗帘盒用木工板制作,展开宽度为500mm,回光灯槽用木工板制作,天棚需开筒灯。

【例13】 某学院门厅采用不上人型轻钢龙骨(间距400×600),防火板基层,面层为铝塑板,具体做法如图3-10。吊筋为ϕ8,板底标高为+4.500,有孔铝塑板价格为90元/m^2,计算该分项工程的清单造价及综合单价。(不考虑价差和费率调整)

【相关知识】

(1)《计价规范》工程量计算规则规定天棚吊顶按设计图示尺寸以水平投影面积计算。

(2)《计价表》工程量计算规则规定天棚龙骨的面积按主墙间的水平投影计算。天棚饰面应按展开面积计算。

(3)套用《计价表》时,因穿孔铝塑板的价格与铝塑板的价格不一致,应分开计算。

(4)套用《计价表》时因吊筋高度不同,应分别计算面积。

(5)套用《计价表》时防火板基层、铝塑板面层两者合二为一个单独子目。

【解】

1.按《计价规范》计算工程量清单

(1)确定项目编码和计量单位

铝塑板吊顶查《计价规范》项目编码为020302001001,计量单位m^2。

(2)按《计价规范》规定计算工程量

铝塑板吊顶:$6.80\times8.00m^2=54.40m^2$

(3)项目特征描述

铝塑板吊顶:ϕ8钢盘吊筋,不上人型轻钢龙骨,龙骨间距为400×600,面层为防火板基层上贴铝塑板,中间为穿孔铝塑板。

2.按《计价表》计算清单造价

按《计价表》工程量计算规则计算工程量

ϕ8吊筋(高度为1.00m):$2.40\times6.80m^2=16.32m^2$

ϕ8吊筋(高度为1.15m):$(4.40\times8.00-2.40\times6.80)m^2=18.88m^2$

ϕ8吊筋(高度为0.90m):$1.20\times8.00\times2.00m^2=19.20m^2$

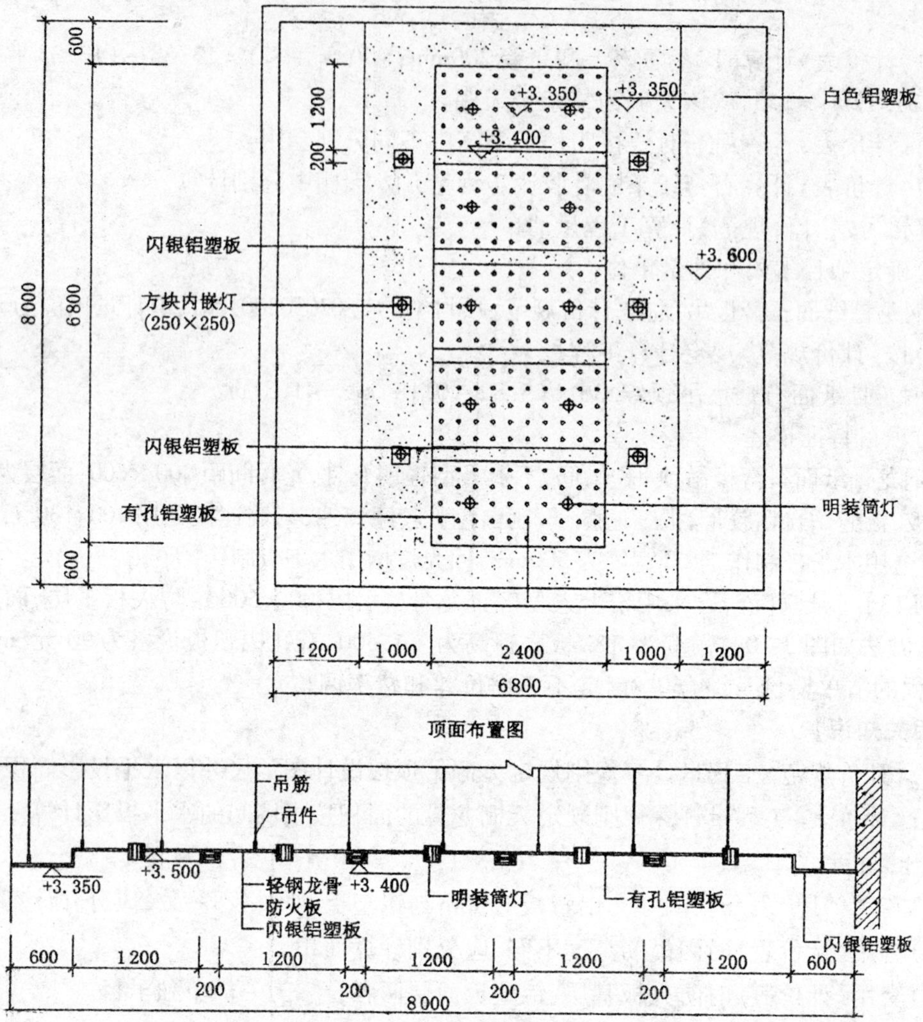

图 3-10　某门厅示意图

不上人型轻钢龙骨基层(间距 400×600):$6.80\times8.00\text{m}^2=54.40\text{m}^2$

穿孔铝塑板面层(基层为防火板):$1.20\times2.40\times5\text{m}^2=14.40\text{m}^2$

铝塑板面层(基层为防火板):$[6.80\times8.00-1.20\times2.40\times5.00+8.00\times0.25\times(2.40+6.80)\times2\times0.15+0.10\times2.40\times2\times4]\text{m}^2=48.68\text{m}^2$

开筒灯孔:16 个

【例 14】　试计算图 2-17[见 P58]中木龙骨上安装塑料板面层的工程量。

【解】　应为主墙间实铺面积,计算如下:

$F=(14.4-0.24\times4)\times(4.8-0.24)\text{m}^2=61.29\text{m}^2$

【例 15】　设计要求在如图 3-11 所示房间内进行天棚装饰,采用不上人型双层结构。基层用轻钢龙骨,面层用纸面石膏板(面层规格 600mm×600mm),窗帘盒不与天棚相连。试计算工程量。

【解】　根据工程量计算规则,天棚工程量按实铺展开面积计算。

工程量 = $[8\times4+(7+3)\times2\times0.5]m^2=42m^2$

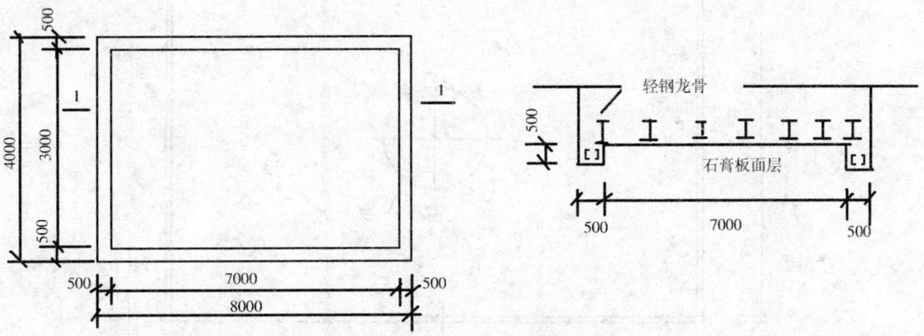

图 3-11　天棚示意图

【例 16】　某办公室顶棚吊顶如图 3-12 所示,已知顶棚采用不上人装配式 U 形轻钢龙骨石膏板,面层规格为 600mm × 600mm,计算顶棚吊顶工程量。

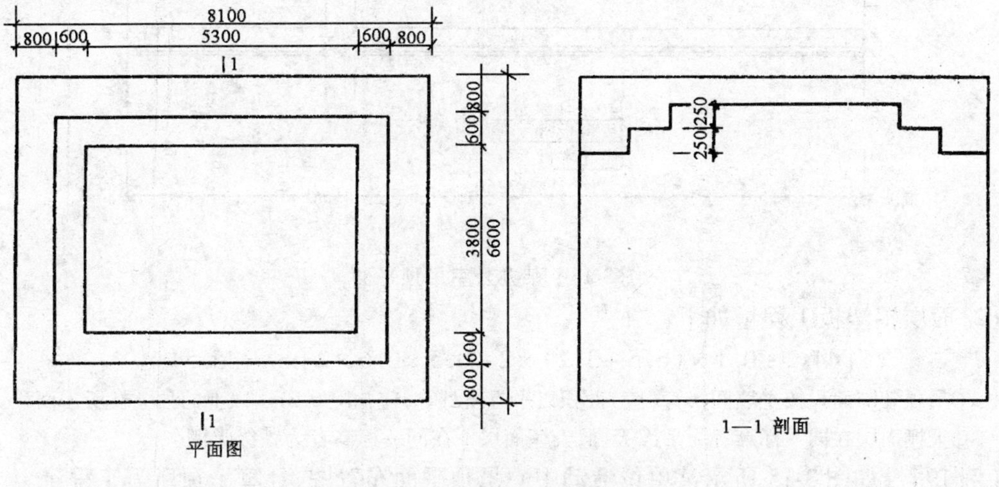

图 3-12　办公室顶棚吊顶示意图

【解】　根据定额有关说明,龙骨与面层应分别列项。

(1)轻钢龙骨顶棚工程量　$F=8.1\times6.6m^2=53.46m^2$

(2)石膏板面层工程量为:

$F=[8.1\times6.6+0.25\times(6.5+5)\times2+0.25\times(5.3+3.8)\times2]m^2$

$=63.76m^2$

【例 17】　某办公室吊顶平面如图 3-13 所示,计算吊顶所需工程量。

【解】　吊顶做法为平顶,工程量如下:

$$7.26\times10.76m^2=78.12m^2$$

【例 18】　如图 3-14 所示为一接待室吊顶平面布置图,计算吊顶所需工程量。

【解】　(1)吊顶龙骨工程量如下:

$$8.5\times5.2m^2=44.2m^2$$

注:各种吊顶天棚龙骨按主墙间净空面积计算,不扣除间壁墙、检查洞、附墙烟囱、柱垛和管道所占面积。

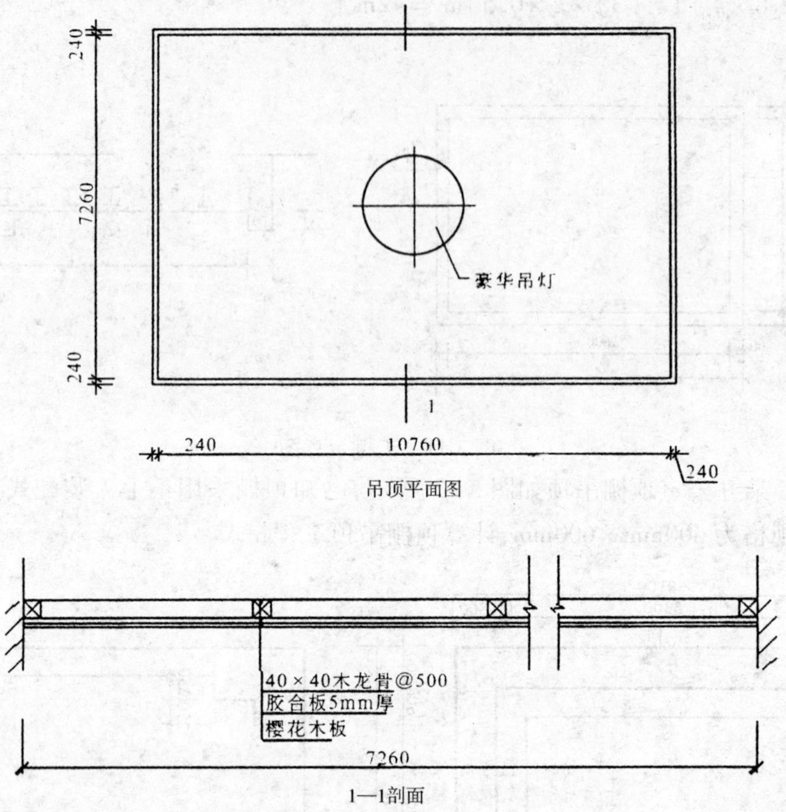

图 3-13　某办公室吊顶平面

(2)面层铝塑板工程量如下：

$$[44.2+0.1\times(6.5+3.2)\times2-0.5\times0.6\times2]\,m^2=45.54m^2$$

注：①吊顶装饰面积按主墙间实钉(胶)面积以平方米计算，应扣除 $0.3m^2$ 以上的独立柱所占面积。

②天棚面层在同一标高者为平面天棚，天棚面层不在同一标高者为跌级天棚。

【例 19】 如图 3-15 所示某单位活动中心吊顶平面布置图，计算吊顶所需工程量。

【解】 (1)轻钢龙骨工程量如下：

$$20.8\times12m^2=249.6m^2$$

(2)吊顶基层胶合板工程量如下：

$$[20.8\times12+0.15\times(9.2+20.8-1.4\times2)\times2]\,m^2=257.76m^2$$

(3)吊顶面层烤漆金属板条工程量如下：

$$[1.4\times12\times2+1.4\times(20.8-1.4\times2)\times2+0.15\times(9.2+20.8-1.4\times2)\times2]\,m^2=92.16m^2$$

(4)吊顶面层镜面玻璃工程量如下：

$$(1\times9.2\times4+2\times9.2)\,m^2=55.2m^2$$

(5)吊顶面层铝合金穿孔面板工程量如下：

$$2\times9.2\times6m^2=110.4m^2$$

【例 20】 图 3-16 为某小会议室二层顶面施工图，中间为不上人型 T 形铝合金龙骨，纸面石膏板(600mm×600mm)面层，边上为不上人型轻钢龙骨吊顶纸面石膏板面层，方柱断面为 1000mm×1000mm。试计算龙骨及面层工程量。

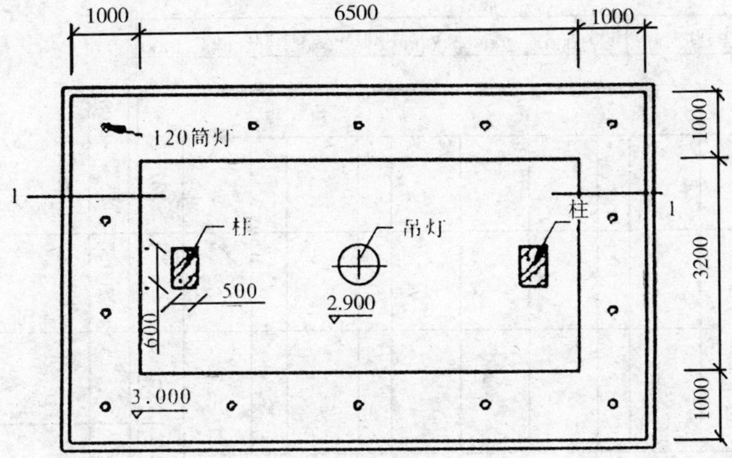

吊顶平面图

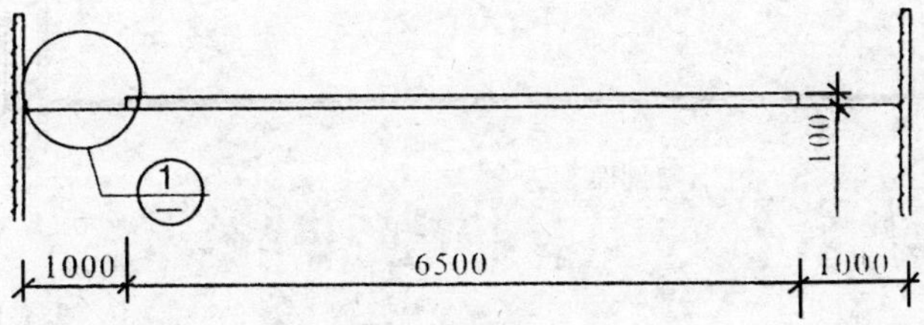

1-1剖面

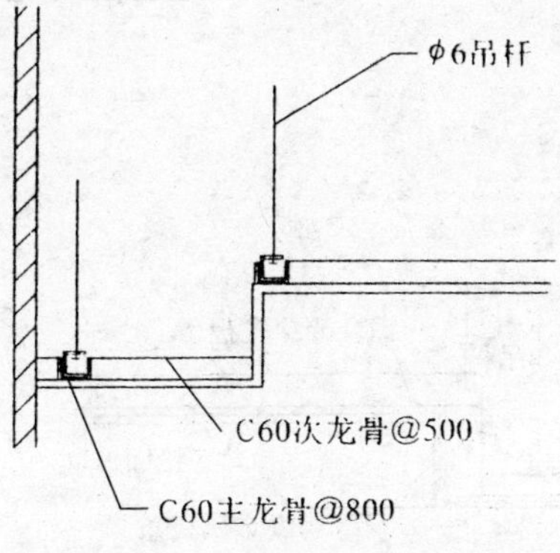

1详图

图 3-14　某接待室吊顶平面布置

【解】 (1)龙骨计算:

1)铝合金龙骨:

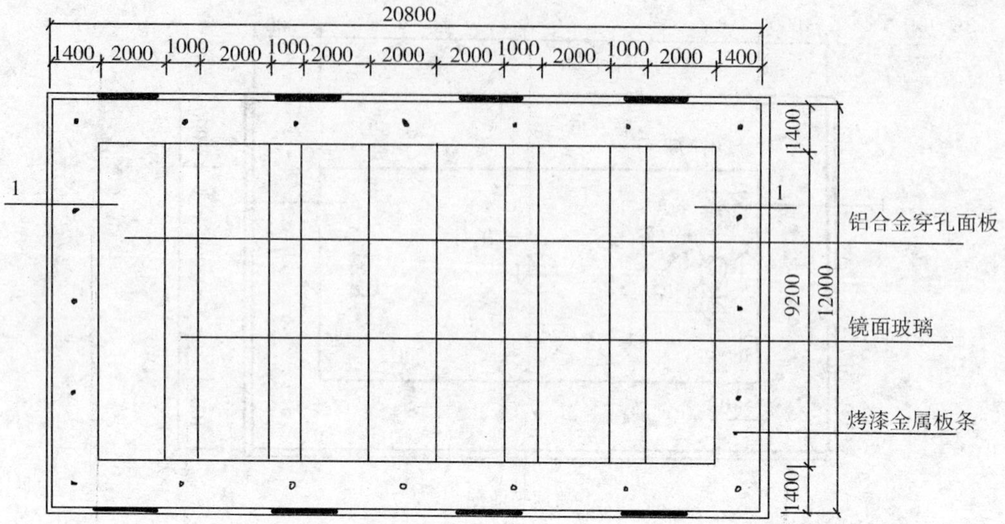

吊顶平面图

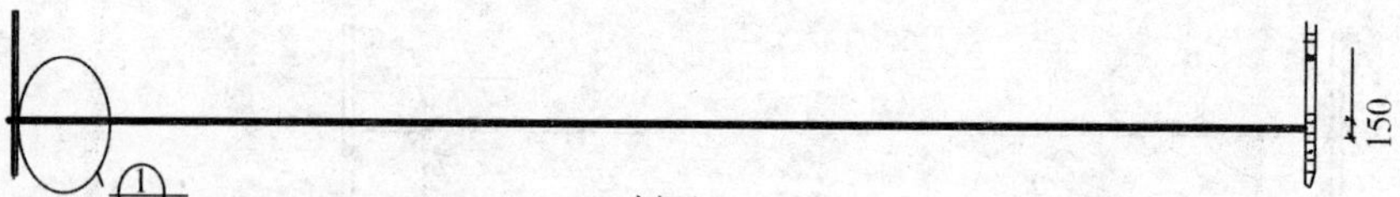

1-1剖面

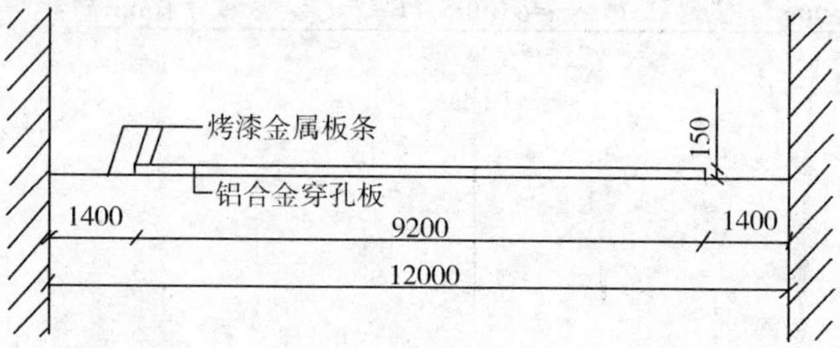

2-2剖面

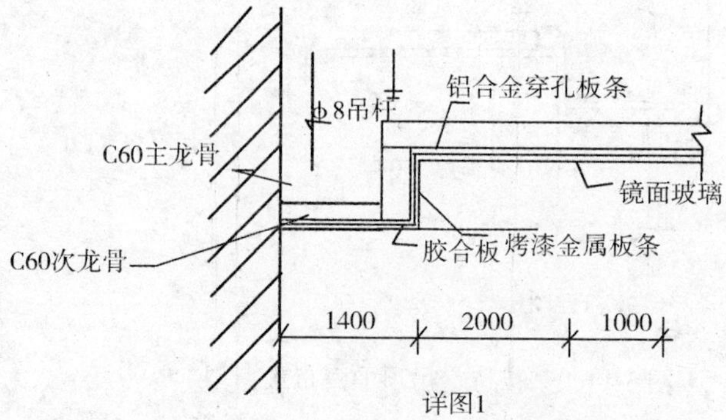

详图1

图 3-15　某活动中心吊顶平面布置

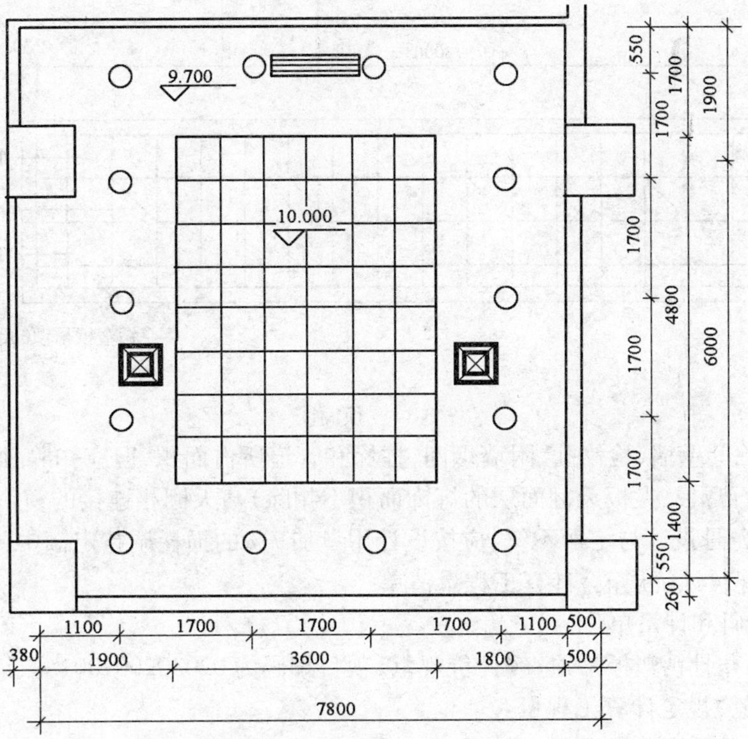

图 3-16　二层会议室顶面图

工程量 $=3.60\times4.80\text{m}^2=17.28\text{m}^2$

2)轻钢龙骨:

工程量 $=[(7.80-0.50+0.38)\times(6.00+0.26+1.90)-3.60\times4.80]\text{m}^2$

$=(7.68\times8.16-3.60\times4.80)\text{m}^2$

$=(62.67-17.28)\text{m}^2=45.39\text{m}^2$

(2)面层计算:

1)纸面石膏板(铝合金龙骨):

工程量 $=3.60\times4.80\text{m}^2=17.28\text{m}^2$

2)纸面石膏板(轻钢龙骨):

工程量 $=[(3.60+1.98\times2)\times(4.80+1.40\times2)+(3.60+4.80)\times2\times0.30-3.60\times4.80-(1.00-0.24)\times1.00-(1.00-0.24)\times(1.00-0.24)]\text{m}^2$

$=(57.46+5.04-17.28-0.76-0.58)\text{m}^2$

$=43.88\text{m}^2$

【例 21】　某学院一过道采用装配式 T 形(不上人型)铝合金龙骨,面层采用 600×600 钙塑板吊顶,如图 3-17 所示,已知吊筋为 ϕ8 钢筋,吊筋高度为 1.00m,主龙骨为 45×15×1.2 轻钢龙骨。T 形龙骨间距如图,计算该分项工程的清单造价及综合单价。(不考虑材差及费率调整)

【相关知识】

(1)《计价规范》计算规则规定天棚按水平投影面积计算,扣除单个 0.3m^2 以外的孔洞所占的面积。《计价表》规定天棚龙骨的面积按主墙间的水平投影面积计算。天棚饰面的面积

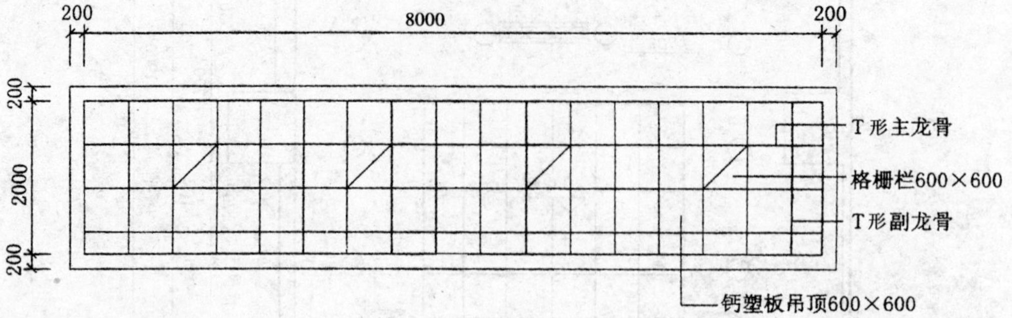

图 3-17　顶面图

按净面积，不扣除间壁墙、检修孔、附墙烟囱、柱垛和管道所占面积，但应扣除独立柱、0.3m^2 以上的灯饰面积（石膏板、夹板天棚面层的灯饰面积不扣除）与天棚相连接的窗帘盒面积。

（2）铝合金龙骨设计与定额不符，应按设计用量加7%的损耗调整定额中的含量。

【解】　（1）按《计价规范》计算工程量清单

确定项目编码和计量单位

铝合金T形龙骨钙塑板吊顶查《计价规范》项目编码为020302001001，取计量单位为m^2。

按《计价规范》规定计算工程量

铝合金T形龙骨钙塑板吊顶：$(8\times2-0.60\times0.60\times4)m^2=14.56m^2$

项目特征描述

铝合金龙骨钙塑板吊顶，ϕ8 吊筋高度1.00m，主龙骨为45×15×1.20轻钢龙骨，装配式T形（不上人型）铝合金龙骨，面层钙塑板规格600×600。

（2）按《计价表》计算清单造价

按《计价表》工程量计算规则计算工程量

天棚吊筋：$8\times2m^2=16m^2$

天棚装配式T型铝合金龙骨：$8\times2m^2=16m^2$

钙塑板面层：$(8\times2-0.60\times0.60\times4)m^2=14.56m^2$

【例22】　某饭店大厅天棚如图3-18所示，试计算天棚装饰工程量。

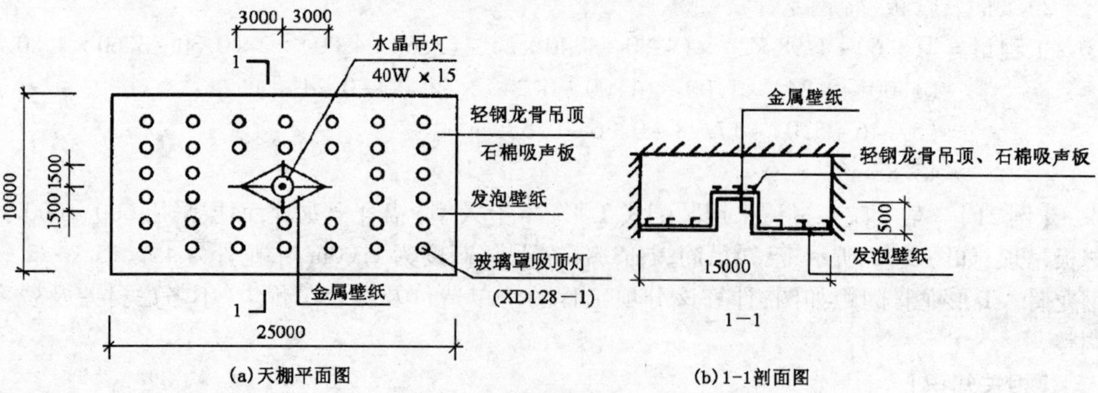

图 3-18　天棚平面、剖面图

【解】 (1)轻钢龙骨及石棉吸音板工程量：

$25\times10m^2=250m^2$

(2)贴金属壁板工程量：

$$\frac{1}{2}\times3.0m\times3.0m\times2+4\times\sqrt{(3^2+1.5^2)}\,m\times0.5m=(9+4\times3.354)m^2=22.416m^2$$

(3)贴发泡壁纸工程量：

$$25m\times10m-\frac{1}{2}\times3m\times3m\times2=241m^2$$

【例23】 根据图3-6和图3-19顶棚平面图，计算其中书房纸面石膏板天棚面层工程量。图中窗帘盒宽150mm，墙面抹灰厚20mm。

书房纸面石膏板天棚面积：$[(4.50-0.24-0.02\times2)\times(3.50-0.24-0.02\times2-0.15)]+[(4.50-0.24-0.02\times2-0.30\times2)+(3.50-0.24-0.02\times2-0.15-0.30\times2)]\times2\times(5.90-5.75)m^2$

$=[4.22\times3.07+(3.62+2.47)\times2\times0.15]m^2$

$=14.79m^2$

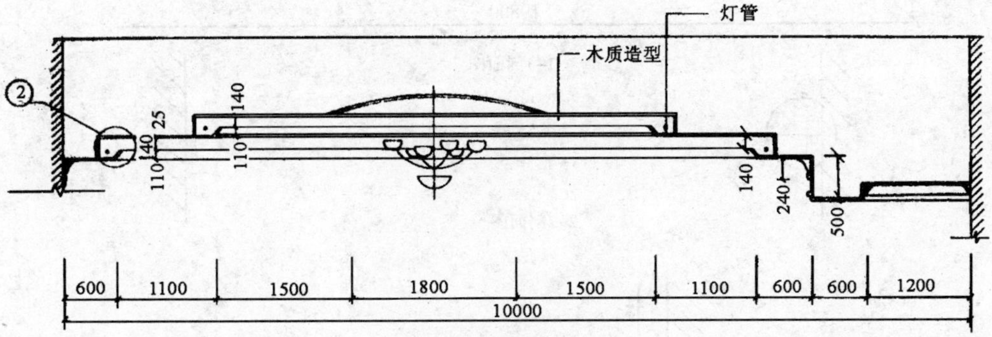

(a) 艺术造型天棚剖面

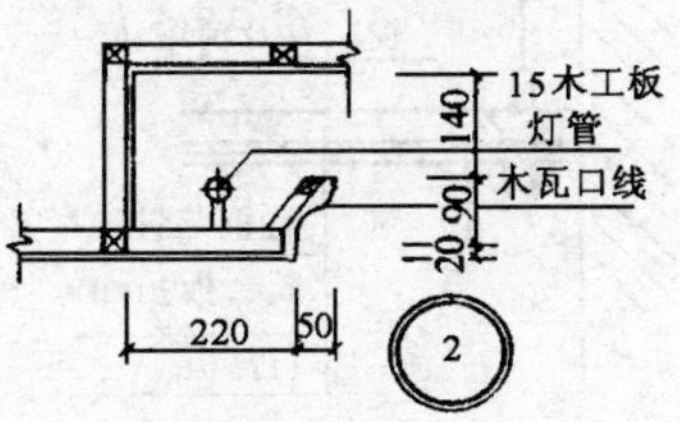

(b) 艺术造型天棚灯光槽

图3-19 艺术造型天棚示意图

【例24】 如图3-20所示某集团会议中心吊顶平面布置图，计算吊顶所需工程量。

【解】 (1)吊顶做法为锯齿形，龙骨所需工程量如下：

$$19.8\times11.8m^2=233.64m^2$$

(2)天棚胶合板基层，工程量如下：

$[(1.98\times2+\sqrt{2^2+0.2^2}\times8)\times(11.8-0.2\times2)+0.2\times2\times19.8]m^2$

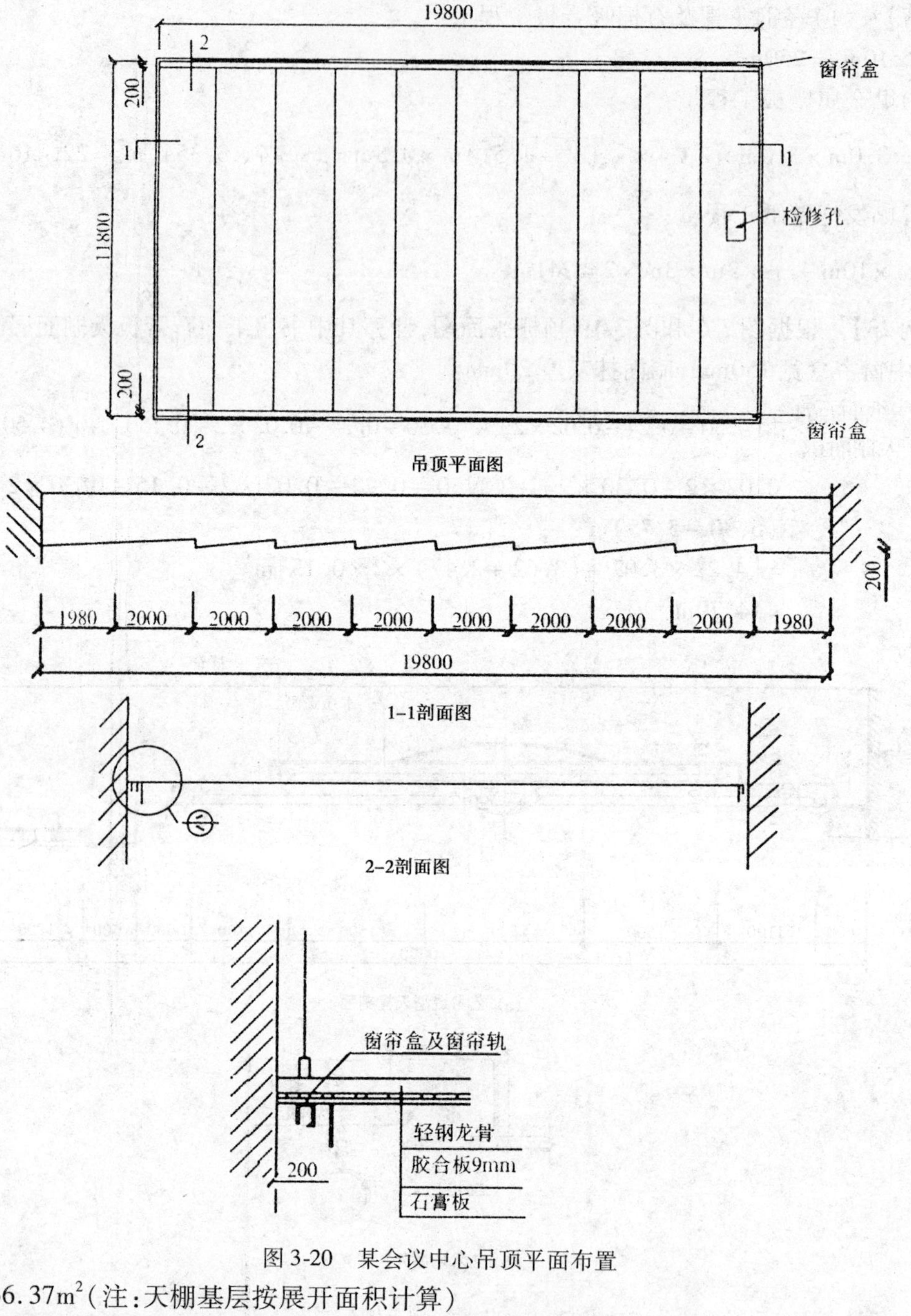

图 3-20 某会议中心吊顶平面布置

$=236.37m^2$（注：天棚基层按展开面积计算）

（3）天棚石膏板面层工程量如下：

$$[1.98\times2+(\sqrt{2^2+0.2^2}\times8)\times(11.8-0.2\times2)]m^2=228.45m^2$$

注：天棚装饰面层应扣除与天棚相连的窗帘盒所占的面积。

【例 25】 如图 3-21 所示某单位员工休息室吊顶平面布置图，计算吊顶所需工程量。

【解】 （1）轻钢龙骨工程量如下：

$$23\times30m^2=690m^2$$

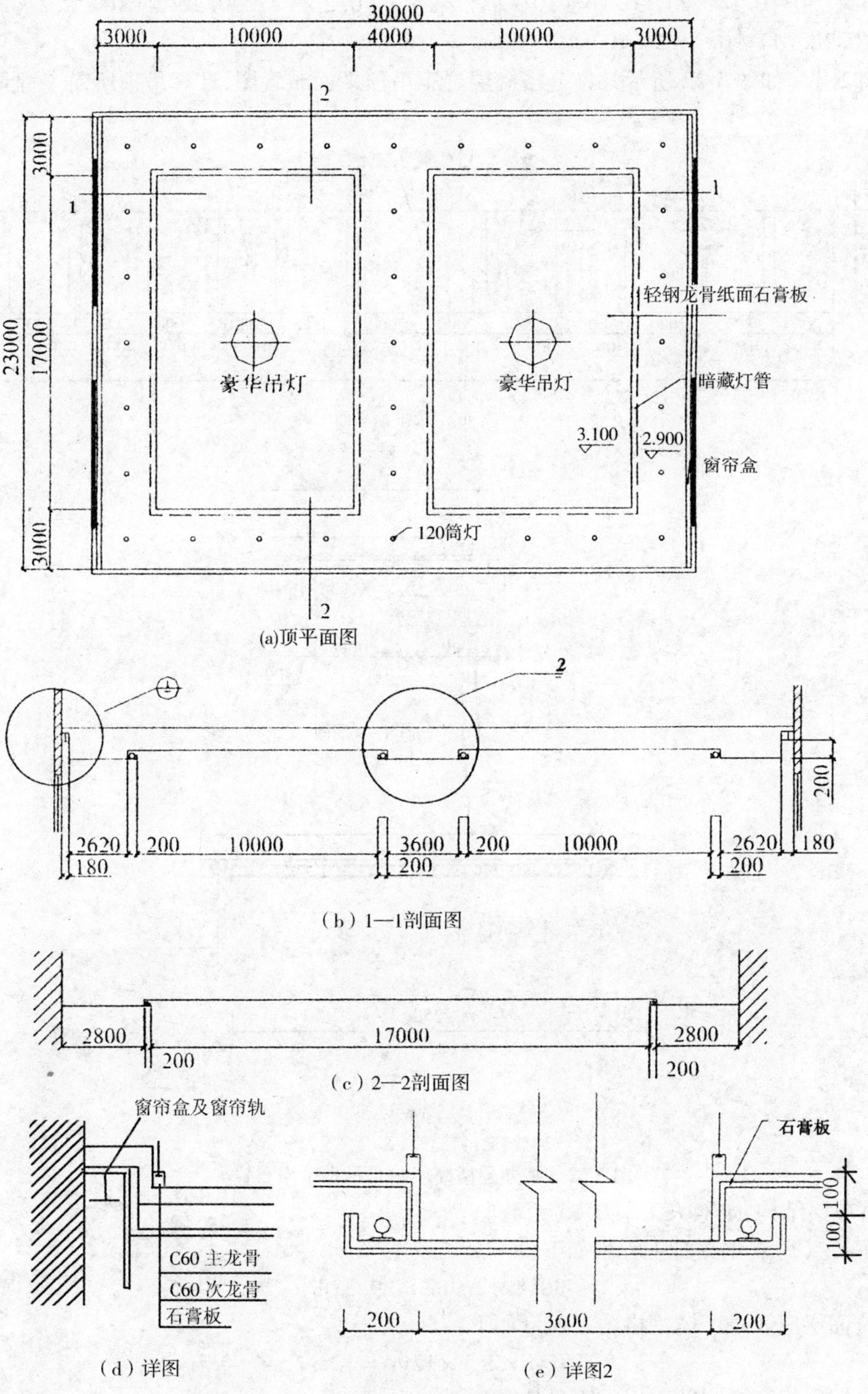

图 3-21　某休息室吊顶平面布置

(2)纸面石膏板面层工程量如下：

$[23\times(30-0.18\times2)+0.1\times(10+17)\times2\times2+0.2\times(17+0.2\times2+10+0.2\times2)\times2\times2+0.2\times(17+0.2\times2+10)\times2\times2]m^2=736.68m^2$

【例 26】 如图 3-22 所示某办公楼楼层走廊吊顶平面布置图,计算吊顶所需工程量。

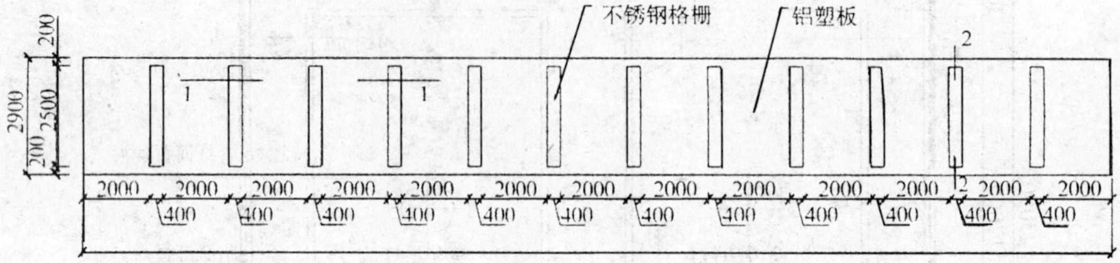

(a)走廊吊顶平面图

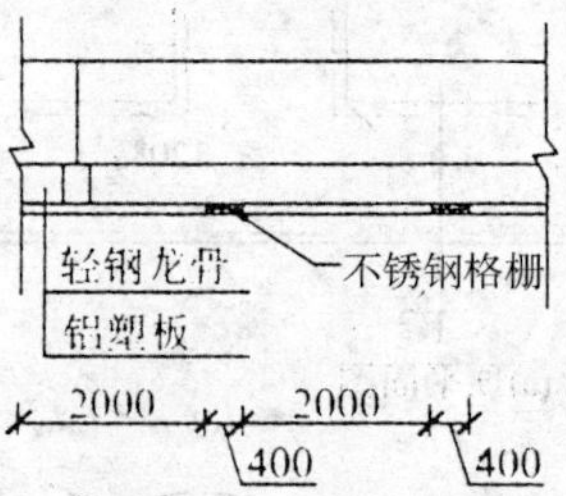

(b) 1—1剖面

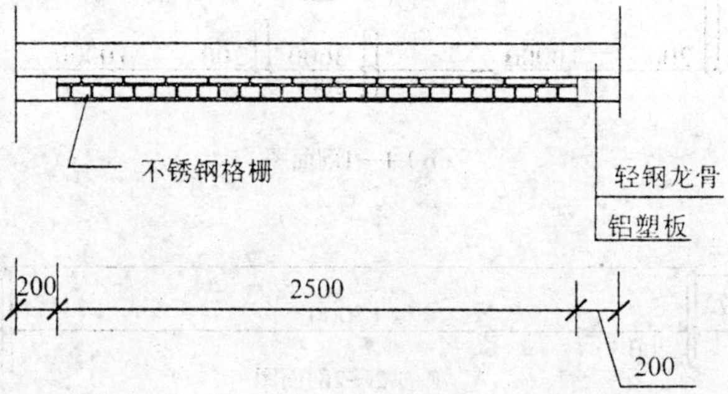

(c) 2—2剖面

图 3-22 某办公楼楼层走廊吊顶平面布置

注:单层结构,定额人工乘 0.85 系数。

【解】 (1)轻钢龙骨工程量如下:

$$30.8\times2.9m^2=89.32m^2$$

(2)面层嵌入式不锈钢格栅工程量如下:

$$0.4\times2.5\times12m^2=12m^2$$

(3)面层铝合金穿孔面板工程量如下:

$$(30.8\times2.9-0.4\times2.5\times12)m^2=77.32m^2$$

【例 27】 如图 3-23 所示为一间豪华接待室的吊顶平面布置图,计算吊顶装修工程需要量。

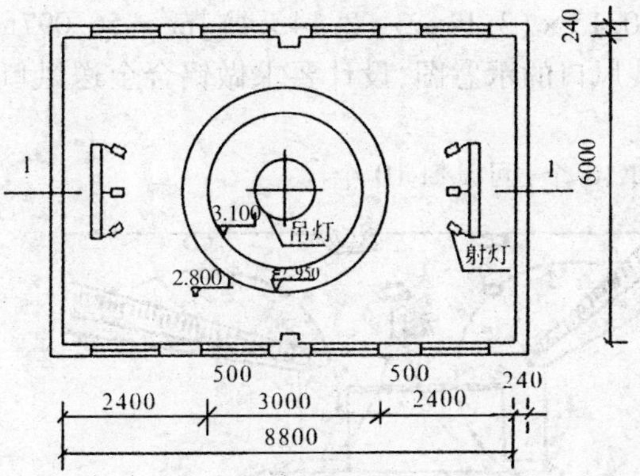

（a）吊顶平面图

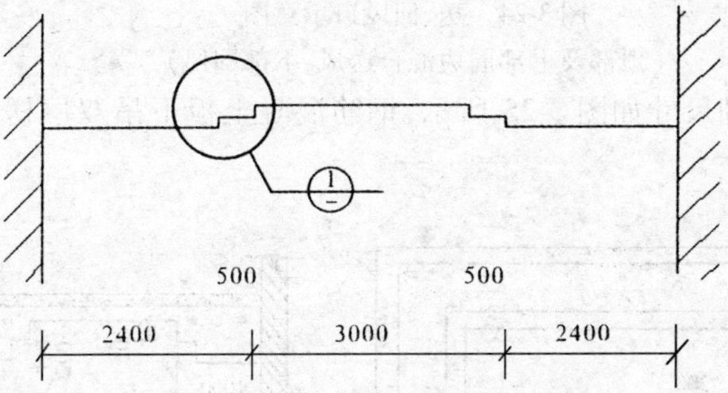

（b）1—1剖面图

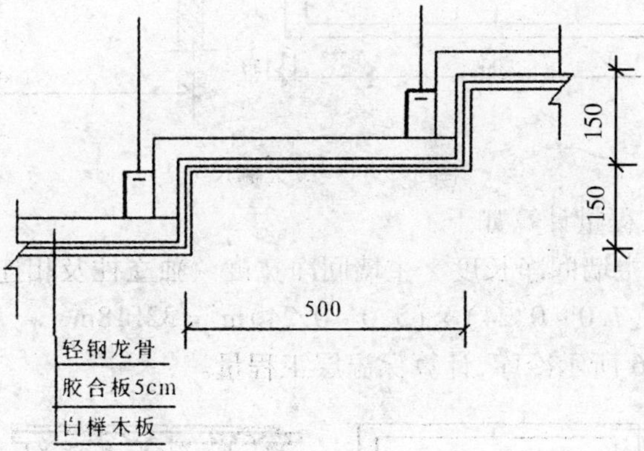

（c）详图1

图 3-23　某接待室吊顶平面布置

【解】 (1)轻钢龙骨吊顶工程量如下：

$$8.8\times 6\text{m}^2=52.8\text{m}^2$$

(2)天棚基层胶合板 5mm，工程量如下：

$$[52.8+0.15\times(3.14\times 3+3.14\times 4)]\text{m}^2=56.097\text{m}^2$$

(3)天棚面层自榉木板工程量：

$$[52.8+0.15\times(3.14\times3+3.14\times4)]\text{m}^2=56.097\text{m}^2$$

【例28】 图3-24为安装风口的示意图，设计要求做铝合金送风口和回风口各10个，试计算工程量并确定定额子目。

【解】 工程量为：送风口10个，回风口10个。

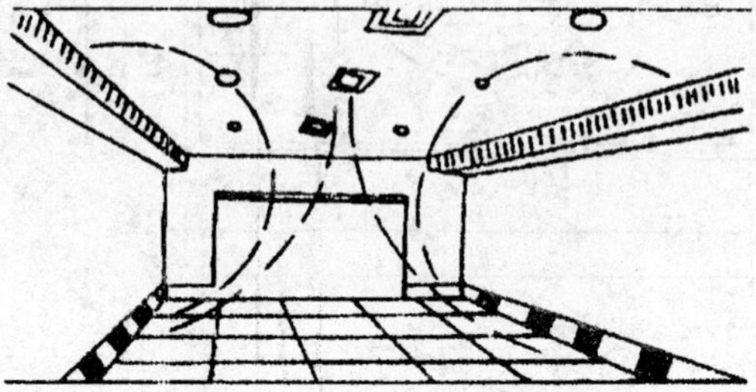

图3-24　送、回风口示意图

（顶部及上部周边混合送风，下部回风）

【例29】 某三级天棚尺寸如图3-25所示，钢筋混凝土板下吊双层楞木，面层为塑料板，计算天棚工程量。

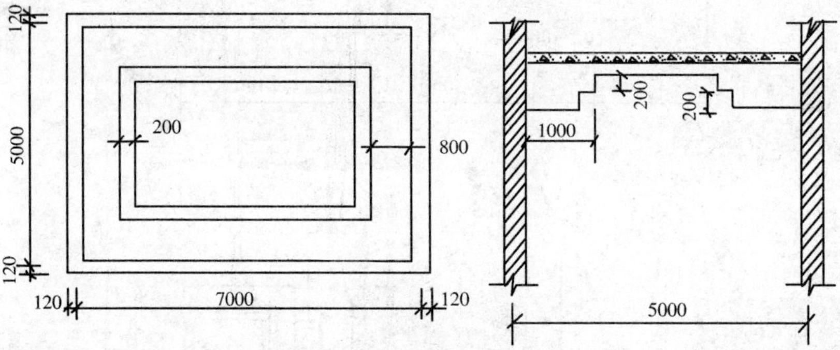

图3-25　三级天棚尺寸

【解】 天棚吊顶工程量计算如下：

天棚吊顶工程量 = 主墙间净长度 × 主墙间净宽度 − 独立柱及相连窗帘盒等所占面积

$$=(7.0-0.24)\times(5.0-0.24)\text{m}^2=32.18\text{m}^2$$

【例30】 如图3-26所示冷库，计算保温层工程量。

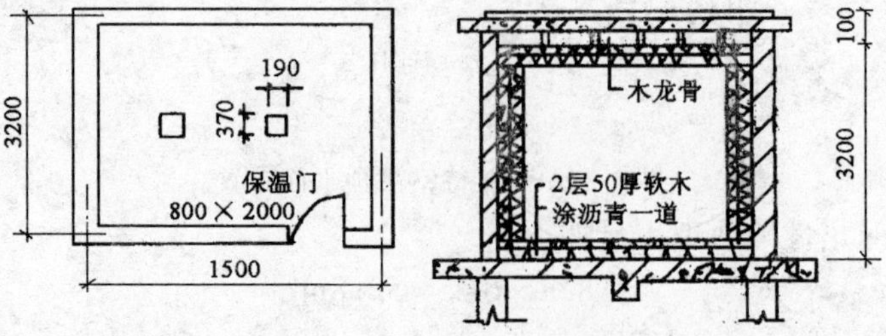

图3-26　保温层示意图

【解】 (1)地面软木保温工程量：

$[(4.5-0.24)\times(3.2-0.24)+0.8\times0.24]\times0.1m^3=1.28m^3$

(2)混凝土顶棚下铺贴软木保温隔热层(带木龙骨)工程量为：

$(4.5-0.24)\times(3.2-0.24)\times0.1m^3=1.26m^3$

(3)附墙铺贴软木保温隔热软木工程量：

$\{[(4.5-0.24+3.2-0.24)\times2-0.10\times4]\times(3.2-0.1\times2)-0.8\times2\}\times0.10m^3$

$=(14.04\times3-1.6)\times0.10m^3$

$=4.05m^3$

【例31】 如图3-27所示为某客厅不上人型轻钢龙骨石膏板吊顶，龙骨间距为400mm×400mm，计算工程量。

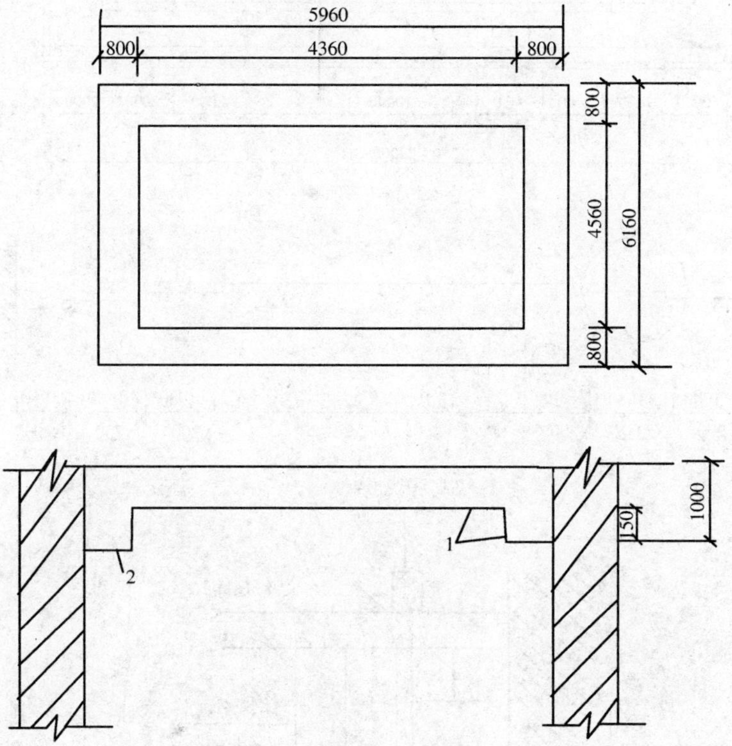

图3-27 天棚构造简图

1—金属墙纸；2—织锦缎贴面

【解】 (1)天棚龙骨工程量

$$6.16\times5.96m^2=36.71m^2$$

(2)天棚面层工程量

$[5.96\times6.16+(4.36+4.56)\times2\times0.15]m^2=39.39m^2$

【例32】 如图3-28所示一间礼堂吊顶，做法为轻钢龙骨纸面石膏板，计算礼堂吊顶工程量。

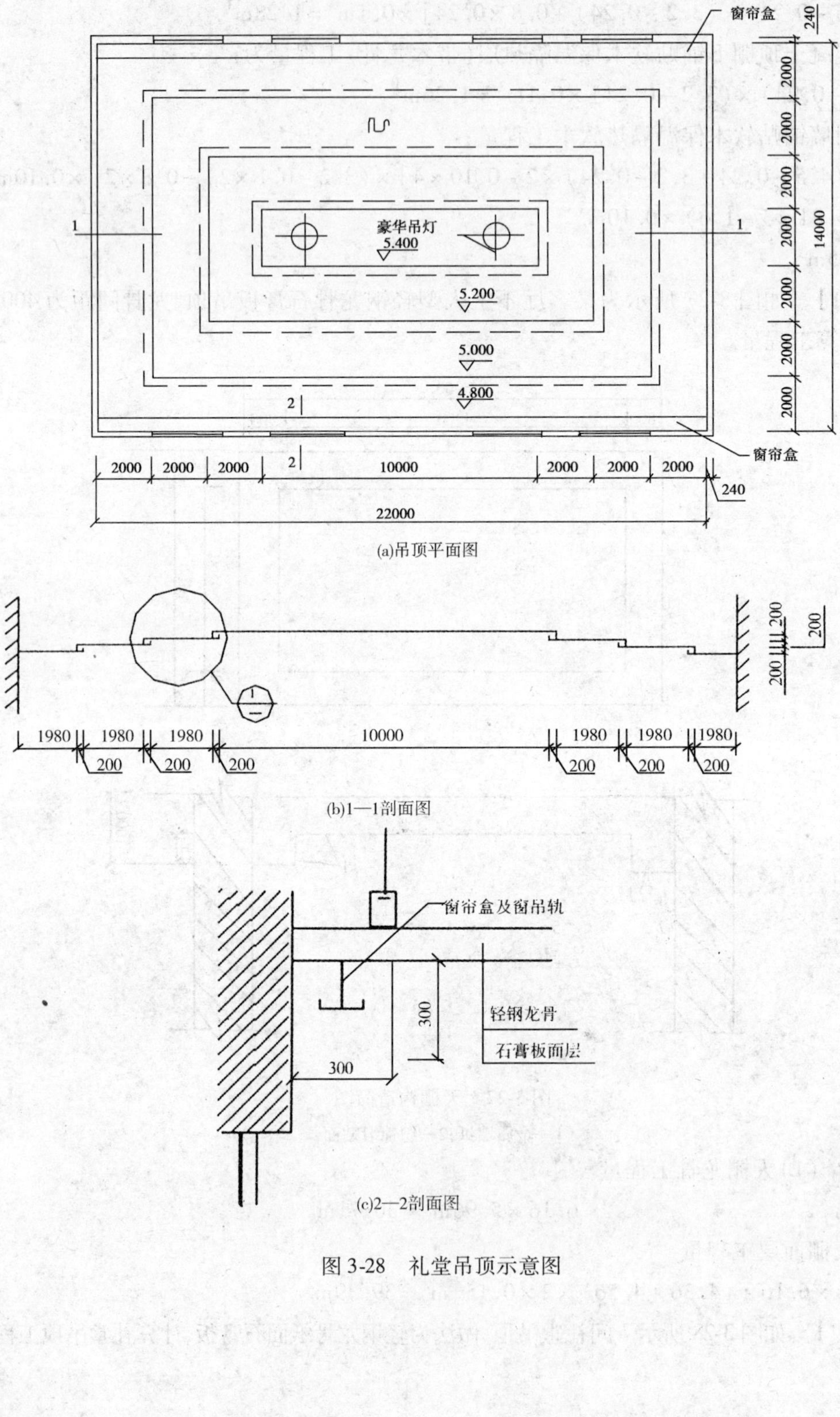

(a)吊顶平面图

(b)1—1剖面图

(c)2—2剖面图

图 3-28　礼堂吊顶示意图

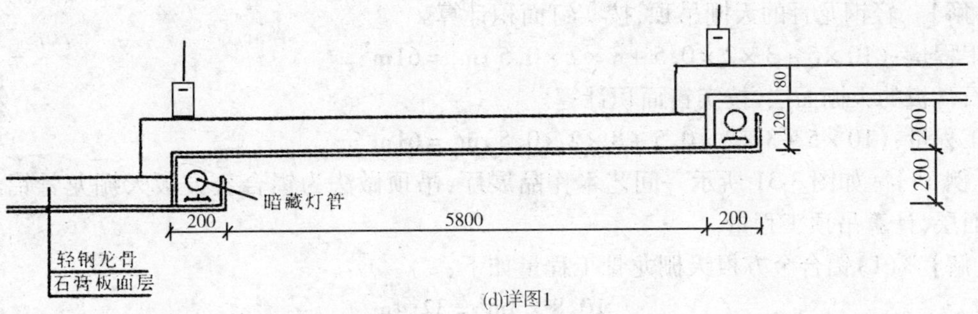

(d)详图1

图 3-28　礼堂吊顶示意图

【解】　(1)轻钢龙骨工程量如下：

$$22 \times 14\text{m}^2 = 308\text{m}^2$$

(2)石膏板面层工程量如下：

$[308 + 0.12 \times (10 + 2 + 14 + 6 + 18 + 10) \times 2 + 0.2 \times (10.4 + 2.4 + 14.4 + 6.4 + 18.4 + 10.4) \times 2 + 0.2 \times (10.4 + 2 + 14.4 + 6 + 18.4 + 10) \times 2 - 0.3 \times 22 \times 2]\text{m}^2 = 358.64\text{m}^2$

【例 33】　如图 3-29 所示某建筑物室内一墙面，试计算大理石墙裙和木龙骨、木工板基层、榉木板面层的工程量。

【解】　大理石工程量：$(5.8 - 0.9) \times 0.8\text{m}^2 = 3.92\text{m}^2$

榉木板面层的工程量：$[5.8 \times 1.85 - (2 - 0.15 - 0.8) \times 0.9]\text{m}^2 = 9.79\text{m}^2$

木龙骨、木工板基层工程量同榉木板面层工程量。

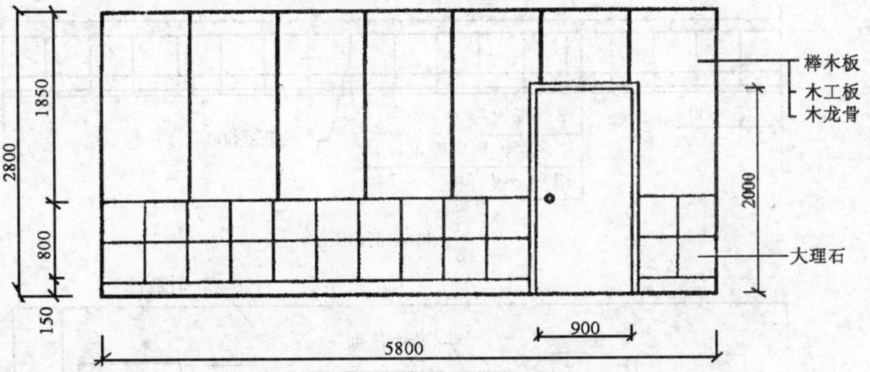

图 3-29　墙面装饰示意图

【例 34】　计算如图 3-30 所示天棚工程量。

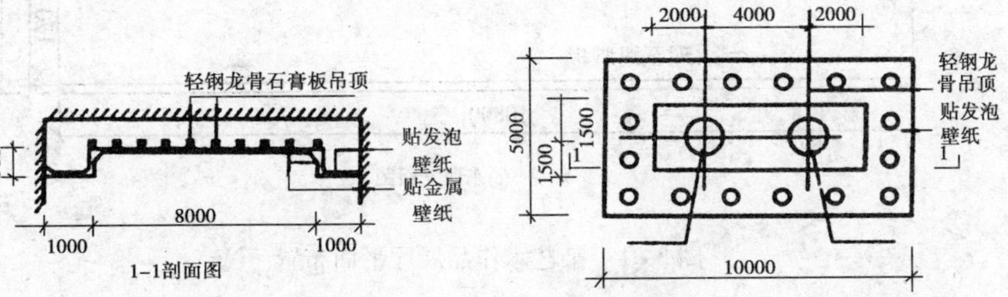

图 3-30　顶棚吊顶和贴壁纸

【解】 轻钢龙骨的天棚吊顶,按实钉面积计算。

工程量:$(10\times5+3\times2\times0.5+8\times2\times0.5)\text{m}^2=61\text{m}^2$

石膏板的天棚面层,按实钉面积计算。

工程量:$(10\times5+3\times2\times0.5+8\times2\times0.5)\text{m}^2=61\text{m}^2$

【例35】 如图3-31所示一间艺术作品展厅,吊顶做法为铝合金方板天棚龙骨铝合金吸音板面层,计算吊顶工程量。

【解】 (1)铝合金方板天棚龙骨工程量如下:

$$10.8\times3\text{m}^2=32.4\text{m}^2$$

(2)铝合金吸音板面层工程量如下:

$$10.8\times3\text{m}^2=32.4\text{m}^2$$

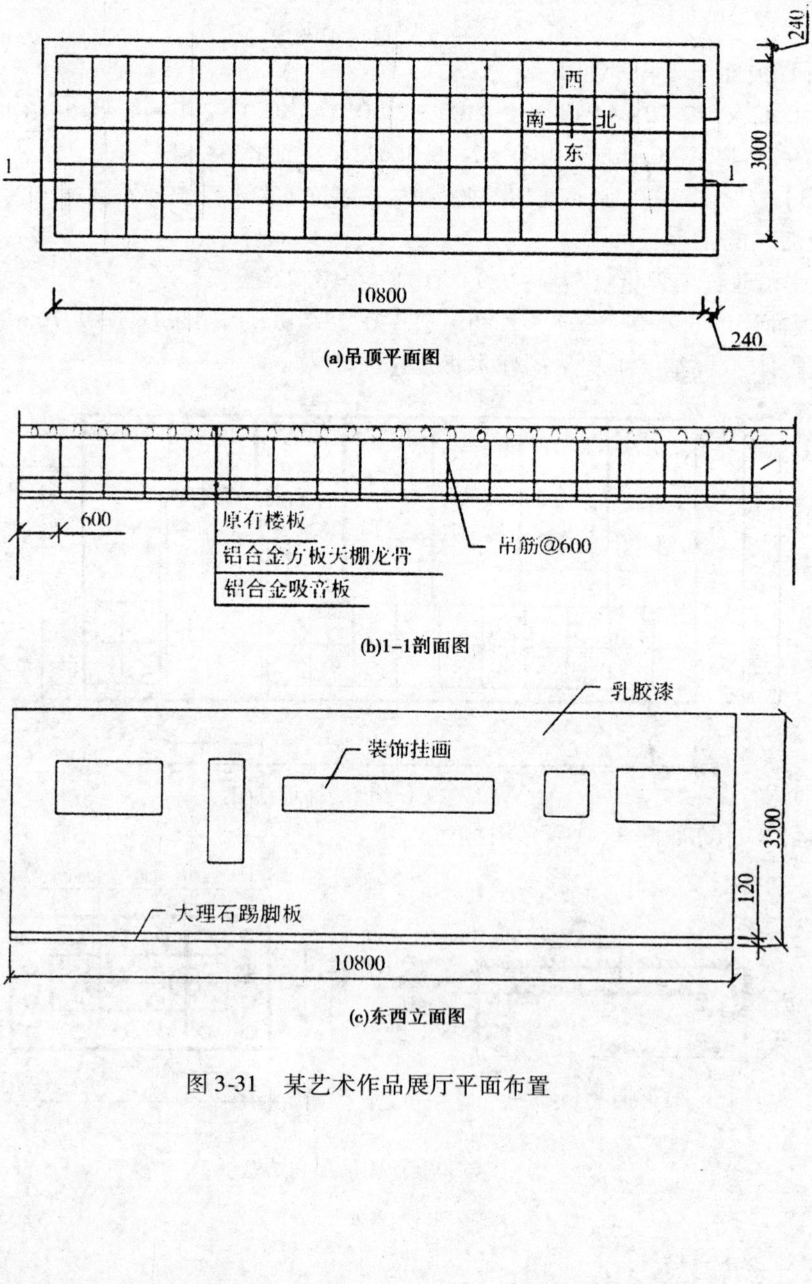

图3-31 某艺术作品展厅平面布置

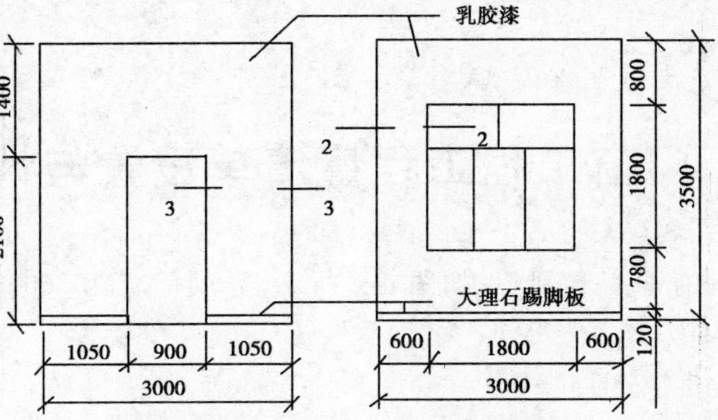

(d)北立面图　(e)南立面图

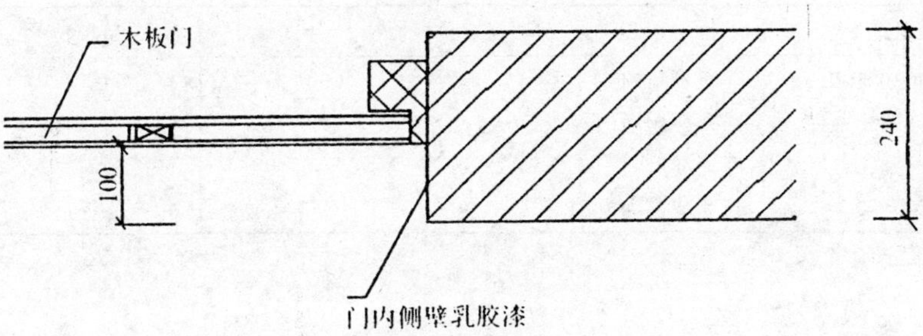

(f)3-3剖面图

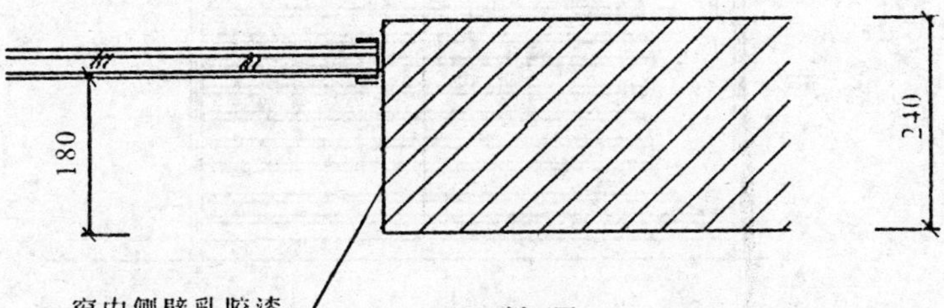

(g)2-2 剖面图

续图 3-31　某艺术作品展厅平面布置

第四章　门窗工程工程量清单设置与计价举例

【例1】　某工程有两樘卷闸门,如图4-1所示,卷闸门宽为3500mm,安装于洞口高2900mm的车库门口,提升装置为电动。

【解】　1. 经业主根据施工图计算:

铝合金卷闸门为两樘

表4-1　分部分项工程量清单

工程名称:某工程

序号	项目编码	项目名称	计量单位	工程数量
1	020403001001	金属卷闸门 铝合金卷闸门 框外围尺寸为3.5m×2.9m 起动装置为电动	樘	2

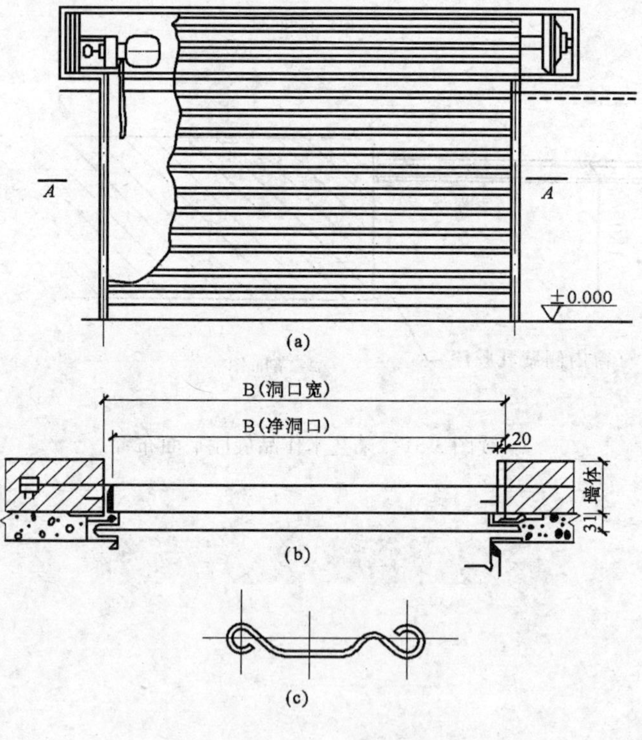

图4-1　铝合金卷帘门简图

2. 投标人根据施工图及施工方案计算：

(1)铝合金卷闸门，工程量为：$2.9\times3.5m^2\times2=10.15m^2\times2=20.3m^2$

1)人工费：　　26.53 元/$m^2\times20.3m^2=538.56$ 元

2)材料费：　　236.91 元/$m^2\times20.3m^2=4809.27$ 元

3)机械费：　　10.9 元/$m^2\times20.3m^2=221.27$ 元

(2)电动装置，二套。

1)人工费：　　69.51 元/套×2 套=139.02 元

2)材料费：　　3216.92 元/套×2 套=6433.84 元

3)机械费：　　100.47 元/套×2 套=200.94 元

(3)综合：

1)直接费合计：12342.9 元

2)管理费：12342.9 元×34%＝4196.59 元

3)利润：12342.9 元×8%＝987.43 元

4)总计：(12342.9＋4196.59＋987.43)元＝17526.92 元

5)综合单价：17526.92 元÷2 樘＝8763.46 元/樘

表 4-2　分部分项工程量清单计价表

工程名称：某工程

序号	项目编码	项目名称	计量单位	工程数量	金额/元	
					综合单价	合价
1	020403001001	金属卷闸门 铝合金卷闸门 框外围尺寸为 3.5m×2.9m 启动装置为电动	樘	2	8763.46	17526.92

表 4-3　分部分项工程量清单综合单价计算表

工程名称：某工程　　　　计量单位：樘

项目编码：020403001001　　　　工程数量：2

项目名称：金属卷闸门　　　　综合单价：8763.46

序号	定额编号	工程内容	单位	数量	其中/元					
					人工费	材料费	机械费	管理费	利润	小计
1	6－91	铝合金卷闸门	m^2	20.3	538.56	4809.27	221.27			
	6－94	电动装置	套	2	139.02	6433.84	200.94			–
		合计			677.58	11243.11	422.21	4196.59	987.43	17526.92

【例 2】　某工程有 20 个窗户，其窗帘盒为木制，如图 4-2 所示。

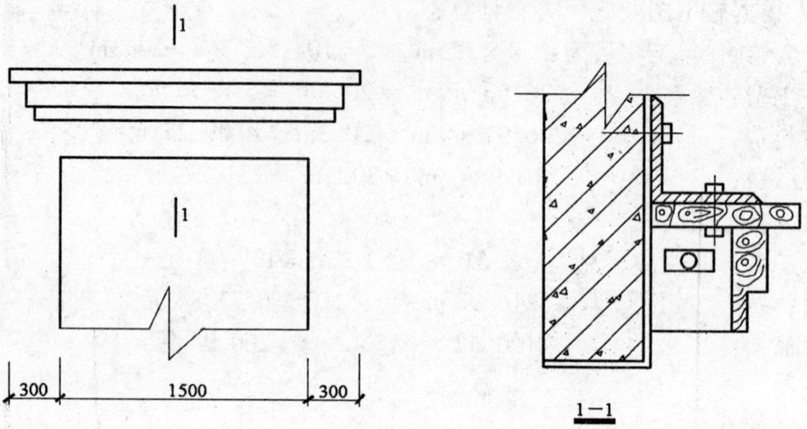

图 4-2　某工程木制窗帘盒立面图及剖面图

【解】　(1)业主根据施工图计算:

窗帘盒工程量为:$(1.5+0.3\times2)\mathrm{m}\times20=42\mathrm{m}$

表 4-4　分部分项工程量清单

工程名称:某工程

序号	项目编码	项目名称	计量单位	工程数量
1	020408001001	木窗帘盒 硬木 单轨道 明装	m	42

(2)投标人根据施工图及施工方案计算:

①明装硬木单轨窗帘盒

a)人工费:11.89 元/m×42m=499.38 元

b)材料费:31.52 元/m×42m=1323.84 元

c)机械费:3.61 元/m×42m=151.62 元

②综合

a)直接费合计:1974.84 元

b)管理费:1974.84 元×34%=671.45 元

c)利润:1974.84 元×8%=157.99 元

d)总计:(1974.84+671.45+157.99)元=2804.28 元

e)综合单价:2804.28 元÷42m=66.77 元/m

表 4-5　分部分项工程量清单计价表

序号	项目编码	项目名称	计量单位	工程数量	金额/元	
					综合单价	合价
1	020408001001	木窗帘盒 硬木 单轨道 明装	m	42	66.77	2804.28

表 4-6　分部分项工程量清单综合单价计算表

工程名称:某工程　　　　计量单位:m

项目编码:020408001001　　　　工程数量:42

项目名称:木窗帘盒　　　　综合单价:66.77

序号	定额编号	工程内容	单位	数量	其中/元					
					人工费	材料费	机械费	管理费	利润	小计
	6-133	明装硬木单轨窗帘盒	m	42	499.38	1323.84	151.62			
		合计			499.38	1323.84	151.62	671.45	157.99	2804.28

【例 3】　如图 4-3 所示,求带纱扇带亮子镶板门工程量并套定额。

【解】　工程量 $=0.9\times2.7\text{m}^3=2.43\text{m}^3$

门框制作套用定额 7—1;安装套用 7—2;门扇制作套用定额 7—3;安装套用 7—4。

【例 4】　镶板门如图 4-4 所示,带纱扇,无亮子,30 樘,求其工程直接费。

【解】　工程量 $=2.1\times0.9\times30\text{m}^2=56.7\text{m}^2$

套用 93 定额 07050 子目,镶板门单扇无亮带纱制作安装,每 10m^2 定额基价为(1324.83 + 77.08)元 = 1401.91 元

工程直接费:5.67 × 1401.91 元 = 7948.83 元

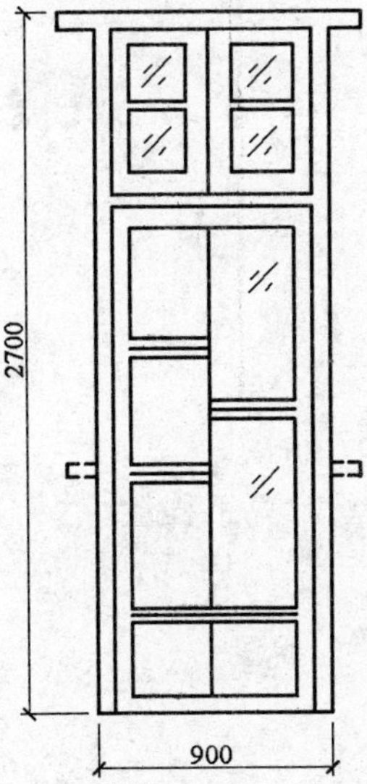

图 4-3　带纱窗带亮子镶板门

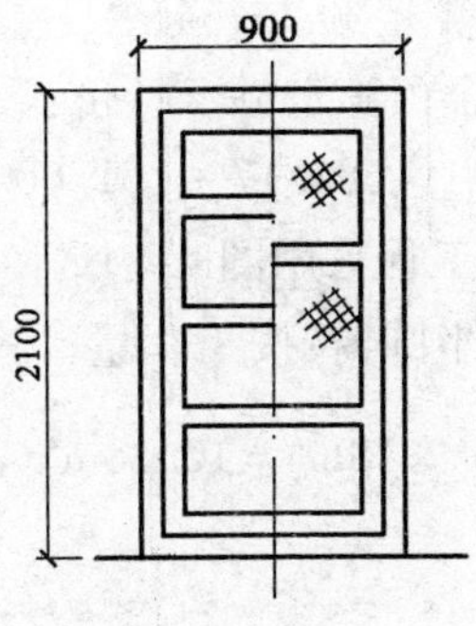

图 4-4　镶板门

【例 5】　如图 4-5 所示,求单扇无纱带亮子镶板门工程量。

【解】　工程量 $=2.7\times0.9\text{m}^2=2.43\text{m}^2$

【例 6】　如图 4-6 所示,求单扇无纱无亮子镶板门工程量。

【解】　工程量 $=2.7\times1.6\text{m}^2=4.32\text{m}^2$

【例 7】　如图 4-7 所示的单层木窗,中间部分为框上装玻璃,框断面 66cm^2,共 22 樘,求综合预算定额合计价。

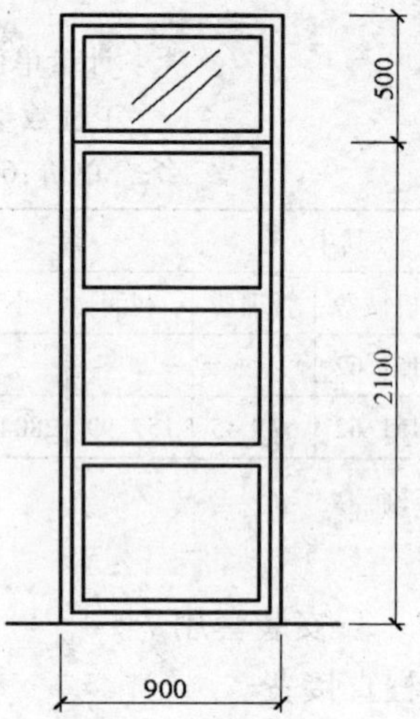

图 4-5　单扇镶板门
（尺寸为洞口尺寸）

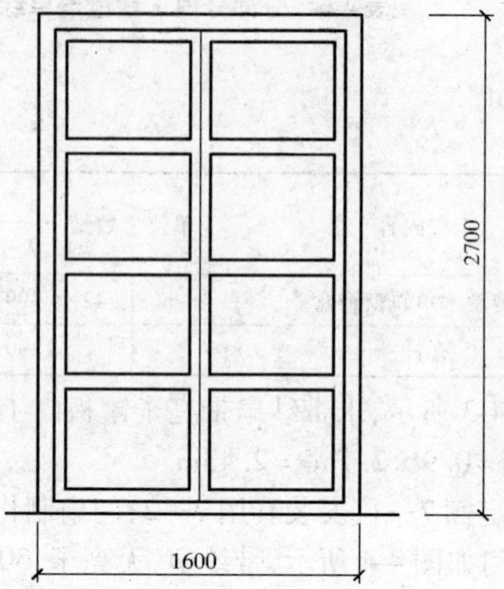

图 4-6　双扇镶板门
（尺寸为洞口尺寸）

【解】　(1)框上装玻璃:依据工程量计算规则第(3)条,安装玻璃的立梃中心为分界线计算,高度按边框外围尺寸计算,直接装玻璃部分工程量:

$0.4\times1.8\times22m^2=15.84m^2$

套用综合预算定额 7—38。

(2)单层玻璃窗:单层下玻璃窗工程:

$0.4\times1.8\times2\times22m^2=31.68m^2$

套用综合预算定额 7—34。

(3)所求综合预算定额合计价:

$[(15.84/10)\times686.17+(31.68/10)\times1262.21]$元 $=5085.57$ 元

【例 8】　某工程采用图 4-8 所示木窗,框断面 $54cm^2$,共 18 樘,计算工程量。

【解】　(1)半圆窗:按工程量计算规则得半圆窗工程量:

$\frac{1}{2}\times\pi\times0.6^2\times18m^2=10.18m^2$

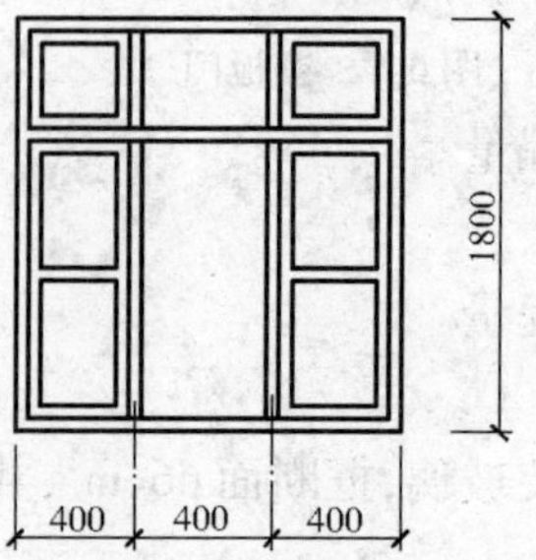

图 4-7

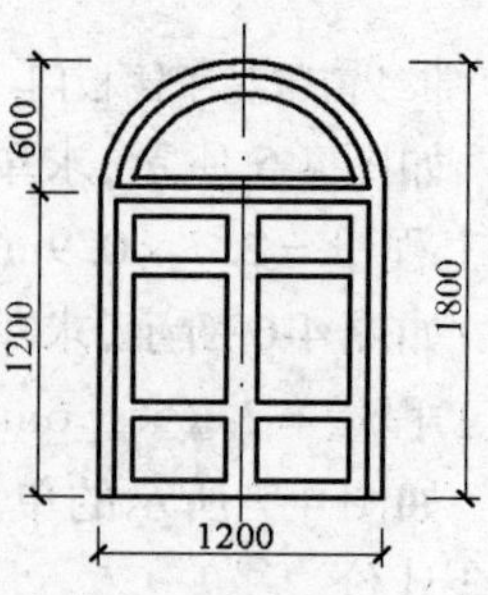

图 4-8

(2)单层木窗工程量为:$1.2\times1.2\times18m^2=25.92m^2$

$(10.18+25.92)\mathrm{m}^2=36.1\mathrm{m}^2$

【例 9】 如图 4-9 所示，求单扇全百页门工程量。

【解】 工程量 $=2.1\times0.9\mathrm{m}^2=1.89\mathrm{m}^2$

【例 10】 如图 4-10 所示，求单扇带亮子带纱胶合板门工程量。

【解】 工程量 $=2.5\times0.9\mathrm{m}^2=2.25\mathrm{m}^2$

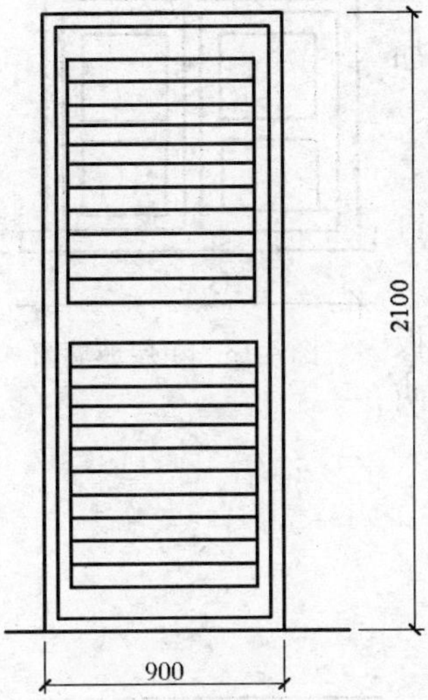

图 4-9 单扇全百页门
（尺寸为洞口尺寸）

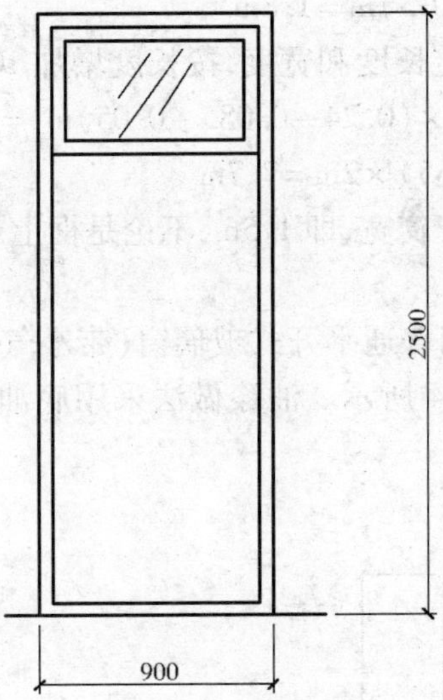

4-10 单扇带亮子带纱胶合板门
（尺寸为洞口尺寸）

【例 11】 求图 4-11 窗连门工程量。

【解】 门工程量 $=2.5\times0.8\mathrm{m}^2=2\mathrm{m}^2$

窗工程量 $=1.6\times0.5\mathrm{m}^2=0.8\mathrm{m}^2$

门窗合计：$(2+0.8)\mathrm{m}^2=2.8\mathrm{m}^2$

【例 12】 如图 4-12 所示，求其工程量。

【解】 工程量 $=2.7\times1.50\mathrm{m}^2=4.05\mathrm{m}^2$

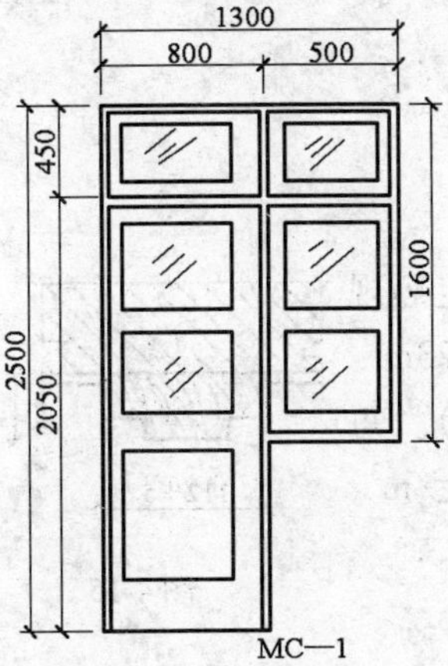

图 4-11 窗连门示意图

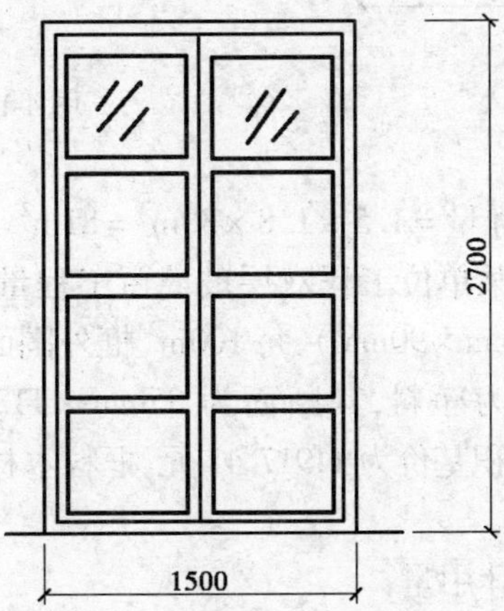

图 4-12 双扇无纱带亮子胶合板门

【例 13】 一单层玻璃窗如图 4-13 所示，框料为 50mm × 85mm，墙厚为 240mm。该窗上有窗帘盒，下有木窗台板，钉单面贴脸，中腰枋带有披水条，试求有关工程量。

图 4-13　单层玻璃窗

【解】 (1)窗按三扇无亮窗计算：$1.5 \times 2.35\text{m}^2 = 3.53\text{m}^2$

(2)窗帘盒：$(1.5 + 0.3)\text{m} = 1.8\text{m}$

(3)窗台板因未规定长度和宽度，按长度增加 100mm，宽度增加 50mm 计算：$(1.5 + 0.1) \times (0.24 - 0.085 + 0.05)\text{m}^2 = 0.33\text{m}^2$

(4)贴脸：$(1.5 + 2.35) \times 2\text{m} = 7.7\text{m}$

(5)披水条长度等于窗宽，即 1.5m，不论是框上带有的还是另钉上去的，工程量均相同。

【例 14】 某工程用普通平开式玻璃窗（带小气窗，5mm 厚平板玻璃）共 30 樘，如图 4-14 所示。油漆做法采用底油一遍，调和漆两遍，求其工程量。

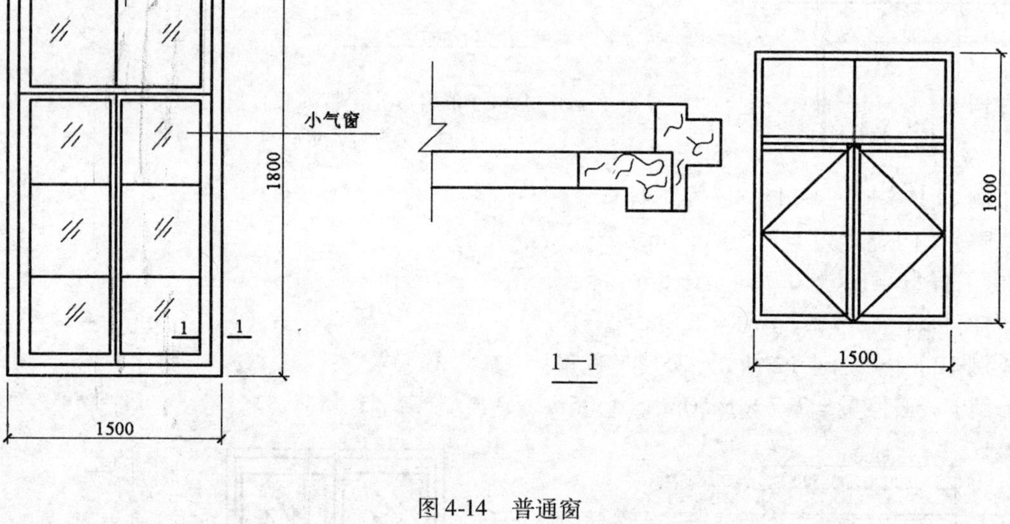

图 4-14　普通窗

【解】 工程量 $= 1.5 \times 1.8 \times 30\text{m}^2 = 81\text{m}^2$

【例 15】 某单位工程双层玻璃窗工程量为 100m^2，框料断面定额规定为 72cm^2（80mm × 90mm），每 100m^2 框外围面积框料木材用量 2.823m^3。设计要求框料为净料，其断面为 55mm × 112mm（如图 4-15 所示）。每 100m^2 框外围面积基价为 11917.41 元，框料木材预算价格为 962.63 元/m^3，求定额直接费。

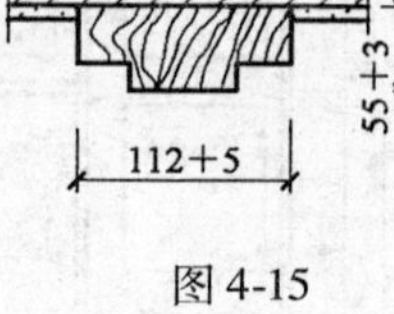

图 4-15

【解】 设计用量：

$$\text{设计用量} = \frac{\text{设计截面积}}{\text{定额截面积}} \times \text{定额材积}$$

$$= \frac{(55+3)\times(112+5)}{80\times 90}\times 2.823\text{m}^3$$

$$= 2.661\text{m}^3$$

定额用量与设计用量之差：

$(2.823-2.661)\text{m}^3 = 0.162\text{m}^3$

定额基价换算：

$(11917.41 - 962.63\times 0.162)$ 元

$= 11761.46$ 元

定额直接费：

11761.46×10 元 $= 117614.60$ 元

【例 16】 如图 4-16 所示，求带亮子全玻璃自由门工程量。

【解】 工程量 $= 3.0\text{m}\times 3.0\text{m}$

$= 9.0\text{m}^2$

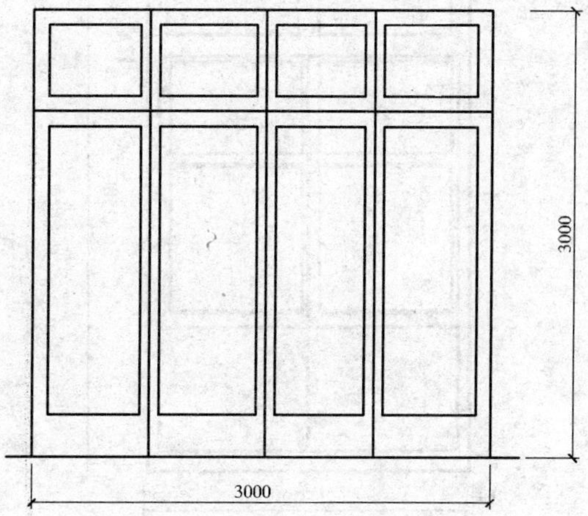

图 4-16 带亮子全玻璃自由门

【例 17】 如图 4-17 所示，求其工程量。

【解】 工程量 $= 2.0\times 0.9\text{m}^2 = 1.8\text{m}^2$

【例 18】 如图 4-18 所示，求其工程量。

【解】 工程量 $= 2.7\times 1.5\text{m}^2 = 4.05\text{m}^2$

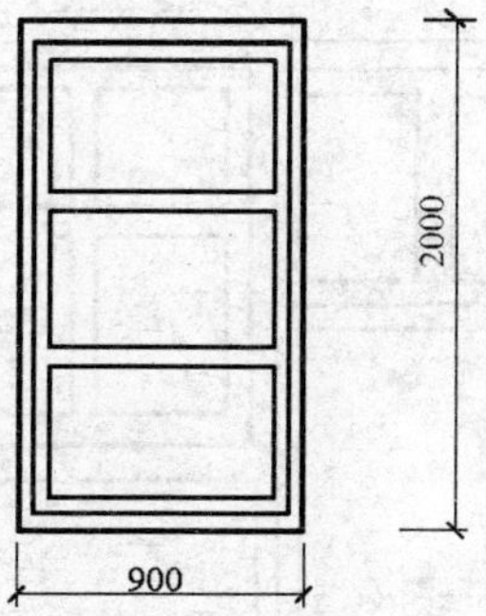

图 4-17 单扇无纱无亮子镀板门

（图示尺寸为洞口尺寸）

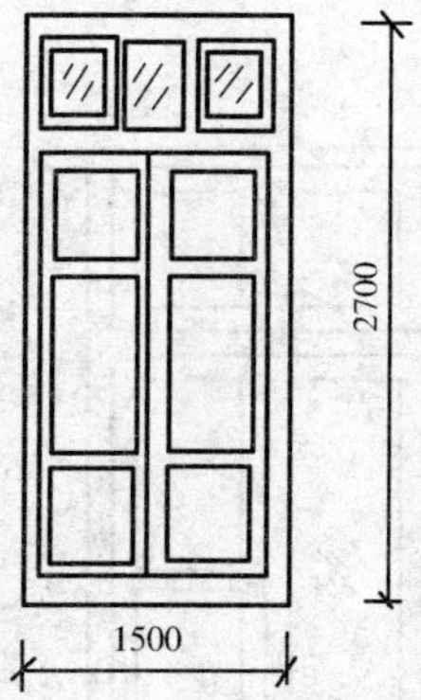

图 4-18 双扇无纱带亮子镶板门

（图示尺寸为洞口尺寸）

【例 19】 如图 4-19 所示，求其工程量。

【解】 工程量 $= 2.5\times 1.5\text{m}^2 = 3.75\text{m}^2$

【例 20】 如图 4-20 所示，求其工程量。

【解】 工程量 $= 3.3\times 3.3\text{m}^2 = 10.89\text{m}^2$

【例 21】 如图 4-21 所示，求带纱扇带亮子全玻璃门工程量。

【解】 工程量 $= 1.2\times 2.7\text{m}^2 = 3.24\text{m}^2$

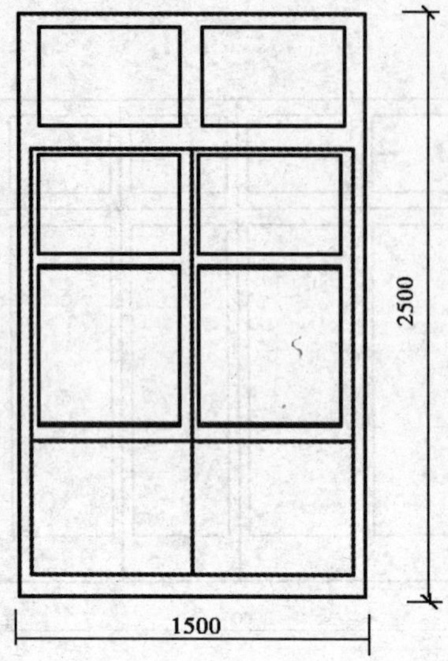

图 4-19　双扇带亮子无纱半玻璃门

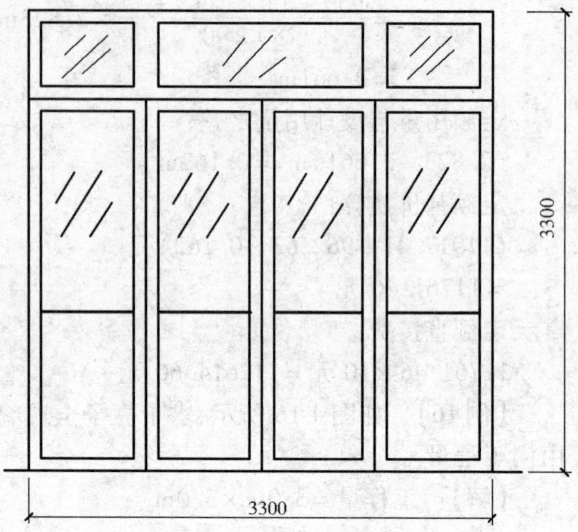

图 4-20　带亮子半玻璃自由门

【例 22】　如图 4-22 所示，求带亮子带纱门连窗工程量。

【解】　工程量 $=[0.9\times(0.9+1.8)+2.1\times1.8]\mathrm{m}^2=6.21\mathrm{m}^2$

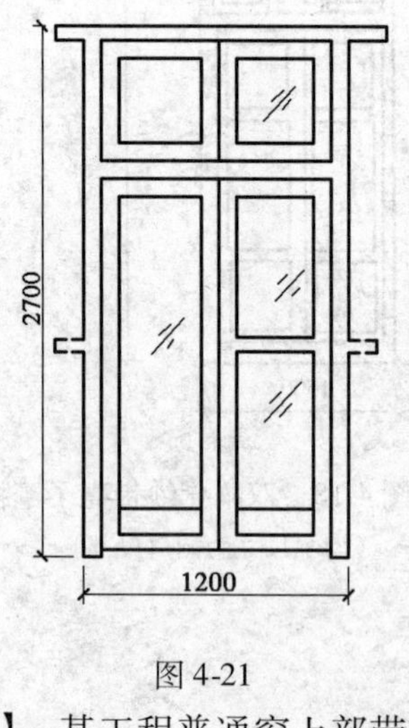

图 4-21

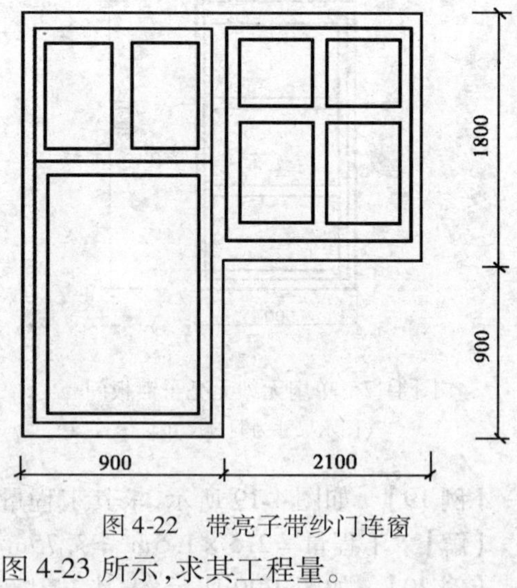

图 4-22　带亮子带纱门连窗

【例 23】　某工程普通窗上部带有半圆形窗，如图 4-23 所示，求其工程量。

【解】　(1) 半圆形窗工程量 $=\dfrac{\pi}{8}D^2=0.3927\times1.20^2\mathrm{m}^2=0.57\mathrm{m}^2$

(2) 普通窗工程量 $=1.20\times1.50\mathrm{m}^2=1.80\mathrm{m}^2$

【例 24】　单层玻璃带小气窗如图 4-24 所示，共 40 樘，求其工程量。

【解】　单层玻璃工程量 $=1.5\times3.0\times40\mathrm{m}^2=180\mathrm{m}^2$

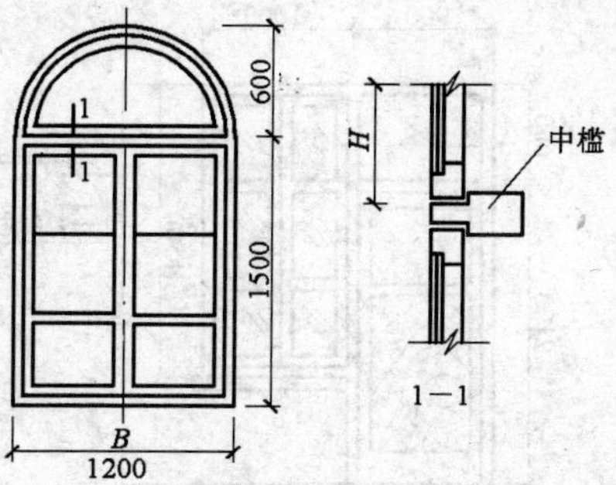

图 4-23　半圆形窗

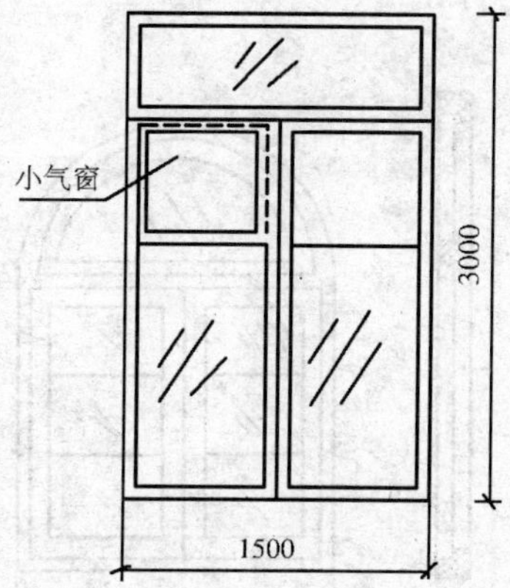

图 4-24　单层玻璃带小气窗

【例 25】　普通窗上部带半圆窗如图 4-25 所示,共 10 樘,求其工程量。

【解】　普通窗工程量 $=0.9\times1.2\times10\text{m}^2=10.8\text{m}^2$

半圆窗工程量 $=3.14\times0.45^2\div2\times10\text{m}^2=3.18\text{m}^2$

图 4-25　带半圆窗普通窗

【例 26】　如图 4-26 所示,试求带有半圆形窗工程量。

【解】　其工程量分两部分:(1)矩形窗部分;(2)半圆窗部分。工程量计算如下:

(1)矩形窗工程量 $=1.2\times1.2\text{m}^2=1.44\text{m}^2$

(2)半圆窗工程量 $=3.14\times0.6^2\times\dfrac{1}{2}\text{m}^2=0.57\text{m}^2$

【例 27】　如图 4-27 所示尺寸计算框上装玻璃部分工程量及门、窗工程量。

【解】　框上装玻璃工程量:$A_1=0.90\times0.60\text{m}^2=0.54\text{m}^2$

门的工程量:$A_2=2.10\times0.90\text{m}^2=1.89\text{m}^2$

窗的工程量:$A_3=1.50\times1.00\text{m}^2=1.50\text{m}^2$

【例 28】　如图 4-28 所示尺寸,计算组合窗工程量。

【解】　组合窗工程量:

$A = 2.40 \times 0.60 \times 3\text{m}^2 = 4.32\text{m}^2$

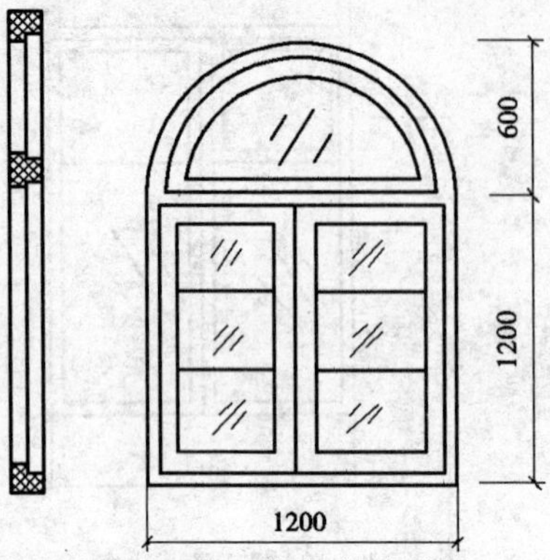

图 4-26　带有半圆形窗

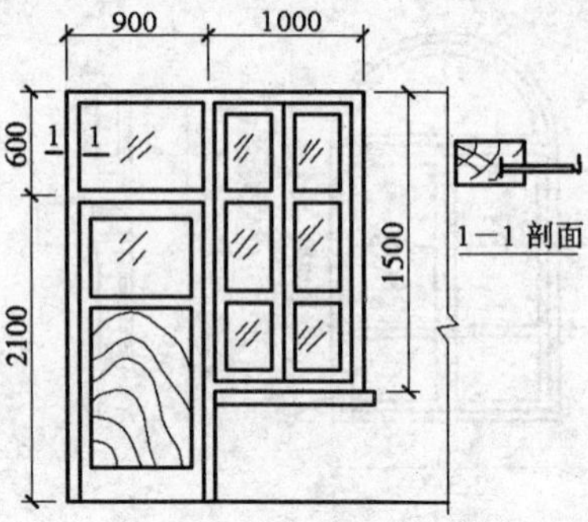

图 4-27　门连窗示意图

横挡木工程量：

$L = (2.40 + 0.2 \times 2) \times 3\text{m} = 8.40\text{m}$

【例 29】　某工程用普通平开式玻璃窗，如图 4-29 所示。共计 50 樘（带小气窗，玻璃采用 3mm 厚平板玻璃），求其工程量。

【解】　工程量 $= 1.5 \times 2.1 \times 50\text{m}^2 = 157.5\text{m}^2$

【例 30】　某工程采用进框式单层组合窗，如图 4-30 所示，共 30 个。求其定额直接费。

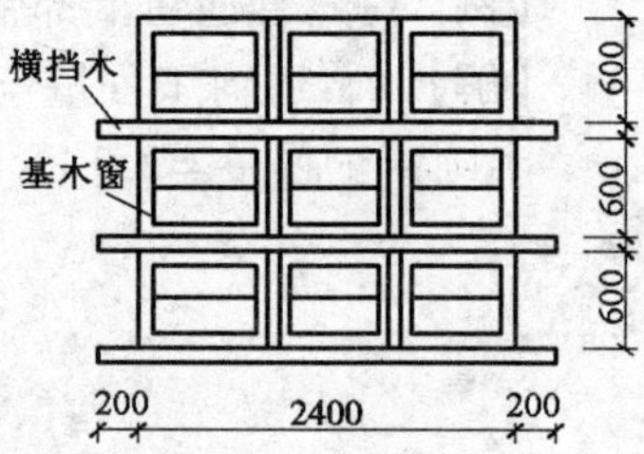

图 4-28　组合窗示意图

【解】　工程量 $= 2.7 \times 1.2 \times 30\text{m}^2 = 97.2\text{m}^2$

套定额 6—14，基价为 8298.26 元/100m^2

定额直接费 $= 97.2 \div 100 \times 8298.26$ 元 $= 8065.91$ 元

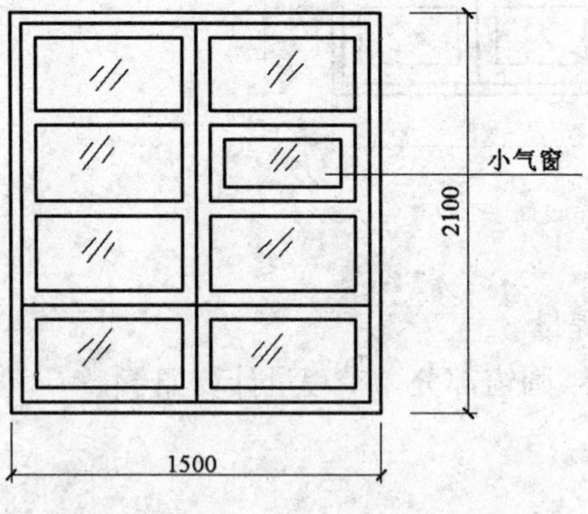

图 4-29　单层玻璃窗

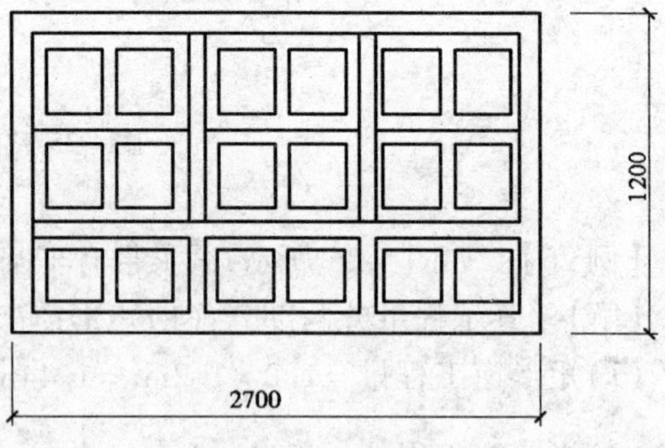

图 4-30　进框式组合图

【例 31】　某工程采用图 4-31 所示的中悬带固定天窗，求其定额直接费。

【解】　工程量 $= 3.6 \times 2.4\text{m}^2 = 8.64\text{m}^2$

套定额 7—13，基价为 8523.18 元/100m^2

定额直接费 $= 8.64 \div 100 \times 8523.18$ 元 $= 736.40$ 元

【例 32】　某家庭套房平面，如图 4-32 所示。门 M—1 为防盗门（居中立樘），门 M—2、门 M—5 的门扇为实木镶板门扇（凸凹型），门 M—3、门 M—4 的门扇为实木全玻门扇（网格式）。

M—1:900mm × 2000mm；M—2:900mm × 2000mm；M—5:750mm × 2000mm。实木门框断面 50mm × 100mm。试计算防盗门的清单工程量及安装工程消耗量，实木门 M—2、M—5 的清单工程量及制作安装工程消耗量。（参照《全国统一建筑装饰装修工程消耗量定额》）

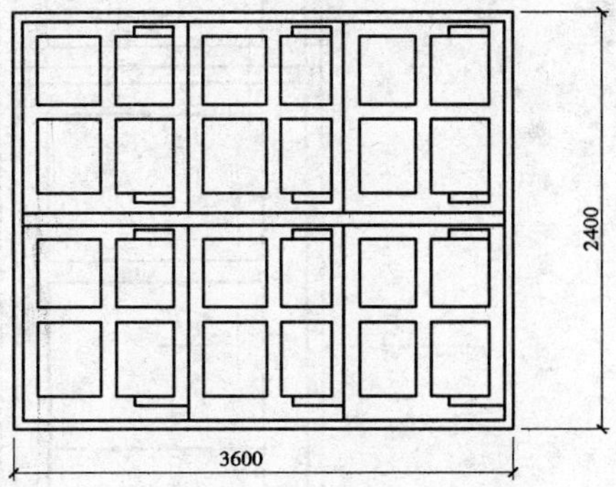

图 4-31　中悬带固定天窗

【解】　防盗门 M—1 的清单工程量 = 1 樘

门 M—2 的清单工程量 = 3 樘

门 M—5 的清单工程量 = 2 樘

防盗门安装工程量 $= 0.9 \times 2\text{m}^2 = 1.8\text{m}^2$

M—2、M—5 实木门框制作安装工程量

$= [(0.9 + 2 \times 2) \times 3 + (0.75 + 2 \times 2) \times 2]\text{m}$

$= (4.9 \times 3 + 4.75 \times 2)\text{m} = 24.2\text{m}$

M—2、M—5 门扇制作安装工程量 $= [(2 - 0.05) \times (0.9 - 0.05) \times 3 + (2 - 0.05) \times (0.75 - 0.05) \times 2]\text{m}^2$

$= (1.95 \times 0.85 \times 3 + 1.95 \times 0.7 \times 2)\text{m}^2 = 7.70\text{m}^2$

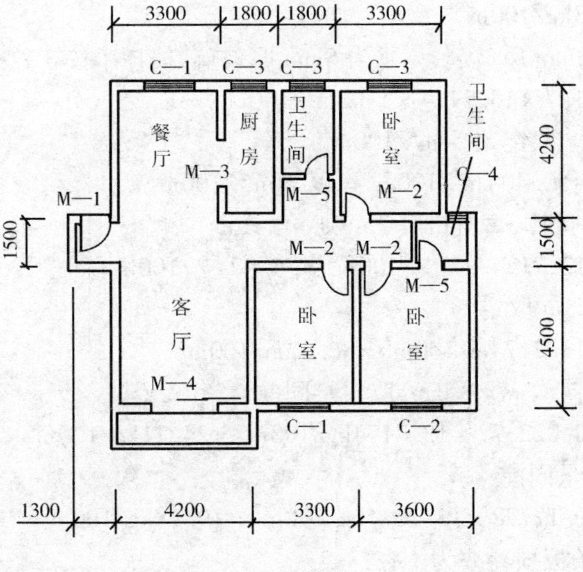

图 4-32

【例 33】　根据图 4-33 中门框断面的净尺寸计算含刨光损耗的毛断面。

【解】　门框毛断面 $= (9.5 + 0.5) \times (4.2 + 0.3)\text{cm}^2 = 45\text{cm}^2$

门扇毛断面 $= (9.5 + 0.5) \times (4.0 + 0.5)\text{cm}^2 = 45\text{cm}^2$

【例 34】　双扇全玻璃地弹门带上亮带侧亮，其结构如图 4-34 所示。洞口尺寸为 $2.7\text{m} \times 2.7\text{m} = 7.29\text{m}^2$，含樘量 $= (100/7.29)/100 = 13.7174$ 樘/100m^2，计算工程量。（其中门框厚度为 0.089m）

【解】　(1) 全玻璃门的材料耗用量计算：

1) 铝合金型材：

框料总长 $= [2.675 \times 2 + (2.675 - 0.089) \times 2 + 2.65 \times 2 + 0.475 \times 2]\text{m} = 16.772\text{m}$

定额用量 = 料长 × 含樘量 × 单位重 × 损耗

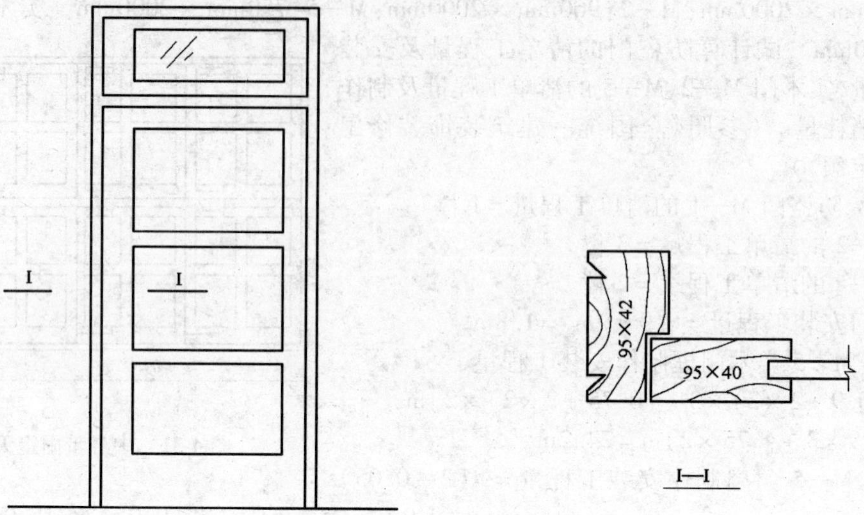

图 4-33　木门框扇断面示意图

$=16.772\times13.7174\times1.4877\times1.07\text{kg}/100\text{m}^2$

$=366.23\text{kg}/100\text{m}^2$

2）玻璃：门扇为 10mm 厚玻璃，亮子为 6mm 厚玻璃，损耗率按 3%。

门扇玻璃 $=2.1\times1.7\times13.7174\times1.03\text{m}^2/100\text{m}^2$

$=50.44$　取定 $50.4\text{m}^2/100\text{m}^2$

亮子玻璃 $=(100-50.40)\text{m}^2/100\text{m}^2=49.60\text{m}^2/100\text{m}^2$

玻璃胶按 17.82m 计算，每支挤胶 7m，则

玻璃胶 $=17.82\times13.7174\div7$ 支$/100\text{m}^2=34.92$ 支$/100\text{m}^2$

3）密封毛条：按 6.3m 取定

定额用量 $=6.3\times13.7174\text{m}/100\text{m}^2=86.42\text{m}/100\text{m}^2$

4）软填料：周长 $2.7\times3\text{m}=8.1\text{m}$，取定量同前

定额用量 $=8.1\times0.222377\times13.7174\text{kg}/100\text{m}^2=24.71\text{kg}/100\text{m}^2$

5）密封油膏：取定量同前

定额用量 $=8.1\times0.17798\times13.7174\text{kg}/100\text{m}^2=19.78\text{kg}/100\text{m}^2$

6）不锈钢上下邦条板损耗率为 1%。

定额用量 $=1.7\times2\times13.7174\times1.01\text{m}/100\text{m}^2=47.11\text{m}/100\text{m}^2$

（2）全玻璃门的人工耗用量计算：

折减系数 $=(2.65\times2.675)\div(2.7\times2.7)=0.9724$

全玻璃门按 2.105 工日$/\text{m}^2$ 计算

定额用工 $=2.105\times0.9724\times100$ 工日$/100\text{m}^2=204.70$ 工日$/100\text{m}^2$

【例 35】　双扇推拉带亮子窗如图 4-35 所示。洞口尺寸为 $1.5\times2.1\text{m}^2=3.15\text{m}^2$，含樘窗扇外围面积与洞口面积之比的折减系数为：

折减系数 $=(1.45\times2.05)\div3.15=0.94365$，计算工程量。

【解】　（1）双扇带亮子推拉窗的材料耗用量计算：

1）铝合金型材：定额系按 90 系列型材编制的，各型材单位重如下：

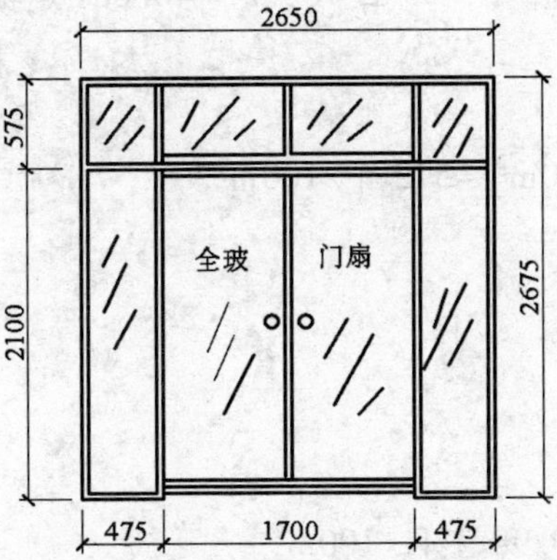

图 4-34　全玻门

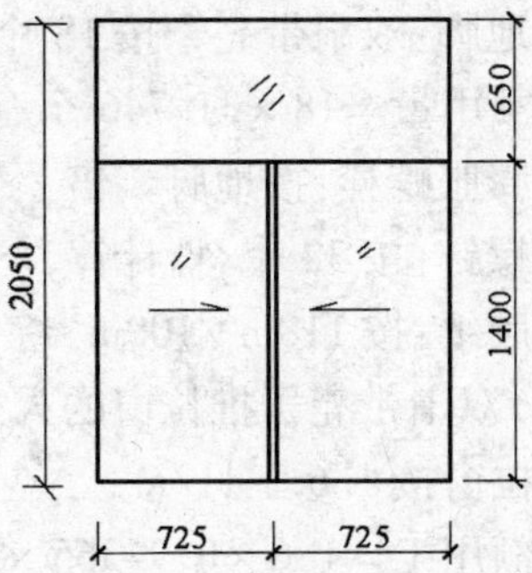

图 4-35　推拉窗简图

上框　0.885kg/m　　上横　0.723kg/m
中框　1.643kg/m　　下横　0.985kg/m
下框　0.963kg/m　　光企　0.926kg/m
边框　0.789kg/m　　勾企　1.007kg/m
上饰柱　1.241kg/m　　压线条　0.0565kg/m
下饰柱　0.738kg/m　　连接件　0.478kg/m

上框型材：1.45×0.885kg/樘=1.2833kg/樘
中框型材：1.45×1.643kg/樘=2.3824kg/樘
下框型材：1.45×0.963kg/樘=1.3964kg/樘
边框型材：2.05×2×0.789kg/樘=3.2349kg/樘
上横型材：(1.45−0.02)×0.723kg/樘=1.0339kg/樘
下横型材：(1.45−0.02)×0.985kg/樘=1.4086kg/樘
光企型材：(1.4−0.03)×1.007×2kg/樘=2.7592kg/樘
勾企型材：(1.4−0.03)×0.926×2kg/樘=2.5372kg/樘
压线条型材：[(1.45−0.05)×4+(0.65−0.02)×4]×0.0565kg/樘=0.4588kg/樘
连接件型材：0.642×0.478kg/樘=0.3069kg/樘
小计　16.8016kg/樘

定额用量=16.8016×31.746×1.07kg/100m^2=570.72kg/100m^2

2)密封毛条：定额按11.98m取定。实际上为：(1.4−0.03)×6m+(1.45−0.02)×2m=11.08m。

定额用量=11.98×31.746m/100m^2=380.32m/100m^2

3)玻璃胶：按12.15m取定。

定额用量=12.15×31.746/7支/100m^2=55.10支/100m^2

4)软填料：90系列填料断面为0.025m×0.09m

定额用量=0.025×0.09×85×31.746×(1.5+2.1)×2×1.03kg/100m^2
=45.03kg/100m^2

5)密封油膏：同平开窗

定额用量 = $0.008\times0.008\times2\times1350\times31.746\times7.2\times1.03\text{kg}/100\text{m}^2=40.68$（定额可能有误）$\text{kg}/100\text{m}^2$

6）地脚：双扇带亮子按 18 个/樘

定额用量 = 18×31.746 个/100m^2 = 571.43 个/100m^2 ≈ 572 个/100m^2

7）膨胀螺栓：按地脚 2 倍

8）螺钉：按 32 个/樘计算

9）胶纸：按 $118\text{m}^2/100\text{m}^2$ 综合取定

（2）双扇带亮子推拉窗的人工耗用量计算：

推拉窗按 1.6 工日/m^2

定额用工 = $1.6\times0.94365\times100$ 工日/100m^2 = 150.98 工日/100m^2。

【例 36】 四扇带亮子推拉窗定额的耗用量计算。

四扇带亮子推拉窗如图 4-36 所示。

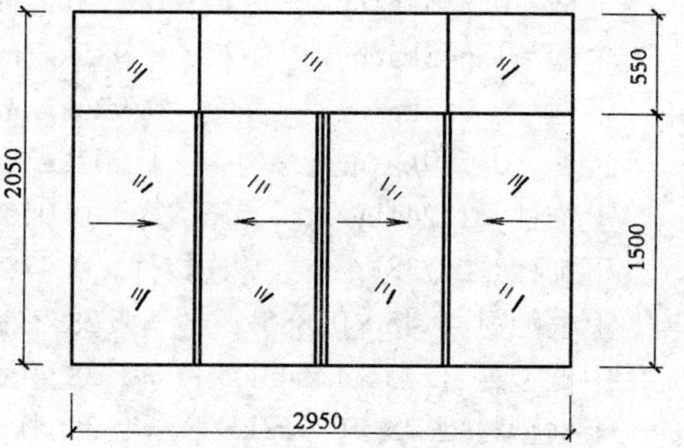

图 4-36 四扇推拉窗

【解】 洞口尺寸为 $3.0\text{m}\times2.1\text{m}=6.3\text{m}^2$

含樘量 = （100/6.3）樘/100m^2 = 15.873 樘/100m^2

折减系数 = $(2.95\times2.05)/6.3=0.9599$

（1）四扇带亮子推拉窗的材料耗用量计算：

1）铝合金型材：定额按 90 系列型材编制，各型材单位重量如前。每樘型材重量计算如下：

上中下框型材：$2.95\times(0.885+1.643+0.963)\text{kg}=10.2985\text{kg}$

边框型材：$2.05\times2\times0.789\text{kg}=3.2349\text{kg}$

上内柱型材：$0.55\times2\times1.241\text{kg}=1.3651\text{kg}$

下内中柱型材：$1.5\times0.738\text{kg}=1.1070\text{kg}$

扇光企型材：$(1.5-0.03)\times4\times0.926\text{kg}=5.4449\text{kg}$

扇勾企型材：$(1.5-0.03)\times4\times1.007\text{kg}=5.9212\text{kg}$

扇上横型材：$(2.95-0.02)\times0.723\text{kg}=2.1184\text{kg}$

扇下横型材：$(2.95-0.02)\times0.985\text{kg}=2.8861\text{kg}$

压线条型材：$[(2.95-0.07)\times2+(0.55-0.02)\times6]\times0.113\text{kg}=1.0102\text{kg}$

连接件型材：$0.428\times0.478\text{kg}=0.2046\text{kg}$

小计 33.5909kg/樘

定额用量 = $33.5909\times15.873\times1.07\text{kg}/100\text{m}^2=570.51\text{kg}/100\text{m}^2$

2）玻璃胶：

定额用量 = $[8.44+(1.5-0.12)\times8+(2.95-0.27)\times2]\times15.873/7$ 支/100m^2

= 56.33 支/100m^2

3）密封毛条：定额用量 = $(1.47\times12+2.93\times2)\times15.873\text{m}/100\text{m}^2$

$=373.02\text{m}/100\text{m}^2$

4）软填料：

定额用量 = $[0.025\times0.09\times85\times15.873\times(3+2.1)\times2+1.03]\text{kg}/100\text{m}^2$

$=31.99kg/100m^2$

5）密封油膏：

定额用量 $=0.000064\times2\times1350\times15.873\times10.2\times1.03kg/100m^2=28.82kg/100m^2$

6）地脚：按 30 个/樘计。

定额用量 $=30\times15.873$ 个$/100m^2=476$ 个$/100m^2$

7）膨胀螺栓：按地脚 2 倍。

8）螺钉：按 80 个/樘计。

定额用量 $=80\times15.873$ 个$/100m^2=1270$ 个$/100m^2$

9）胶纸：同前为 $118m^2/100m^2$。

（2）四扇带亮子推拉窗的人工耗用量计算：

定额用工 $=1.5\times0.9599\times100$ 工日$/100m^2$

$=143.99$ 工日$/100m^2$

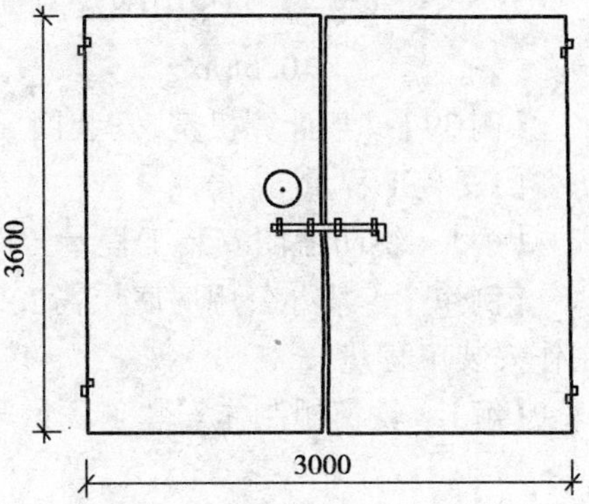

图 4-37　平开全板钢大门示意图

【例 37】　某厂房有如图 4-37 所示平开全板钢大门（带探望孔），共 3 樘，刷防锈漆。计算平开全板钢大门制作安装及配件工程量，确定定额项目。

【解】　（1）平开全板钢大门制作安装工程量 $=3.00\times3.6\times3m^2=32.4m^2$

全板钢大门（平开式）门扇制作，套 5—4—18

定额基价 $=1523.98$ 元$/10m^2$

全板钢大门制作不包括门框和小门制作，如带小门者，人工乘系数 1.25。小门是指过人小门。

全板钢大门（平开式）门扇安装　套 5—4—19

定额基价 $=360.82$ 元$/10m^2$

（2）平开全板钢大门配件工程量 = 3 樘

平开板钢大门配件　套 5—9—26

定额基价 $=2622.02$ 元/10 樘

【例 38】　如图 4-38（a）所示，起居室的门洞：3000mm × 2100mm，设计做门套装饰。筒子板构造：细木工板基层，柚木装饰面层，厚 30mm，筒子板宽 300mm；贴脸构造：80mm 宽柚木装饰线脚。试计算筒子板、贴脸的清单工程量。

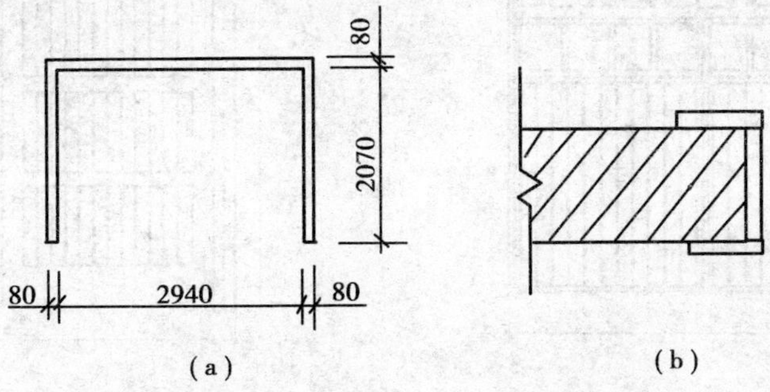

图 4-38　起居室门洞示意图

【解】　筒子板工程量 $=(2.07\times2+2.94+0.08\times2)\times0.3m^2$

$=7.24\times0.3m^2$

$=2.17m^2$

贴脸工程量 $=(2.07\times2+2.94+0.08\times2)\times0.08m^2$

$=7.24\times0.08m^2$

$=0.58m^2$

【例39】 某计算机室,安装门扇尺寸为1200mm×2700mm的钢防盗门,共4樘。计算钢防盗门安装工程量。

【解】 钢防盗门安装工程量 $=1.20\times2.70\times4m^2=12.96m^2$

【例40】 某办公用房底层需安装如图4-39所示铁窗栅,共30樘,刷防锈漆。求铁窗栅制作安装工程量。

【解】 铁窗栅制作安装工程量 $=1.80\times2.00\times30m^2=108m^2$

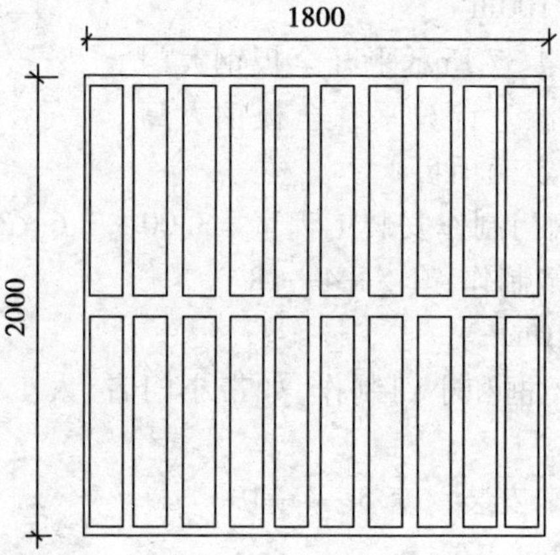

图4-39

【例41】 求图4-40单面木平开钢木大门工程量。

【解】 工程量 $=3.0\times3.3m^2=9.9m^2$

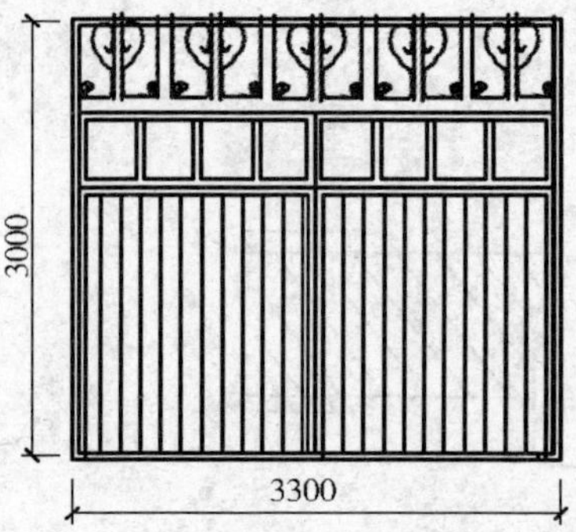

图4-40 钢木大门

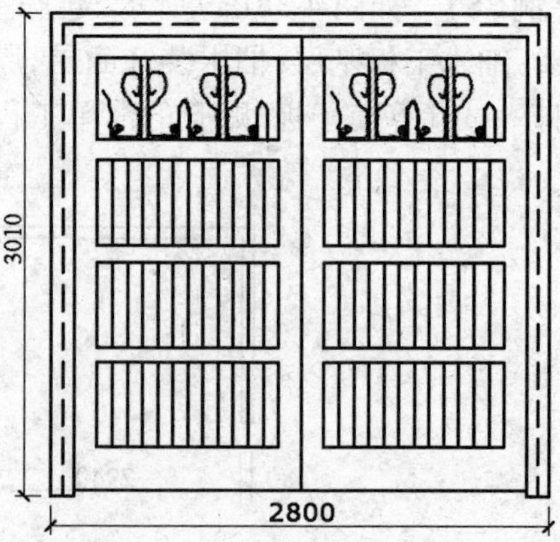

图4-41 木板大门

【例42】 求图4-41平开木板大门工程量。

【解】 工程量 $=3.01\times2.80m^2=8.428m^2$

【例43】 求图4-42钢板折叠门工程量。

【解】 工程量 $=3.0\times3.0\text{m}^2=9\text{m}^2$

【例44】 如图4-43所示,求推拉木板大门的工程量。

【解】 工程量 $=3.0\times2.7\text{m}^2=8.1\text{m}^2$

【例45】 如图4-44所示,求钢木推拉二面板的工程量。

【解】 工程量 $=3.3\times3\text{m}^2=9.9\text{m}^2$

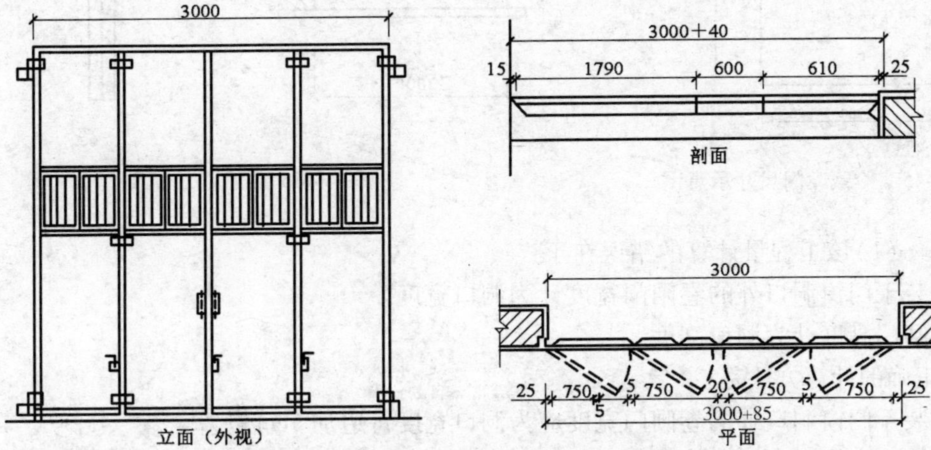

图4-42 钢板折叠门示意图

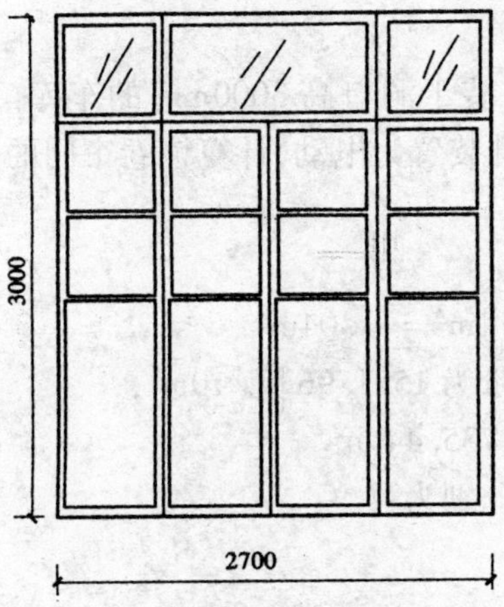

图4-43 推拉木大门示意图

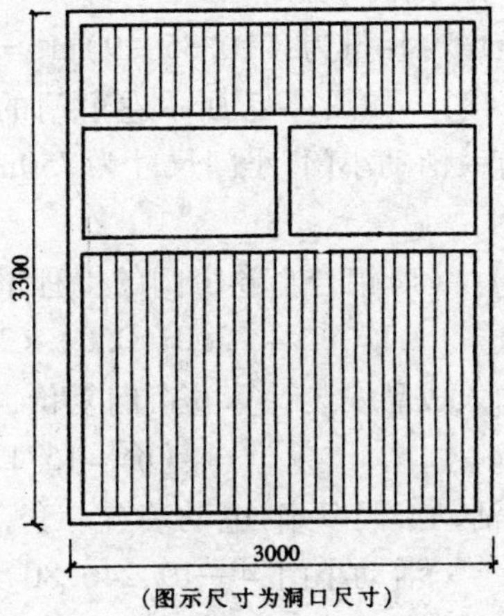

图4-44 钢木推拉二面板示意图

【例46】 如图4-45所示,求冷藏库门保温层厚150mm的工程量。

【解】 工程量 $=2.1\times1.2\text{m}^2=2.52\text{m}^2$

【例47】 某施工企业根据图4-46计算的卷闸门工程量为：$S=3\text{m}\times3\text{m}=9\text{m}^2$，试审查其是否正确。

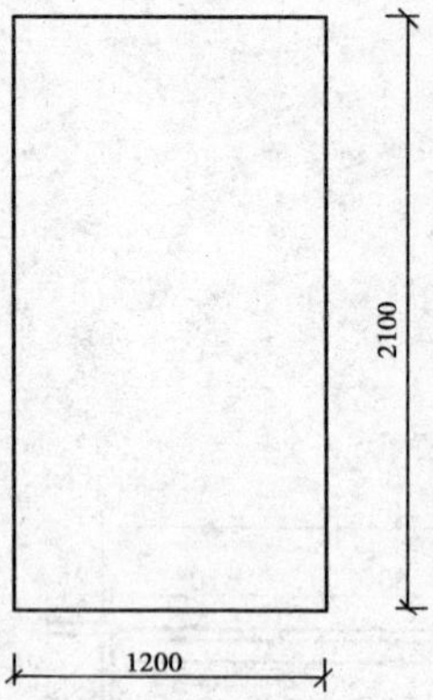

4-45　冷藏库门尺寸示意图

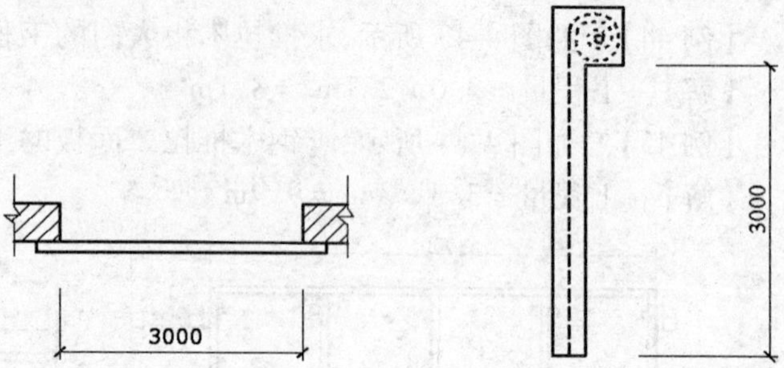

图 4-46　卷闸门示意图

【解】　(1)该工程量计算的错误在于:

1)安装于门窗洞口外的卷闸门宽度计为洞口宽度。

2)卷闸门高度计为洞口高度。

(2)正确的计算方法是:

1)安装于门窗洞口外的卷闸门宽度应为洞口宽度每边加 5cm 计算。

2)卷闸门高度应为洞口高度加 50cm 计算。

(3)审查结果为:$S=(3+0.05+0.05)\times(3+0.5)\mathrm{m}^2=10.85\mathrm{m}^2$

应核增工程量为:$(10.85-9)\mathrm{m}^2=1.85\mathrm{m}^2$。

【例 48】　如图 4-47 所示卷帘门的宽为 3500mm,安装于洞口高 3000mm 的车库门口,卷帘门上有一活动小门,小门尺寸为 750mm×2075mm,提升装置为电动,计算该卷帘门的定额直接费。

【解】　(1)铝合金卷帘门的工程量计算

$$[(3.0+0.6)\times3.5-0.75\times2.075]\mathrm{m}^2=11.04\mathrm{m}^2$$

按购入成品安装计算卷帘门复价,由定额 4—14,基价为 1571.96 元/10m²,

$$复价=1571.96\times1.104\ 元=1735.44\ 元$$

(2)活动小门一扇,电动装置一套,定额编号及基价分别为:

活动小门,4—19,246.80 元/扇,

电动装置,4—18,2255.66 元/套。

(3)该铝合金卷帘门定额直接费为:

$$(1735.44+246.8+2255.66)元=4237.9\ 元$$

【例 49】　某单位车库如图 4-48 所示,安装遥控电动铝合金卷闸门(带卷筒罩)3 樘。门洞口:3500mm×3300mm,卷闸门上有一活动小门:750mm×2000mm,试计算车库卷闸门清单工程量及材料消耗工程量。(参照《全国统一建筑装饰装修工程消耗量定额》)

【解】　卷闸门清单工程量=3 樘

铝合金卷闸门消耗工程量=门帘工程量+卷筒罩工程量

卷闸门消耗工程量

$=[(3.3+0.5)\times(3.5+0.05\times2)+(0.55+0.4+0.45)\times(3.5+0.05\times2)]\mathrm{m}^2$

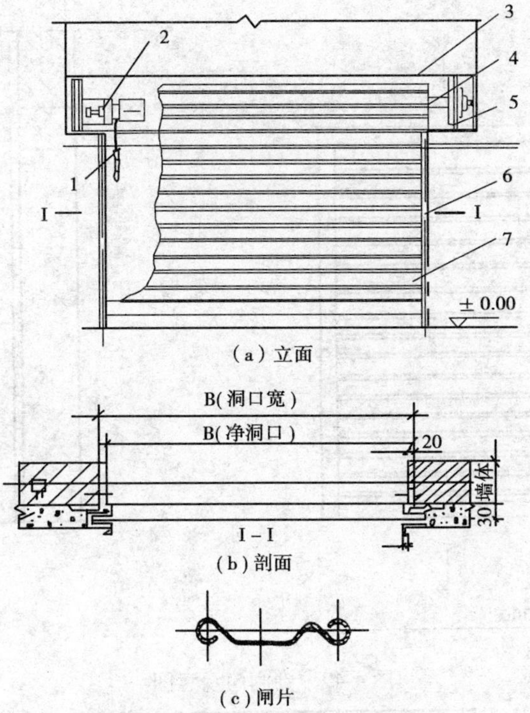

图 4-47　铝合金卷帘门简图

1—手动拉链；2—电、手动系统；3—外罩部分；4—卷轴部分；5—框架；6—导轨部分；7—闸片

$=(3.8\times3.6+1.4\times3.6)m^2=(13.68+5.04)m^2$

$=18.72m^2$

电动装置安装工程量 = 1 套

小门安装工程量 = 1 扇

【例 50】　根据图 4-49 尺寸计算卷闸门工程量。

【解】　$3.30\times(3.60+0.60)m^2=3.30\times4.20m^2=13.86m^2$

【例 51】　某建筑物大门采用全玻璃自由门，如图 4-50 所示，三类木材制作，油漆为清漆四遍，求其工程量。

【解】　工程量 $=2.7\times3m^2=8.1m^2$

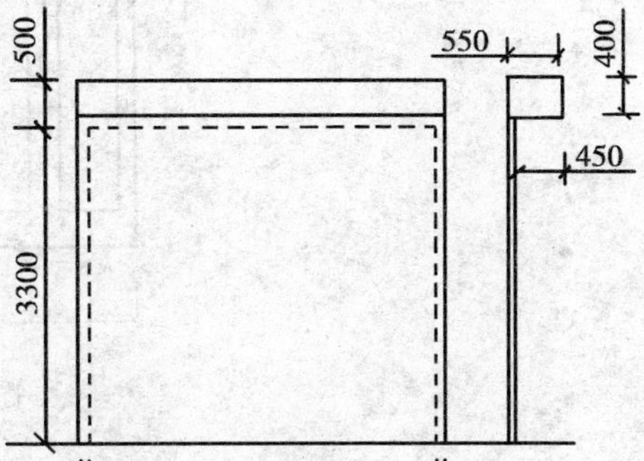

图 4-48　车库示意图

【例 52】　求图 4-51 木百叶窗（带铁纱）工程量。

【解】　根据门窗及木结构工程工程量计算规则，各类门、窗制作、安装工程量均按门、窗洞口面积计算（下同）。

工程量 $=0.6\times0.9m^2=0.54m^2$

【例 53】　求图 4-52 单层玻璃窗（上部为半圆形）工程量。

【解】　由于半圆窗和矩形窗属于不同的定额编号，故应分别计算工程量。

矩形窗和半圆形窗计算工程量时，以矩形窗的上冒头上边为分界线。

矩形单层玻璃窗工程量 $=1.2\times1.2m^2=1.44m^2$

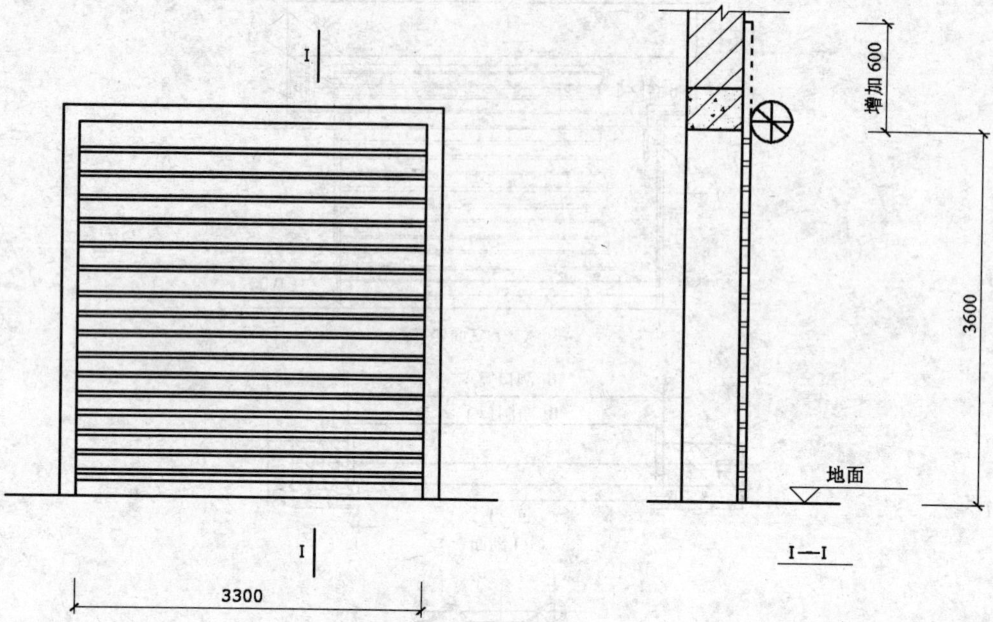

图 4-49　卷闸门示意图

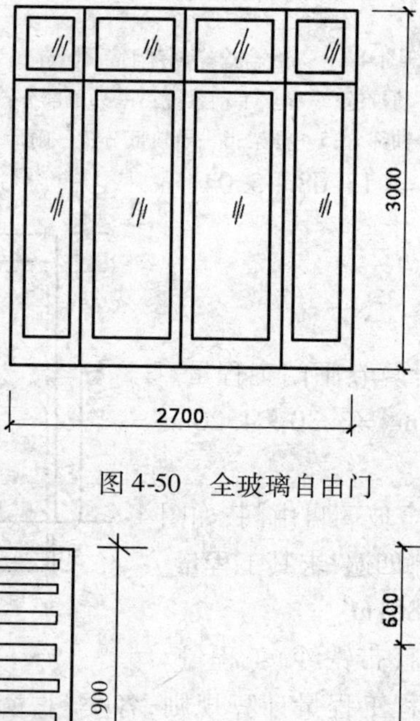

图 4-50　全玻璃自由门

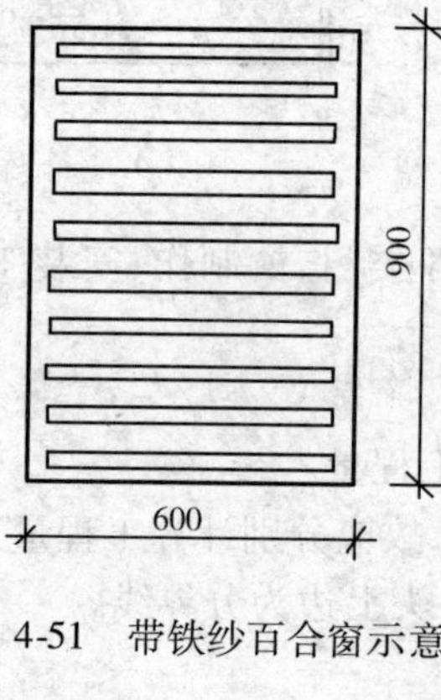

4-51　带铁纱百合窗示意图

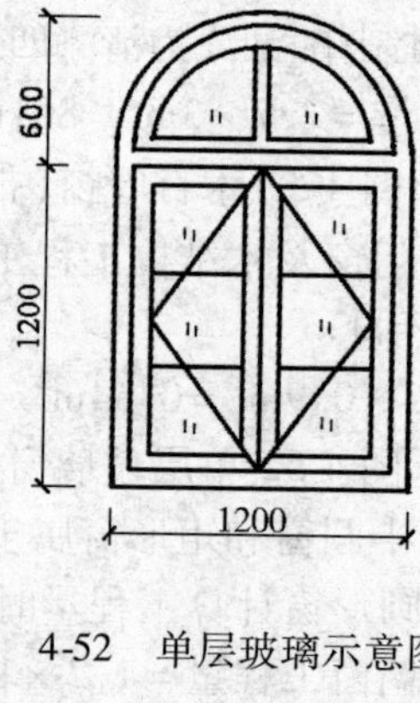

4-52　单层玻璃示意图

半圆形单层玻璃窗工程量 $=0.6^2\times3.1416\times1/2m^2=0.565m^2$

【例 54】 求图 4-53 中悬带固定式组合窗工程量。

【解】 工程量 $=1.8\times3m^2=5.4m^2$

【例 55】 图 4-54 为一全中悬窗,求单层玻璃工程量。

【解】 工程量 $=3.0\times2.4m^2=7.2m^2$

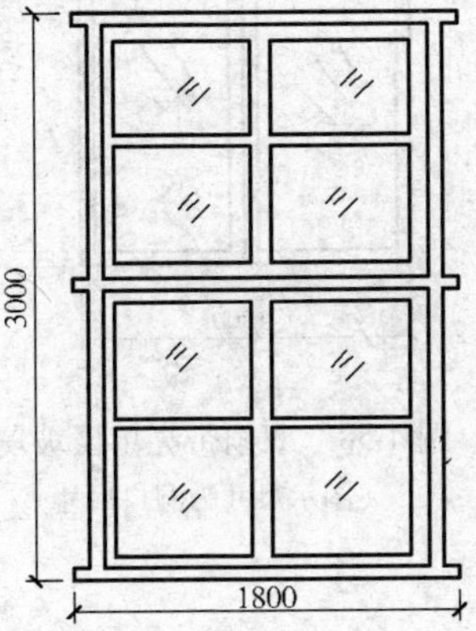

图 4-53 固定中悬窗示意图

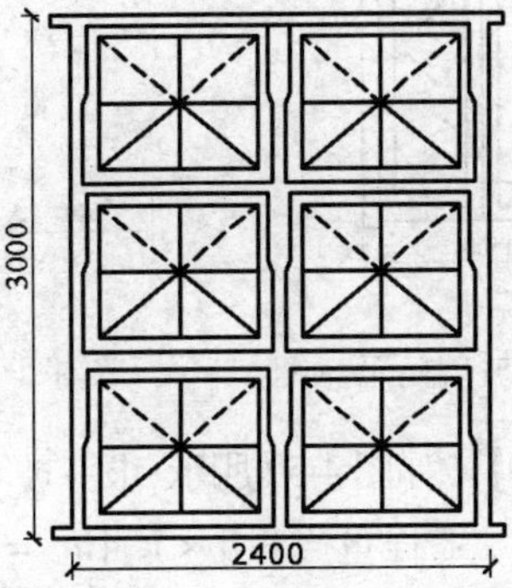

图 4-54 中悬窗示意图

【例 56】 求图 4-55 木屋架阁楼上中悬式天窗及上下木挡板工程量。

【解】 中悬式天窗工程量 $=2.95\times1.2m^2=3.54m^2$

上下木挡板工程量 $=2.95\times0.3\times2m^2=1.77m^2$

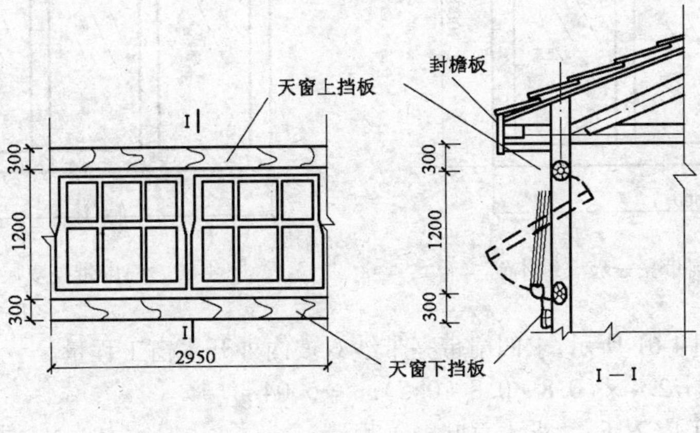

图 4-55 木屋架阁楼天窗示意图

【例 57】 求图 4-56 所示带纱扇带亮子全玻璃门工程量。

【解】 工程量 $=1.5\times2.7m^2=4.05m^2$

【例 58】 如图 4-57 所示,求一樘连窗门工程量。

【解】 按洞口面积计算连窗门工程量为:$(0.6\times1.4+0.9\times2.4)m^2=3m^2$

【例 59】 如图 4-58 所示,求双扇带亮单层玻璃木窗工程量。

【解】 工程量 $=1.850\times1.2m^2=2.22m^2$

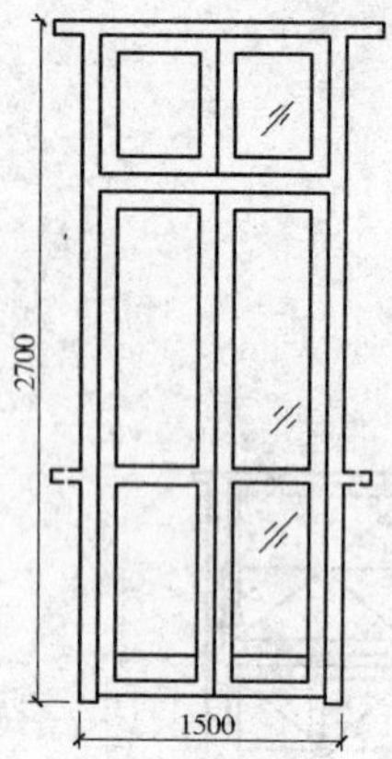

图 4-56　全玻璃门示意图

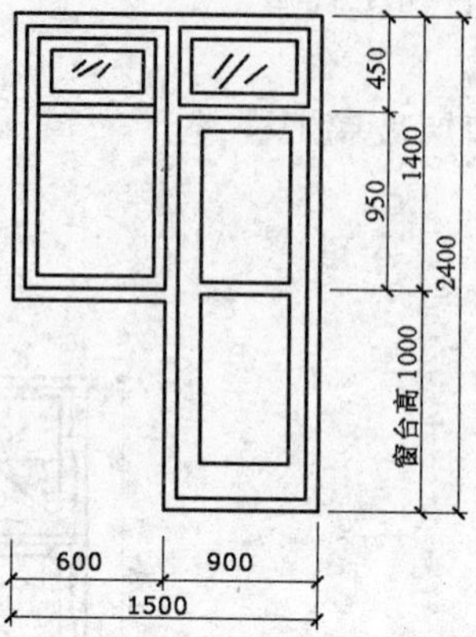

图 4-57　连窗门示意图

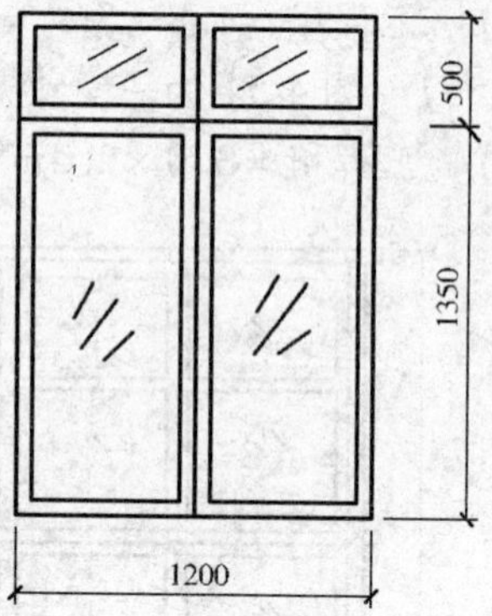

图 4-58　双扇带亮单层玻璃窗
（图示尺寸为洞口尺寸）

【例 60】　如图 4-59 所示，求一玻一纱三扇木窗工程量。

【解】　工程量 $= 1.5 \times 1.4\text{m}^2 = 2.1\text{m}^2$

【例 61】　如图 4-60 所示，求三扇带亮双层玻璃木窗工程量。

【解】　工程量 $= 1.5 \times 1.5\text{m}^2 = 2.25\text{m}^2$

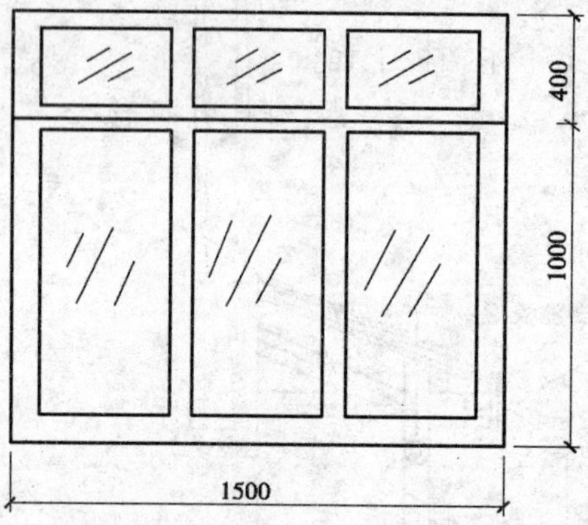

图 4-59　三扇带亮一玻一纱木窗

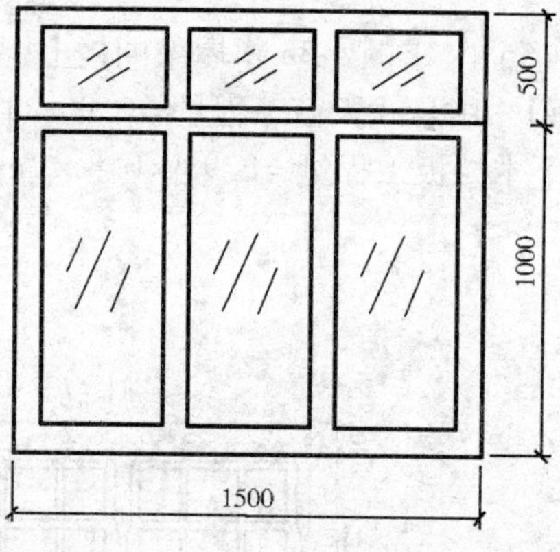

图 4-60　三扇带亮双层玻璃木窗

【例 62】　如图 4-61 所示，求四扇带亮带纱双玻内外开木窗工程量。

【解】　工程量 $= 2.4 \times (0.8 + 0.8 + 0.5)\text{m}^2 = 5.04\text{m}^2$

【例 63】　如图 4-62 所示，求木百叶窗工程量。

【解】　工程量 $= 1.2 \times 1.2\text{m}^2 = 1.44\text{m}^2$

【例 64】　如图 4-63 所示，求全中悬木制天窗工程量。

【解】　工程量 $= 3.0 \times 1.8\text{m}^2 = 5.4\text{m}^2$

【例 65】　如图 4-64 所示，求木制推拉窗工程量。

【解】　工程量 $= 1.5 \times (1.0 + 0.3)\text{m}^2$

$= 1.95\text{m}^2$

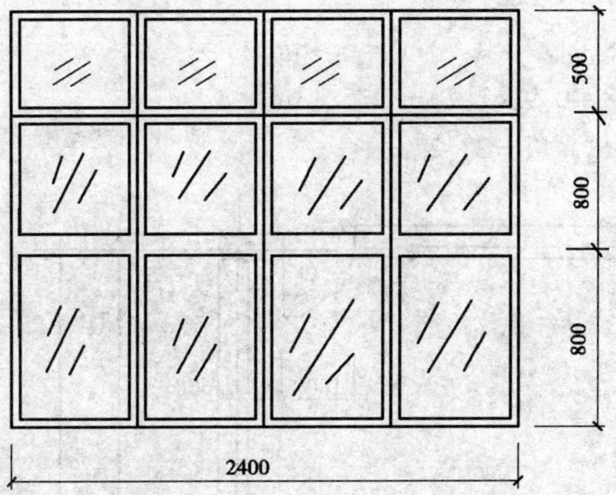

（图示尺寸为门窗洞口尺寸）

图 4-61　四扇带亮带纱双玻内外开木窗

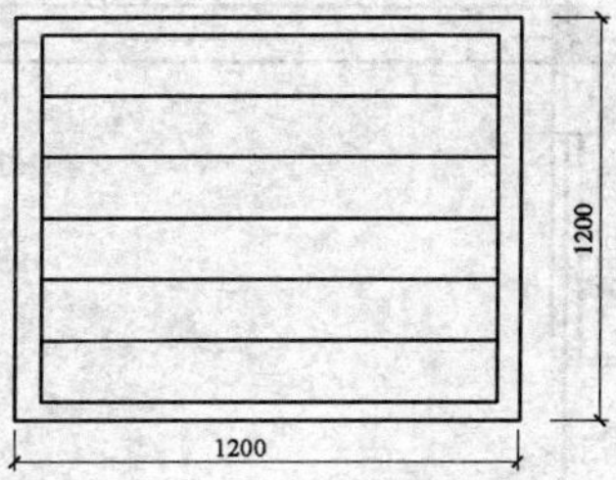

（图示尺寸为洞口尺寸）

图 4-62　木百叶窗示意图

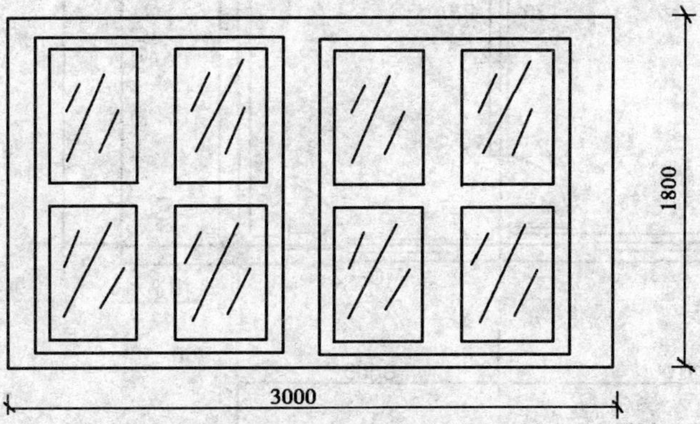

（图示尺寸为洞口尺寸）

图 4-63　全中悬木制天窗

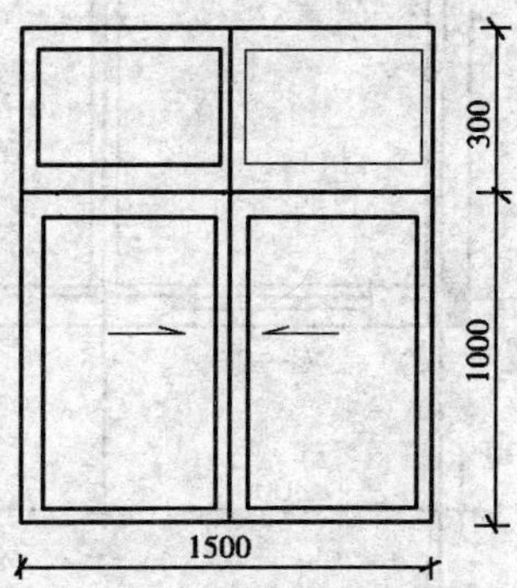

（图示尺寸为洞口尺寸）

图 4-64　木制推拉窗示意图

【例 66】　计算图 4-65 所示及表 4-7 中铝合金门窗的工程量。

表 4-7　门窗表

门窗编号	洞口尺寸/mm		数　量	备　注
	宽	高		
C—1	2400	1800	1	铝合金窗
C—2	1800	1800	1	铝合金窗
MC—1	3000	2700	1	铝合金窗
MC—2	2400	2700	1	铝合金门连窗
M—1	1000	2700	3	铝合金门

【解】　C—1　　$S_1 = 2.4 \times 1.8\text{m}^2 = 4.32\text{m}^2$

C—2　　$S_2 = 1.8 \times 1.8 = 3.24\text{m}^2$

M—1 $S_3 = 1 \times 2.7 \times 3 = 8.1\text{m}^2$

MC—1 $S_4 = (1.8 \times 1.8 + 1.2 \times 2.7)\text{m}^2 = 6.48\text{m}^2$

MC—2 $S_5 = (1.5 \times 1.8 + 0.9 \times 2.7)\text{m}^2 = 5.13\text{m}^2$

铝合金门窗工程量 $S = S_1 + S_2 + S_3 + S_4 + S_5 = 27.27\text{m}^2$

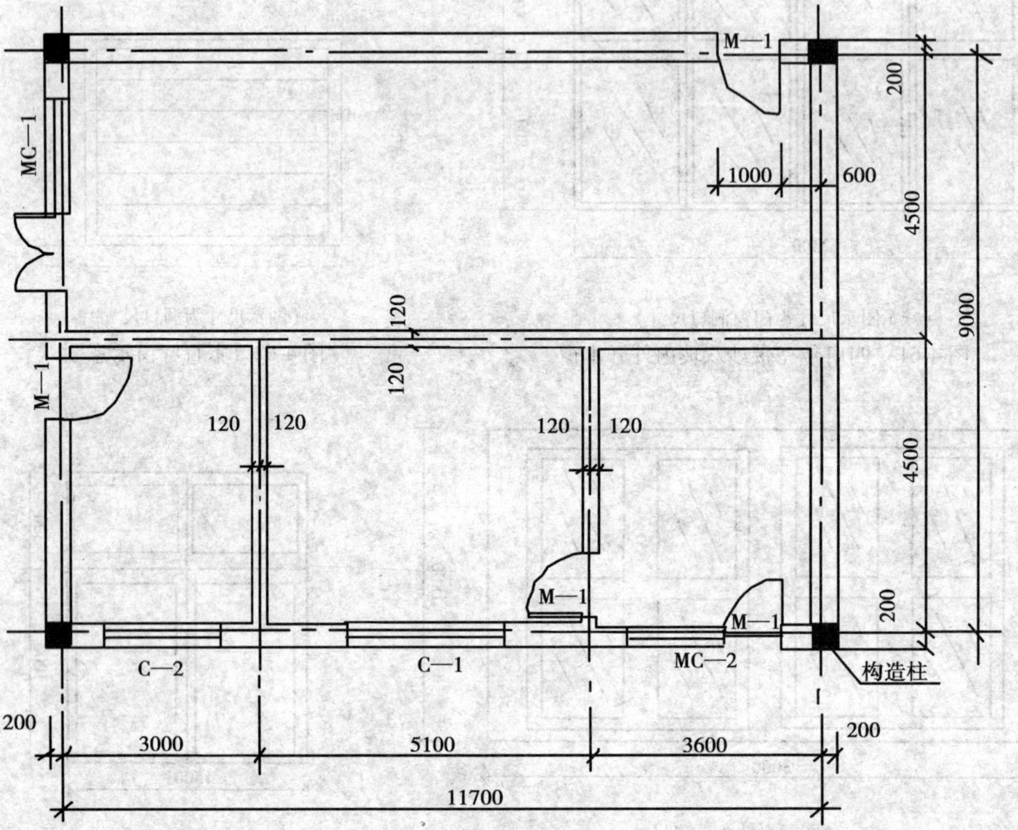

图 4-65 单层建筑物平面图

【例 67】 如图 4-66 所示，假设该建筑 C—1 设计要求安装铝合金成品推拉窗，洞口尺寸 1800×1500，共 10 樘。

其工程量计算如下：

推拉窗安装工程量 $= 1.8 \times 1.5 \times 10\text{m}^2 = 27\text{m}^2$

表 4-8 门窗洞口面积统计表

门窗编号	洞口尺寸(m)	数 量	合计面积(m^2)
C—1	1.5×1.8	10	27
M—1	2.7×2.1	1	5.67
M—2	1.2×2.1	10	25.2

【例 68】 如图 4-67 所示，求木制半圆形窗工程量。

【解】 应分别计算工程量：

(1)半圆窗工程量 $= 0.6^2 \times \pi/2\text{m}^2 = 0.5655\text{m}^2$

(2)矩形窗工程量 $= 1.2 \times 1.2\text{m}^2 = 1.44\text{m}^2$

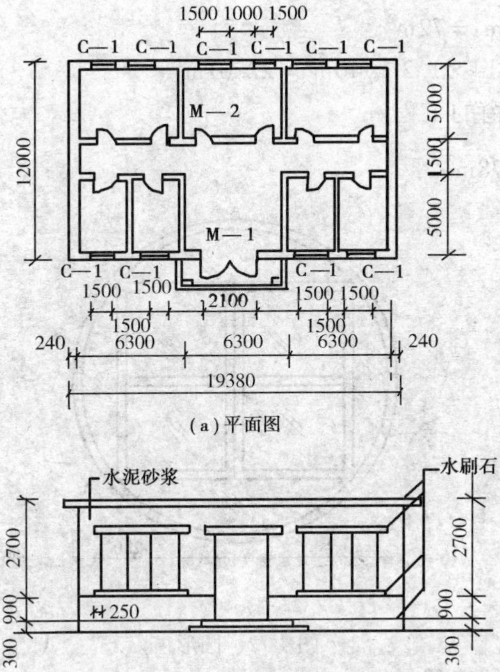

(a)平面图

(b)正立面图

图 4-66　房间设计示意图

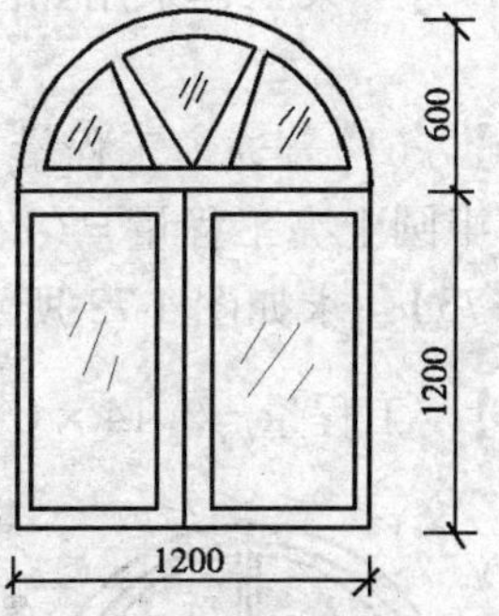

(图示尺寸为洞口尺寸)

图 4-67　木制半圆形窗示意图

【例 69】　如图 4-68 所示,计算圆形百叶窗面积。

【解】　圆形木百叶窗工程量:

$A=(0.60/2)^2\times 3.1416\text{m}^2=0.28\text{m}^2$

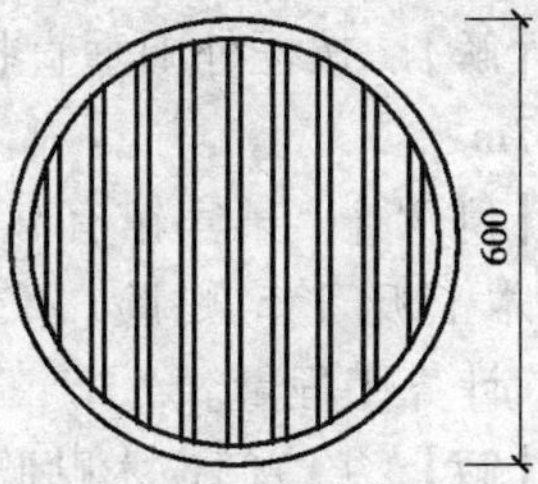

图 4-68　圆形木百叶窗示意图

【例 70】　如图 4-69 所示尺寸,计算挂镜线工程量。

【解】　$L=[(9.90-0.24)\times 2+(6.00-0.24)\times 2-1.50$
$-(1.80+0.30)\times 5]\text{m}$
$=18.84\text{m}$

【例 71】　如图 4-70 所示尺寸,计算窗台板工程量。

【解】窗台板工程量:$(1.80+0.10)\times[(0.24-0.10)\div 2.00+0.01+0.05]\text{m}^2=0.247\text{m}^2$

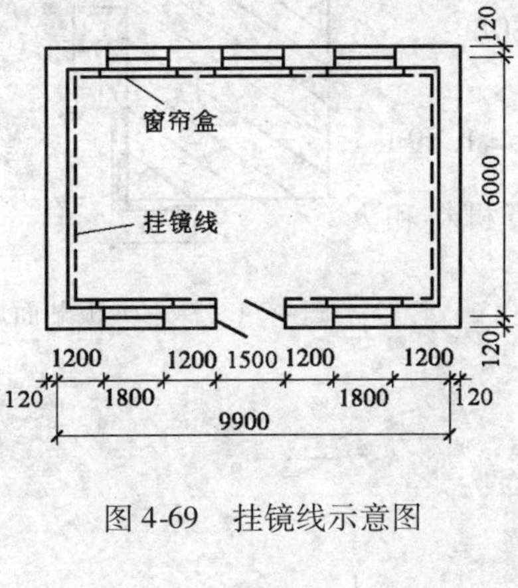

图 4-69　挂镜线示意图

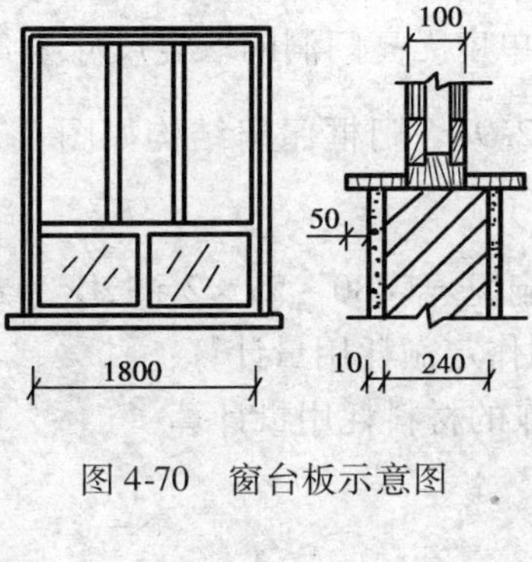

图 4-70　窗台板示意图

【例72】 某工程采用如图4-71所示单层玻璃木窗，5mm厚平板玻璃，共40樘。求其工程量。

【解】 (1)普通窗工程量 $=1.2\times1.5\times40\text{m}^2=72\text{m}^2$

(2)半圆上亮工程量 $=(1/2)\times(1/4)\times3.14\times1.2^2\times40\text{m}^2=22.61\text{m}^2$

【例73】 求如图4-72所示6个圆形玻璃窗的工程量。

【解】 工程量 $=3.14\times(\frac{1.2}{2})^2\times6\text{m}^2=6.78\text{m}^2$

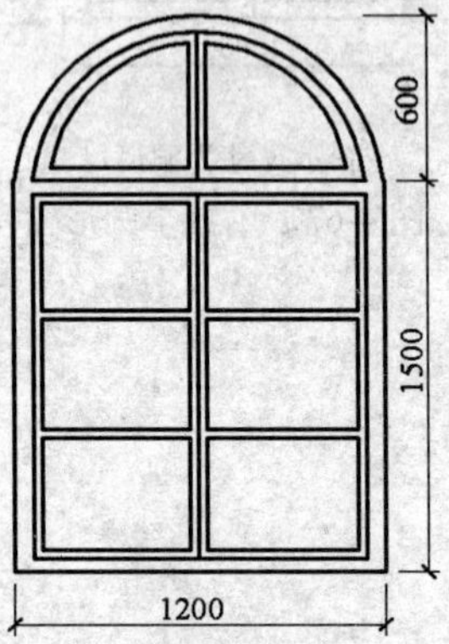

图4-71 上部半圆形单层窗

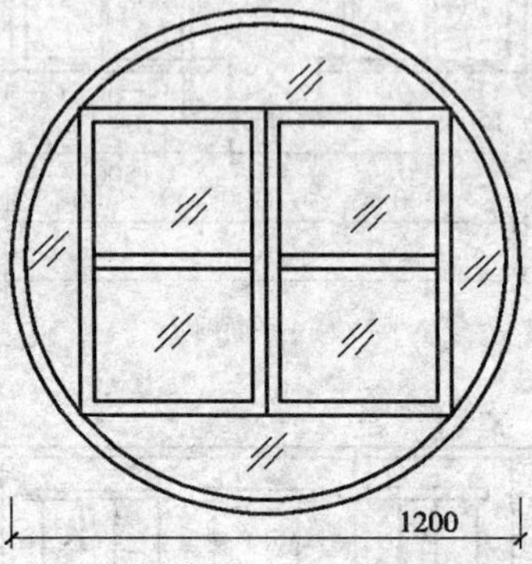

图4-72 圆形窗

【例74】 求图4-73所示普通双层玻璃窗的工程量。

【解】 按框外围垂直投影面积计算，其工程量：$1.8\times1.5\text{m}^2=2.7\text{m}^2$

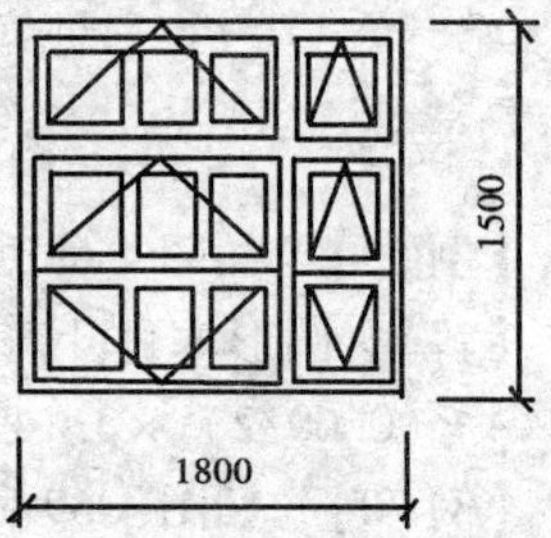

图4-73 双层玻璃窗示意图

【例75】 某宾馆有900mm×2100mm的门洞80樘，内外钉贴细木工板门套、贴脸(不带龙骨)，榉木夹贴面，尺寸如图4-74所示，计算工程量。

【解】 (1)门窗木贴脸工程量计算如下：

计算公式：门窗木贴脸工程量=(门洞宽+贴脸宽×2+门洞高×2)×贴脸宽门窗木门窗木贴脸工程量=$(0.90+0.08\times2+2.10\times2)\times0.08\times2\times80\text{m}^2=67.33\text{m}^2$

(2)榉木筒子板工程量计算如下：

计算公式：榉木筒子板工程量=(门洞宽+门洞高×2)×筒子板宽

榉木筒子板工程量 $=(0.90+2.10\times2)\times0.08\times2\times80\text{m}^2$
$=65.28\text{m}^2$

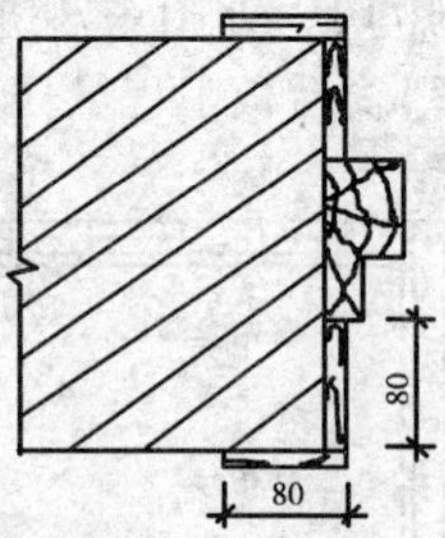

图4-74 榉木夹板贴面尺寸

【例76】 单扇无亮门洞的取定尺寸为 $2.10\times0.9\text{m}^2=1.89\text{m}^2$，含樘量 $\frac{100}{1.89}=52.91$。门框门扇结构如图4-75所示，计算材料和人工耗用量。

【解】 门扇宽 $=(880-55\times2+12\times2)\text{mm}=794\text{mm}$

(1)门框制作定额耗用量计算：

1)门框制作的材料耗用量计算：

①木材具体计算见表4-9。

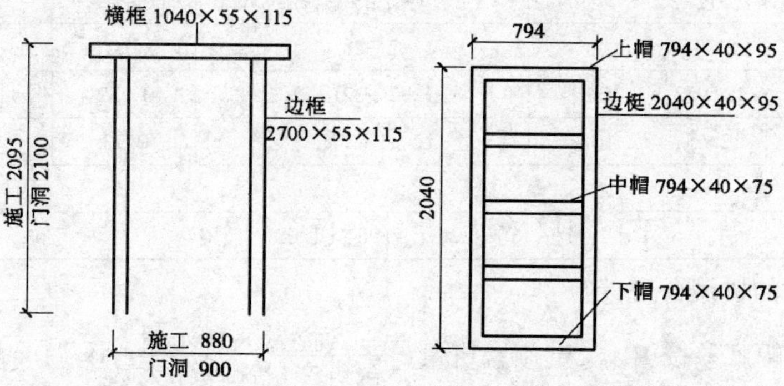

图4-75 无亮单扇门的框料

表4-9 带纱单扇无亮门框制作用料计算表

规格	名称	构件长/m	构件宽/m	构件厚/m	根数	用量/m^3
55~100cm^2方木	边框	2.10+0.050	0.055+0.005	0.115+0.005	2	0.03096
	横框	0.90+0.240	0.055+0.005	0.115+0.005	1	0.00821
	小计					0.03917
	定额用量	0.03917×59.52×1.06				2.4713
54cm^2内方木	拉条	0.9	0.025	0.025	3	0.00169
	定额用量 100m^2	0.0169×59.52×1.06				0.1065

②铁钉　取定0.023kg

定额用量=0.023×59.52×1.02kg/100m^2=1.396kg/100m^2

③浮白胶　取定0.60kg/100m^2

④木楔　取定0.003m^2/100m^2

⑤垫木　取定0.001m^2/100m^2

⑥清油　取定0.63kg/100m^2

⑦油漆溶剂油　取定0.36kg/100m^2

2)门框制作的人工耗用量计算具体见表4-10。

表4-10 带纱单扇无亮门框制作人工计算表

项目		计算量	单位	劳动定额编号	时间定额	系数	工日/100m^2
门框制作	成形	5.952	10樘	7—10—110(四)	0.461	1.3753	3.774
	制作	5.952	10樘	7—10—110(三)	0.385		2.292
	裁料	5.952	10樘	7—10—110(二)	0.0694		0.413

续表

项目	计算量	单位	劳动定额编号	时间定额	系数	工日/100m²
领料超运 20m	2.517	m³	1—2—28(一)	0.0877		0.221
入库超运 20m	0.5952	100 樘	1—2—32(一)	0.532		0.317
刷底油工	2.65	10m²	12—1—1(二)	0.73	0.5	0.967
小计						7.984
定额用量			7.984×1.08			8.623

3)门框制作的机械台班计算：

依照式机械幅度差按10%，定额台班量 $=\dfrac{\text{含樘量}\times\text{加工量}}{\text{台班产量}\times\text{操作人数}}\times(1+\text{幅度差})$ 计算，其结果见表4-11。

表 4-11　带纱单扇无亮门框制作台班计算表

名称	含樘量	加工量	单位	劳动定额编号	台班产量	人数	幅度差	定额台班/100m²
圆锯机	59.52	0.06	100 根	7—1—1	6.3	3	1.1	0.21
平刨机	59.52	0.05	100m	7—2—5(一)	6.3	1	1.1	0.56
压刨机	59.52	0.05	100m	7—3—9(一)	7.41	1	1.1	0.47
打眼机	59.52	0.04	100 眼	7—5—17(一)	6.0	1	1.1	0.44
开榫机	59.52	0.04	100 头	7—6—21(一)	6.5	1	1.1	0.20
裁口机	59.52	0.05	100m	7—7—25(一)	7.0	2	1.1	0.25

(2)门框安装的定额耗用量计算：

1)门框安装的材料耗用量计算：

①木砖　按4块计

定额用量 $=0.0014628\times4\times59.52\times1.06\text{m}^3/100\text{m}^2=0.369\text{m}^3/100\text{m}^2$

②铁钉　钉护口条按每樘门0.0073kg，钉4块木砖按每樘门0.1604kg。

定额用量 $=(0.0073+0.1604)\times59.52\times1.02\text{kg}/100\text{m}^2=10.18\text{kg}/100\text{m}^2$

③麻刀石灰浆

定额用量 $=(2.1\times2+0.9)\times0.115\times0.01\times59.52\times1.01\text{m}^3/100\text{m}^2=0.353\text{m}^3/100\text{m}^2$

④防腐油　每块木砖表面积为 0.09283m^2，单扇门框用4块，走头算1块，计5块。则表面积 $=(0.09283\times4\times1.06+0.09283)\text{m}^2=(0.3936+0.09283)\text{m}^2=0.4864\text{m}^2$

木框侧面积 $=(5.1-0.04)\times(0.115+0.02)\text{m}^2=0.6831\text{m}^2$；

定额用量 $=(0.4864+0.6831)\times59.52\times0.49\text{kg}/100\text{m}^2=34.108\text{kg}/100\text{m}^2$

⑤护口板条　每樘门框综合取定6根。

定额用量 $=6\times59.52$ 根$/100\text{m}^2=357$ 根$/100\text{m}^2$。

2)门框安装的人工耗用量计算：

考虑内容同单扇带亮门。其中

木砖块数 $=4\times59.52\times1.06$ 块/100m² $=252$ 块/100m²

木框刷油长度 $=(5.06+0.1176)\times59.52$ m/100m² $=308.2$ m/100m²

框边塞缝长度 $=5.1\times59.52$ m/100m² $=303.6$ m/100m²

具体计算见表4-12。

表4-12 带纱单扇无亮门框安装人工计算表

项目	计算量	单位	劳动定额编号	时间定额	系数	工日/100m²
门框安装	59.52	10樘	6—4—58及有关规定3	0.0769	1.25	5.721
木砖制作	2.52	100块	7—17—278	0.0714		0.1799
木砖领料	0.369	m³	1—2—28(一)	0.0877		0.0324
木砖超运120m	0.369	m³	1—2—28(四)	0.102		0.0376
门框运输170m	0.5952	100樘	1—2—32(六)	0.833		0.4958
麻刀灰超运50m	0.353	m³	1—1—11(一)	0.0469		0.0166
门框刷油	3.08	100m	11—5—64及附注1	0.333	1.5	1.5385
木砖浸油	0.252	千块	11—5—67	0.588		0.1482
框边塞缝	30.36	10m	抹灰—18页注2	0.25		7.59
小计						15.76
定额总量			15.76×1.1			17.336

3)门框安装的机械台班计算：

计算式机械幅度差按10%；$定额台班量=\frac{含樘量\times加工量}{台班产量\times操作人数}\times(1+幅度差)$，加工量为4块木砖。

$$圆锯机台班=\frac{0.04\times59.52}{14\times3}\times1.1\ 台班/100m^2=0.06\ 台班/100m^2$$

(3)门扇制作的定额耗用量计算：

1)门扇制作的材料耗用量计算：

①木材　所考虑内容同单扇带亮，见表4-13。

表4-13 带纱单扇带亮门扇制作用料计算表

规格	名称	构件长/m	构件宽/m	构件厚/m	根数	用量/m³
54cm²以内	门扇梃料	2.040+0.050	0.040+0.005	0.095+0.005	2	0.01881
	门扇上帽	0.794+0.020	0.040+0.005	0.095+0.005	1	0.00366
	门扇中帽	0.794+0.020	0.040+0.005	0.075+0.005	3	0.00879
	门扇下帽	0.794+0.020	0.040+0.005	0.075+0.005	1	0.00293

续表

规格	名称	构件长/m	构件宽/m	构件厚/m	根数	用量/m^3
54cm^2以内	门扇下帽	0.794 + 0.020	0.040 + 0.005	0.075 + 0.005	1	0.00293
	纱扇梃料	2.040 + 0.050	0.030 + 0.005	0.095 + 0.005	2	0.01463
	纱扇上帽	0.794 + 0.020	0.030 + 0.005	0.095 + 0.005	1	0.00285
	纱扇中帽	0.794 + 0.020	0.030 + 0.005	0.075 + 0.005	1	0.00228
	纱扇下帽	0.794 + 0.020	0.030 + 0.005	0.145 + 0.005	1	0.00427
	梃压纱条	1.725 + 0.040	0.010 + 0.003	0.011 + 0.003	2	0.00064
	帽压纱条	0.604 + 0.020	0.010 + 0.003	0.011 + 0.003	4	0.000454
	小计				18	0.0593
	定额用量 100m^2	0.0593 × 59.52 × 1.06				3.7422

门芯板厚 = (0.012 + 0.005) m = 0.017m

门芯板长 = [(2.04 − 0.095 − 0.075 × 4) + 0.02 × 4 + 0.01 × 8] m = 1.805m

门芯板宽 = [(0.794 − 0.095 × 2) + 0.02 × 2 + 0.01 × 2] m = 0.664m

定额用量 = 1.805 × 0.664 × 0.017 × 59.52 × 1.13 × 1.15 × 1.06m^3/100m^2 = 1.5759m^3/100m^2

②乳白胶　同单扇带亮，即 9.35kg/100m^2。

③木楔　同单扇带亮，即 0.016m^3/100m^2。

④垫木　同单扇带亮，即 0.001m^3/100m^2。

⑤清油　同单扇带亮，因无亮，即为 1.75kg/100m^2。

⑥溶剂油　同单扇带亮，即 1.0kg/100m^2。

2）门扇制作的人工耗用量计算：

所考虑内容同“单扇带亮”，具体计算见表 4-14。

表 4-14　带纱单扇无亮门扇制作人工计算表

项目	计算量	单位	劳动定额编号	时间定额	系数	工日/100m^2
门扇制作	5.952	10 扇	7 − 12 − 172(一) + (五) × 0.18	3.64 + 1.57 × 0.18		23.3473
纱扇制作	5.952	10 扇	7 − 12 − 194(一)	1.50		8.9280
领料超运 20m	4.982	m^3	1 − 2 − 28(一)	0.0877		0.4369
门扇入库 20m	0.5952	100 扇	1 − 2 − 35(一)	0.532		0.3166
纱扇入库 20m	0.5952	10 扇	1 − 2 − 35(一)	0.532		0.3166
刷底油	7.35	100m^2	12 − 1 − 2(二)和规定 8	1.16	0.5	4.2630
小计						37.6084
定额用量	37.6084 × 1.08					40.617

3）门扇制作的机械台班计算：

计算式同前。

具体计算见表 4-15。

表 4-15　带纱双扇镶板无亮门扇制作台班计算表

机械名称		含樘量	加工量	单位	劳动定额编号	台班产量	人数	台班	幅度差	定额台班
圆锯机	门	59.52	0.12	100 根	7－1－3	6.7	3	0.355	1.1	0.97
	窗									
	板		0.32	100 根次	7－1－4	12	3	0.529		
平刨床	门	59.52	0.140	100m	7－2－11(一)	7.2	1	1.157	1.1	2.05
	窗		0.090	100m	7－2－12(一)	7.63	1	0.702		
压刨床	门	59.52	0.140	100m	7－2－7(一)	7.2	1	1.157	1.1	2.05
	窗		0.090	100m	7－2－8(一)	7.63	1	0.702		
打眼机	门	59.52	0.20	100 眼	7－5－19(一)	7.2	1	1.653	1.1	1.82
	窗									
开榫机	门	59.52	0.20	100 头	7－6－23(一)	7.2	1	1.653	1.1	1.82
	窗									
裁口机	门	59.52	0.140	100m	7－7－27(三)	9	2	0.463	1.1	0.80
	窗		0.090	100m	7－7－28(三)	10	2	0.268		

(4)门扇安装的定额耗用量计算：

1)门扇安装的材料耗用量计算：

因无亮，所用材料就只有钉铁纱用的铁钉和铁纱。

①铁纱：

铁纱高 = 同单扇有亮门 = 1.849m

铁纱宽 = [(0.794 − 0.095 × 2) + 0.062]m = 0.666m

定额用量 = $1.849 \times 0.666 \times 59.52 \times 1.16\text{m}^2/100\text{m}^2 = 1.2314 \times 59.52 \times 1.16\text{m}^2/100\text{m}^2$
$= 85.022\text{m}^2/100\text{m}^2$

②铁钉：取单扇带亮每平方米用量，即 0.0194kg/m^2

定额用量 = $1.0465 \times 59.52 \times 0.0194 \times 1.02\text{kg}/100\text{m}^2 = 1.23\text{kg}/100\text{m}^2$

2)门扇安装的人工耗用量计算：

所考虑因素同单扇有亮扇的扇安装，只是去掉门亮纱亮有关项目。具体计算见表 4-16。

表 4-16　带纱单扇无亮门扇安装人工计算表

项目	计算量	单位	劳动定额编号	时间定额	工日/100m²
门扇安装	59.52	扇	6－7－156	0.139	8.2733
纱扇安装	59.52	扇	6－7－173	0.0833	4.9580
纱扇钉纱	59.52	扇	6－7－171	0.0769	4.5771
门扇运输 170m	59.52	扇	1－2－35(六)	0.00833	0.4958
纱扇运输 170m	59.52	扇	1－2－35(六)	0.00833	0.4958
小计					18.800
定额用量	18.800 × 1.1				20.680

【例 77】 求图 4-76 无亮子铝合金地弹簧门工程量并套定额。

【解】 工程量 = $2.1 \times 1.8\text{m}^2 = 3.78\text{m}^2$

【例 78】 求图 4-77 带亮子双扇铝合金推拉窗工程量并套定额。

【解】 工程量 $=2.7\times1.8\text{m}^2=4.86\text{m}^2$

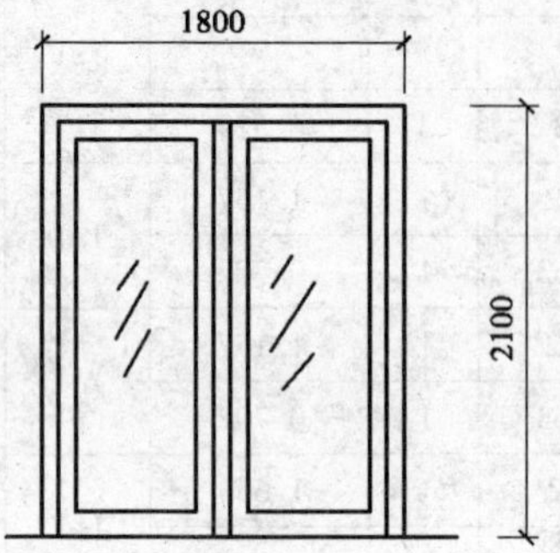

图 4-76 无亮子铝合金地弹簧门

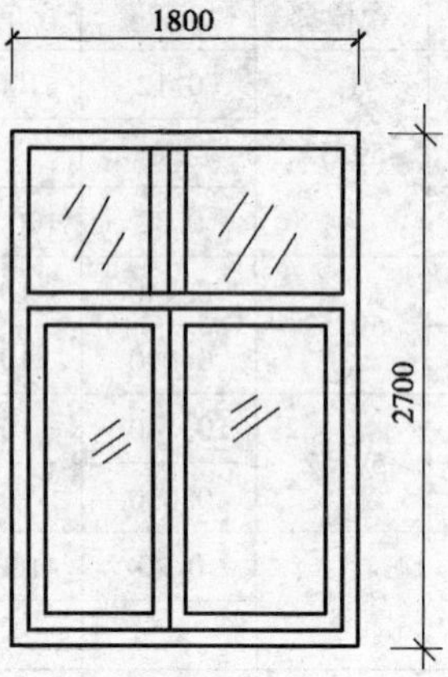

图 4-77 带亮子双扇铝合金推拉窗

【例 79】 如图 4-78 所示,求有亮地弹铝合金门工程量。

【解】 工程量 $=1.5\times2.4\text{m}^2=3.60\text{m}^2$

【例 80】 如图 4-79,求三扇有亮拉窗工程量。

【解】 工程量 $=2.4\times(1.0+0.5)\text{m}^2=3.6\text{m}^2$

【例 81】 如图 4-80 所示,求钢龙骨包不锈钢门框工程量。

【解】 工程量 $=[(2.3\times2+1.8)\times0.3+0.1^2\times2\times2]\text{m}^2=1.96\text{m}^2$

【例 82】 如图 4-81 所示,求铝合金地弹簧门工程量。

【解】 工程量 $=2.4\times3\text{m}^2=7.2\text{m}^2$

【例 83】 某办公楼需用 1800mm × 2100mm 的彩板窗(带附框),共 80 樘,计算彩板窗(带附框)工程量。

【解】 计算公式:彩板窗工程量 = 设计图示数量 = 80 樘

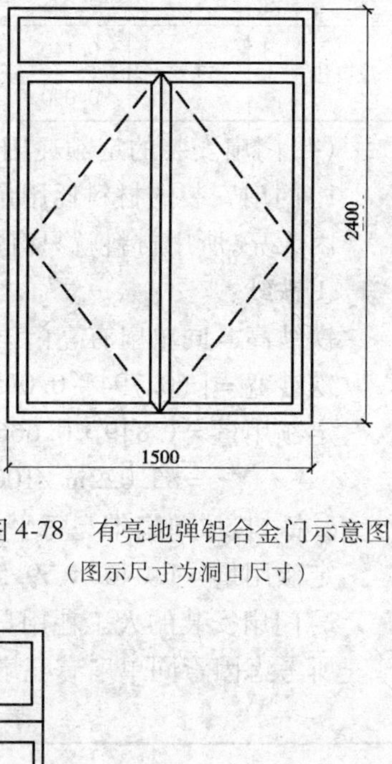

图 4-78 有亮地弹铝合金门示意图

(图示尺寸为洞口尺寸)

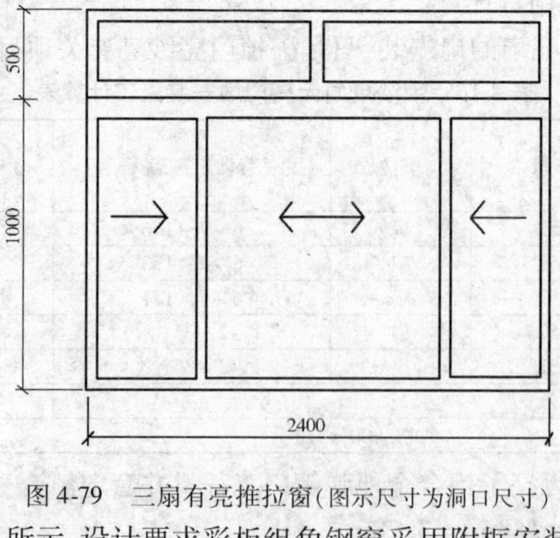

图 4-79 三扇有亮推拉窗(图示尺寸为洞口尺寸)

【例 84】 如图 4-82 所示,设计要求彩板组角钢窗采用附框安装。按附框安装节点详图,门窗的下边框不安装附框,其他三条边框安装附框(假设窗洞口尺寸为 1500mm × 1500mm)。

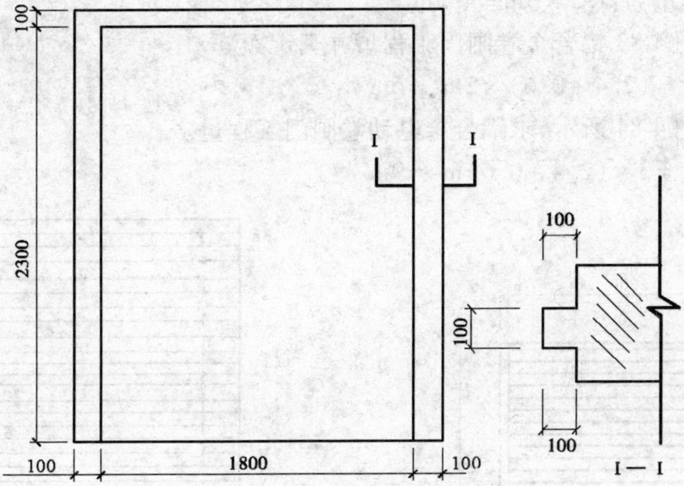

图 4-80　钢龙骨包不锈钢门框示意图

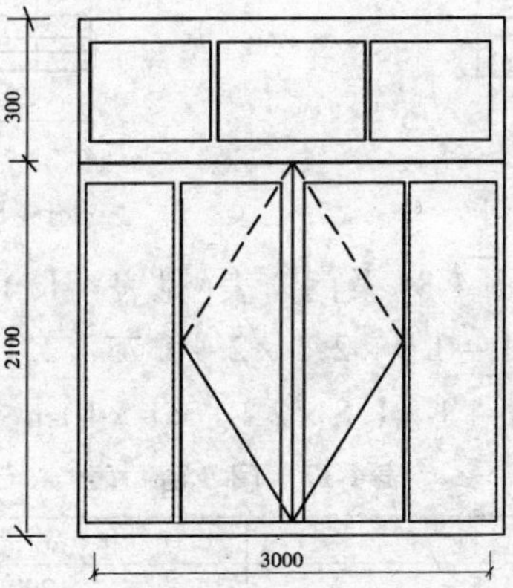

图 4-81　铝合金地弹簧门示意图

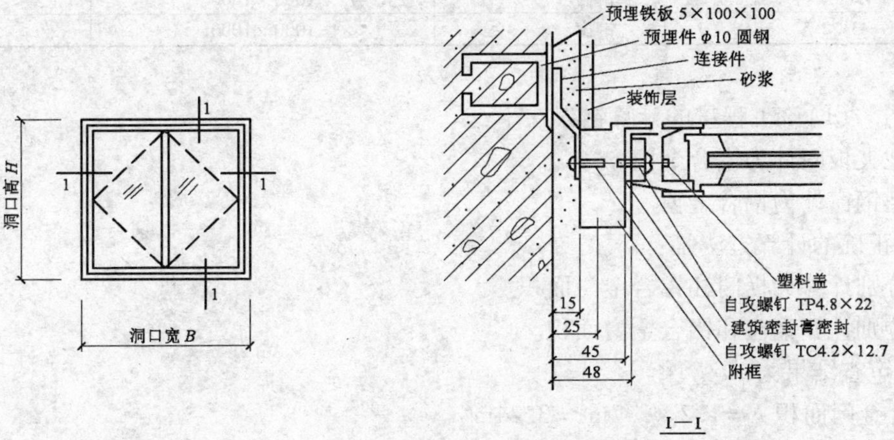

图 4-82　彩板组角钢门窗附框示意图

【解】 其工程量为：$1.5\times3\text{m}=4.5\text{m}$

【例85】 求图4-83铝合金卷闸门工程量并套定额。

【解】 工程量$=(2.4+0.6)\times2\text{m}^2=6\text{m}^2$

【例86】 如图4-84所示，求铝合金电动卷闸门工程量。

【解】 工程量$=3\times(2.4+0.6)\text{m}^2=9\text{m}^2$

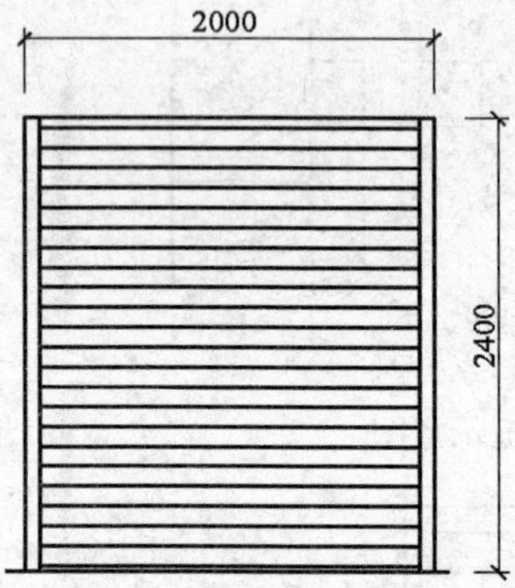

图4-83 铝合金卷闸门

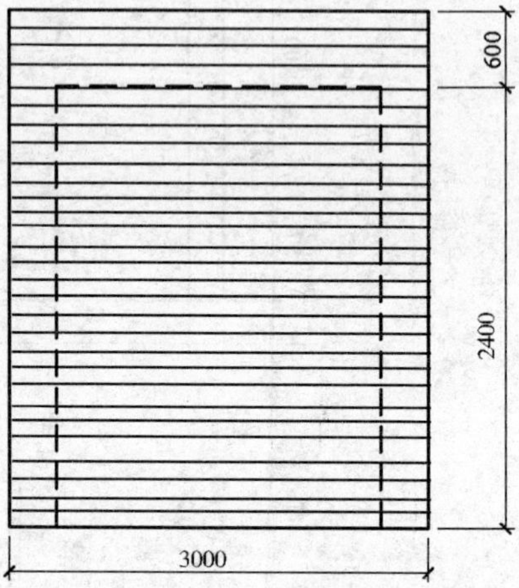

图4-84 铝合金电动卷闸门示意图

【例87】 某施工企业根据图4-85及门窗表（见表4-17）计算的门、窗工程量为：

铝合金门：$S=(1.2\times2.7\times1+0.9\times2.1\times2+0.75\times2.1\times1)\text{m}^2=8.60\text{m}^2$

铝合金窗：$S=(1.2\times1.8\times3+1\times1.8\times2+1\times1\times1)\text{m}^2=11.08\text{m}^2$

表4-17 门 窗 表

门窗	材料	规 格(宽/mm)×(高/mm)	数量
M—1	铝合金	1200×2700	1
M—2	夹板	900×2100	2
M—3	夹板	750×2100	1
C—1	铝合金	1200×1800	3
C—2	钢窗	1000×1800	2
C—3	钢窗	1000×1000	1

【解】 (1)该工程量的计算错误在于：

1)把夹板门计为铝合金门。

2)把钢窗计为铝合金窗。

(2)正确的计算方法是：

1)分别计算夹板门和铝合金门面积。

2)分别计算钢窗和铝合金窗面积。

(3)审查结果为：

铝合金门面积 $F=1.2\times2.7\text{m}^2=3.24\text{m}^2$

夹板门面积 $F=(0.9\times2.1\times2+0.75\times2.1\times1)\text{m}^2=5.355\text{m}^2$

铝合金窗面积 $F=1.2\times1.8\times3\text{m}^2=6.48\text{m}^2$

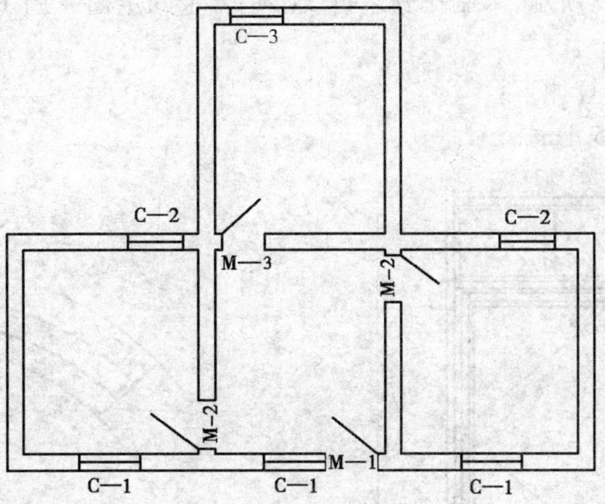

图 4-85　门窗平面布置图

钢窗面积 $F=(1\times1.8\times2+1\times1\times1)\text{m}^2=4.6\text{m}^2$

【例 88】　铝合金地弹门见图 4-86，共 7 樘。

【解】　工程量 $=3.0\times1.8\times7\text{m}^2=37.8\text{m}^2$

套用 98 定额 7—327 子目，双扇地弹簧门带上亮每 100m^2 基价为 24814.53 元

直接费：0.378×24814.53 元 $=9379.89$ 元。

【例 89】　计算如图 4-87 所示铝合金卷闸门安装工程量。

【解】　如图 4-87 所示，其安装工程量应按导槽固定位置不同以 m^2 分别计算。

(1)若导轨(槽)焊在墙和柱脊面饰面上，则工程量为：

$$F_1=(h+0.6)(b_1+b_2+a)$$

(2)若导轨焊在墙和柱两侧正中心装饰面上，其工程量按下式计算

$$F_2=(h+0.6)(b_1+b_2)$$

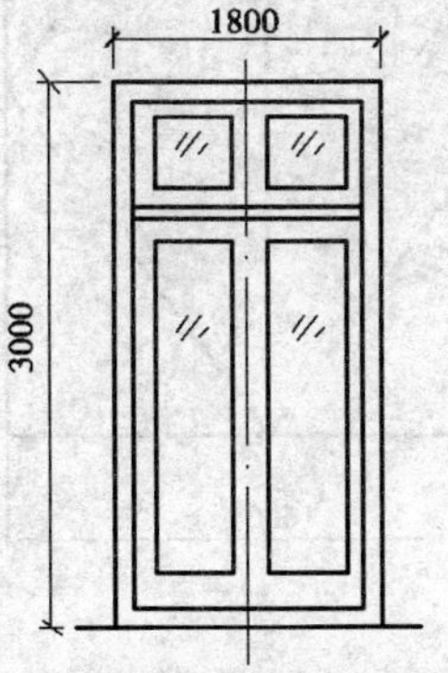

图 4-86　铝合金地弹门

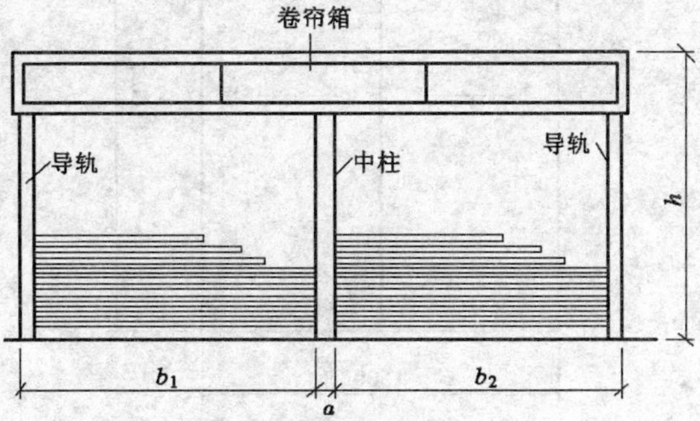

图 4-87　铝合金卷闸门

【例 90】　如图 4-88 所示，求制作安装铝合金门带窗 50 樘。

【解】　其工程量计算如下：

铝合金门工程量 $=0.9\times2.4\times50\text{m}^2=108\text{m}^2$

铝合金窗工程量 $=1.2\times1.2\times50\text{m}^2=72\text{m}^2$

【例 91】 如图 4-89 所示,求制作安装折线形铝合金固定窗 4 扇工程量(假设窗高 1.5m,每扇宽 0.85m)。

【解】 其工程量计算如下:

$0.85\times1.5\times4\mathrm{m}^2=5.1\mathrm{m}^2$

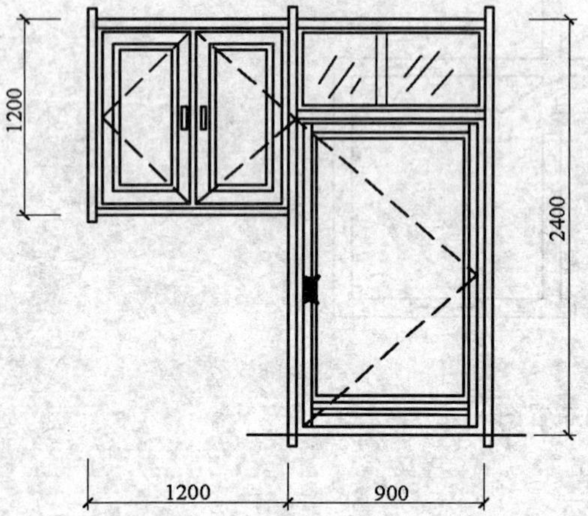

图 4-88 铝合金门带窗示意图

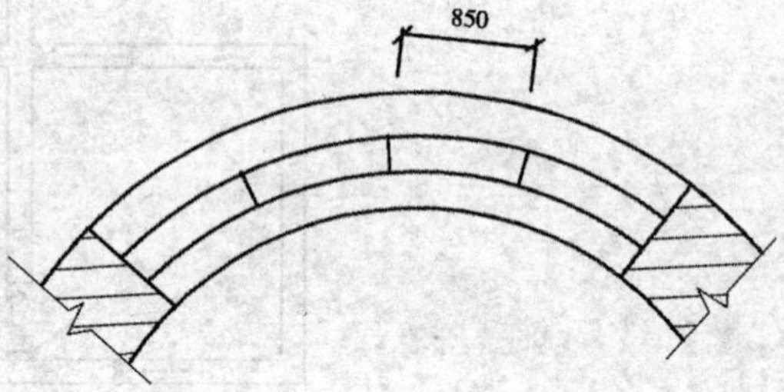

图 4-89 异形门窗平面示意图

【例 92】 如图 4-90 所示,求带纱塑料窗工程量。

【解】 工程量 $=1.5\times1.8\mathrm{m}^2=2.7\mathrm{m}^2$

【例 93】 如图 4-91 所示,求塑料门(不带亮)工程量。

【解】 工程量 $=1.6\times2.4\mathrm{m}^2=3.84\mathrm{m}^2$

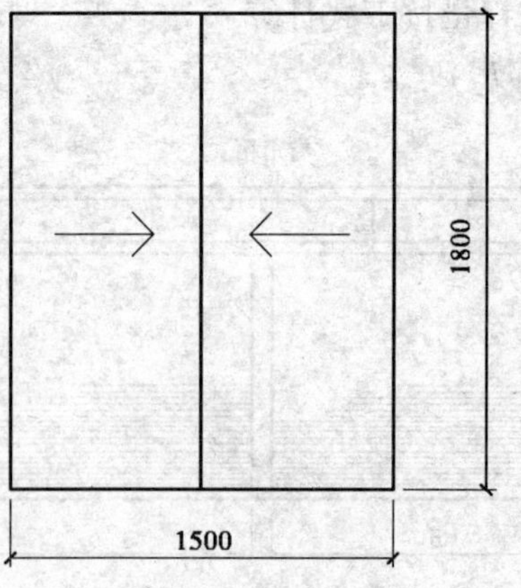

图 4-90 带纱塑料窗
(图示尺寸为洞口尺寸)

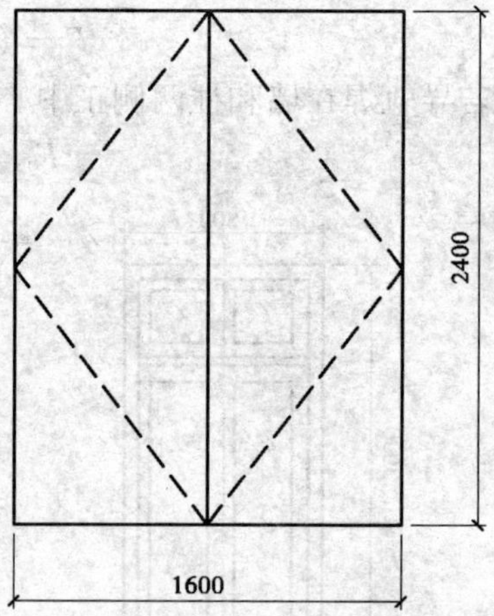

图 4-91 不带亮塑料门
(图示尺寸为洞口尺寸)

【例 94】 求图 4-92 全钢板大门工程量并套定额。

【解】 工程量 $=2.10\times2.4\mathrm{m}^2=5.04\mathrm{m}^2$

【例 95】 如图 4-93 所示,求单层钢窗带纱工程量。

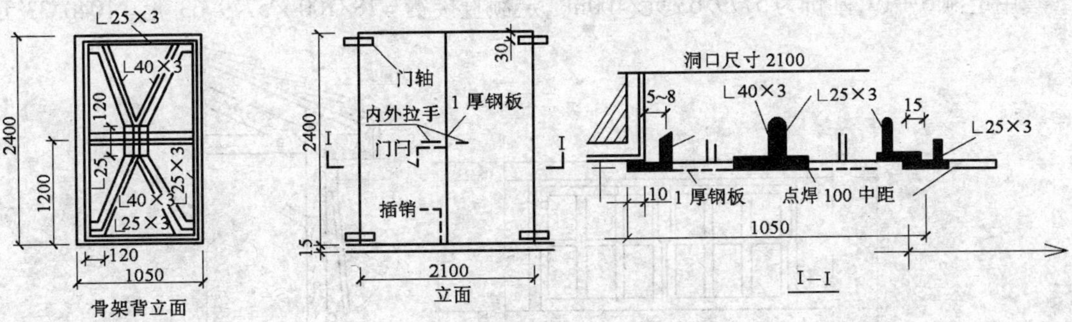

图 4-92　全钢板大门示意图

【解】　工程量 = $1.5\times1.5\text{m}^2=2.25\text{m}^2$

【例 96】　如图 4-94 所示，求单层钢门工程量。

【解】　工程量 = $1.8\times2.1\text{m}^2=3.78\text{m}^2$

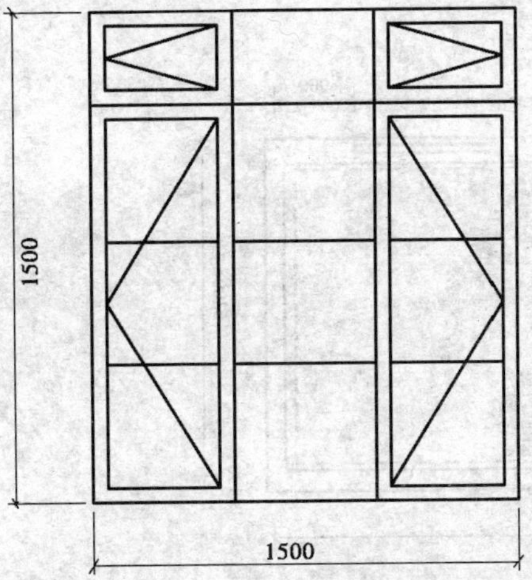

图 4-93　单层带纱钢窗示意图

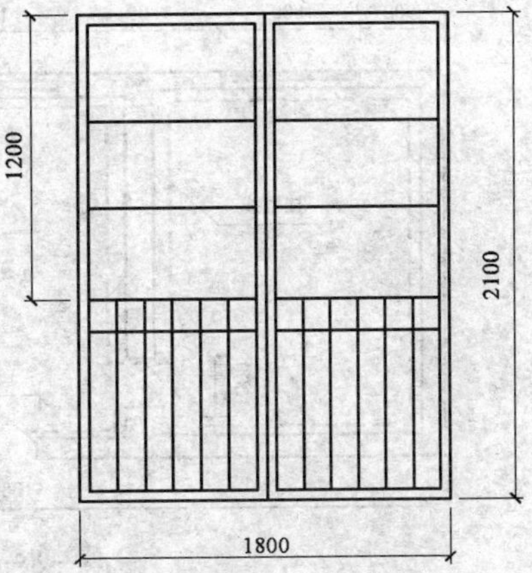

图 4-94　单层钢门示意图

（图示尺寸为洞口尺寸）

【例 97】　推拉钢木折叠门如图 4-95 所示，共 20 樘。

【解】　工程量 = $3\times3.1\times20\text{m}^2=186\text{m}^2$

套用 93 定额 07104 子目，推拉钢木大门一般型制作安装，每 10m^2 子目基价为(1582.15 + 113.69)元 = 1695.84 元

直接费：18.6 × 1695.84 元 = 31542.62 元。

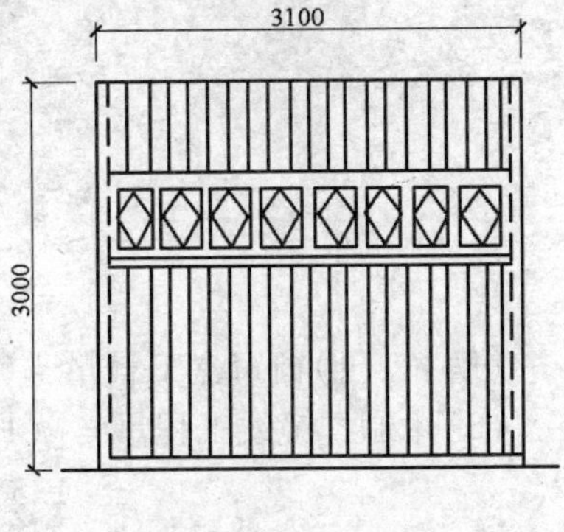

图 4-95　推拉钢木门

【例 98】　某单层工业厂房采用如图 4-96 所示全中悬单层天窗，长为 28m，求中悬天窗及天窗上下挡板的定额直接费。

【解】　天窗工程量 = $28\text{m}^2\times1.50$ 元 = 42m^2

套定额 6—12，基价为 9737.88 元/100m^2

定额直接费 = 42/100 × 9737.88 元 = 4089.91 元

天窗上、下挡板工程量 = $28\times0.3\times2\text{m}^2=16.8\text{m}^2$

套用定额6—19，基价为5779.63元/100m²，定额直接费 = 18/100 × 5779.63元 = 1040.33元。

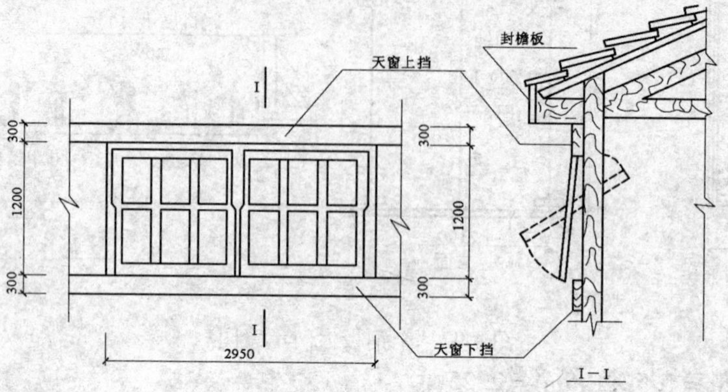

图4-96　中悬天窗

【例99】　如图4-97所示，某宾馆三间套房，试计算其木装修部分窗帘盒、挂镜线、披水条等工程量。

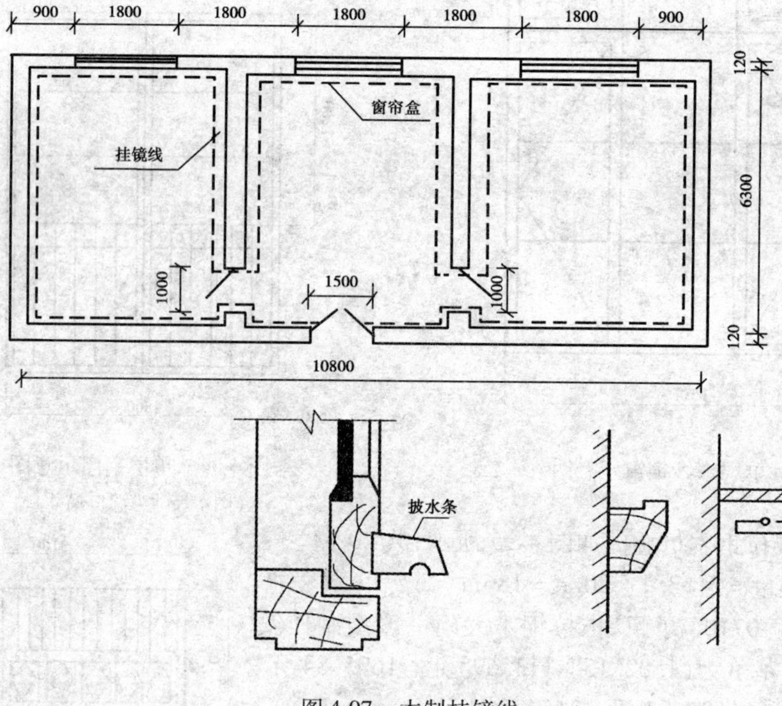

图4-97　木制挂镜线

注：内外墙厚均为240

【解】　(1)窗帘盒工程量 = (0.15 × 2 + 1.8) × 3m = 6.3m

(2)木制挂镜线工程量 = [(10.8 − 0.24) × 2 + (6.3 − 0.24) × 2 − (1.8 + 0.15 × 2) × 3 − 1.5 − 1.0 × 2]

= 23.44m

(3)披水条工程量 = (1.8 + 0.15 × 2) × 3m = 6.3m

【例 100】 某房间做硬木窗帘盒如图 4-98 所示,计算硬木窗帘盒工程需用量。

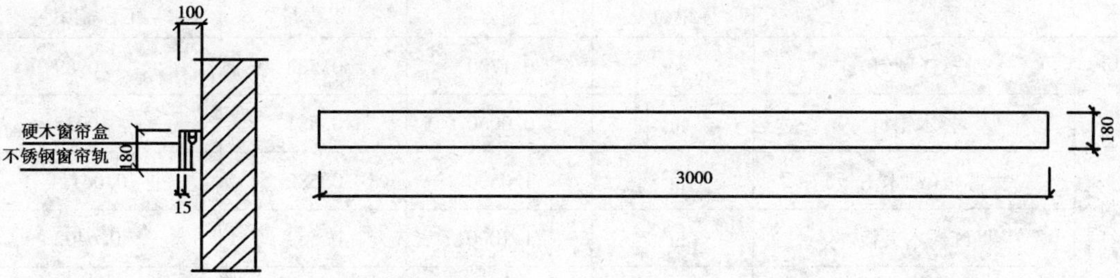

图 4-98 硬木窗帘盒

【解】 硬木窗帘盒工程量:3.0m

因为窗帘盒定额按 430mm 宽考虑的,而硬木窗帘盒实际宽(180+100)mm=280mm,定额内硬木锯材含量需要调整,每米硬木窗帘盒定额内含量为 0.0090m^3,而硬木窗帘盒每米实际用量为 0.28×1×0.015×(1+5%)=0.0044m^3,所以此硬木窗帘盒硬木锯材应为 0.0044m^3,套用定额 4-085,其工程需用量见表 4-18。

表 4-18 硬木窗帘盒工程需用量

名称		单位	定额含量	工程量	工程需用量
人工	综合人工	工日	0.1000	3.0	0.3000
材料	膨胀螺栓	套	1.1000	3.0	3.300
	合金钢钻头 φ10	个	0.0069	3.0	0.0207
	硬木锯材	m^3	0.0044	3.0	0.0132
	其他材料费(占材料费)	%	0.3000	3.0	0.9000
机械	电锤	台班	0.0138	3.0	0.0414

【例 101】 某房间做榉木板面层窗台板,如图 4-99 所示,计算此窗台板工程需用量。

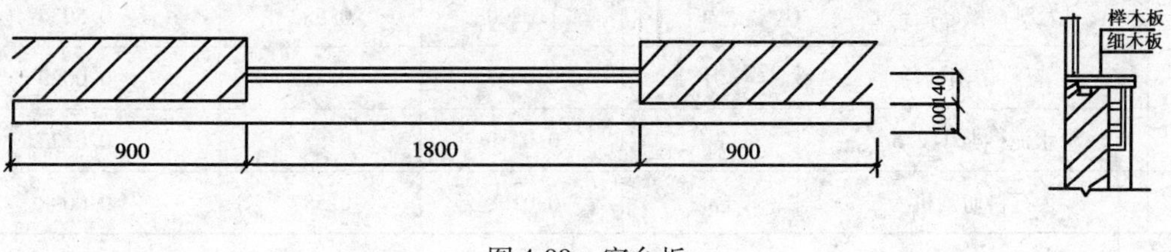

图 4-99 窗台板

【解】 榉木板饰面窗台板工程量:(0.14×1.8+0.1×3.3)m^2=0.582m^2

套用定额 4-087

其榉木板窗台板工程需用量见表 4-19。

表 4-19 榉木板窗台板工程需用量

名称		单位	定额含量	工程量	工程需用量
人工	综合人工	工日	0.3600	0.582	0.2095

续表 4-19

名称		单位	定额含量	工程量	工程需用量
材料	铁钉(圆钉)	kg	0.1700	0.582	0.0989
	杉木锯材	m^3	0.0060	0.582	0.0035
	大芯板(细木工板)	m^2	1.0500	0.582	0.06111
	红榉木夹板	m^2	1.1000	0.582	0.6402
	聚醋酸乙烯乳液	kg	0.3000	0.582	0.1746
	其他材料费(占材料费)	%	0.3000	0.582	0.1746

【例 102】 某房间做大理石窗台板如图 4-100 所示,计算此窗台板工程需用量。

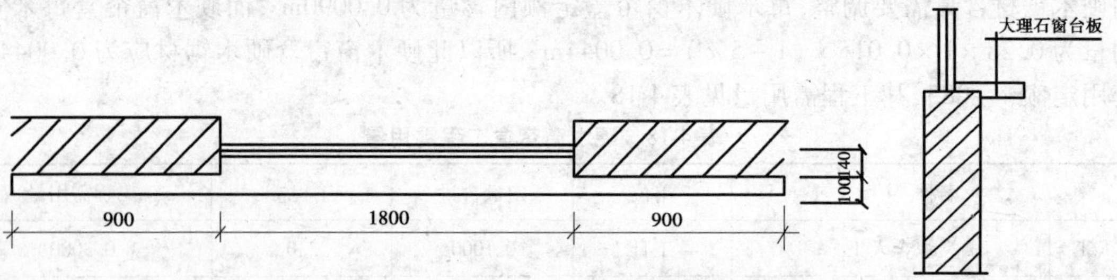

图 4-100 窗台板

【解】 大理石窗台板工程量:$(0.14\times1.8+0.1\times3.3)m^2=0.582m^2$ 套用定额 4—088。其大理石窗台板工程需用量见表 4-20。

表 4-20 大理石窗台板工程需用量

名称		单位	定额含量	工程量	工程需用量
人工	综合人工	工日	0.6700	0.582	0.3899
材料	大理石板(综合)	m	1.0200	0.582	0.5936
	石料切割锯片	片	0.0035	0.582	0.0020
	水泥砂浆 1:2.5	m^3	0.0210	0.582	0.0122
机械	石料切割机	台班	0.0168	0.582	0.0098

【例 103】 如图 4-101 所示,求窗钉披水条工程量。

注释:门窗钉披水条,按图示尺寸以延长米计算。

【解】 工程量 $=1\times1.5m=1.5m$

套用基础定额:7—358。

【例 104】 某窗台板如图 4-102 所示。门洞:1500mm×2100mm,塑钢窗居中立樘。试计算窗台板清单工程量及材料消耗工程量。(参照《全国统一建筑装饰装修工程消耗量定额》)

【解】 窗台板清单工程量 $=1.5m$

窗台板工程消耗量 = 窗台板面宽 × 进深 $=1.5\times0.1m^2=0.15m^2$

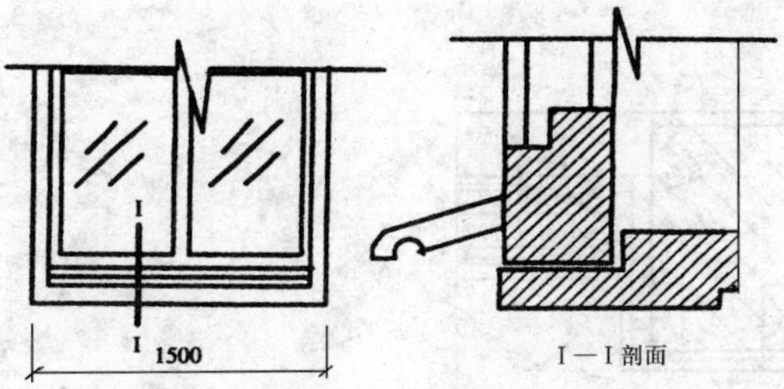

图 4-101　窗钉披水条示意图

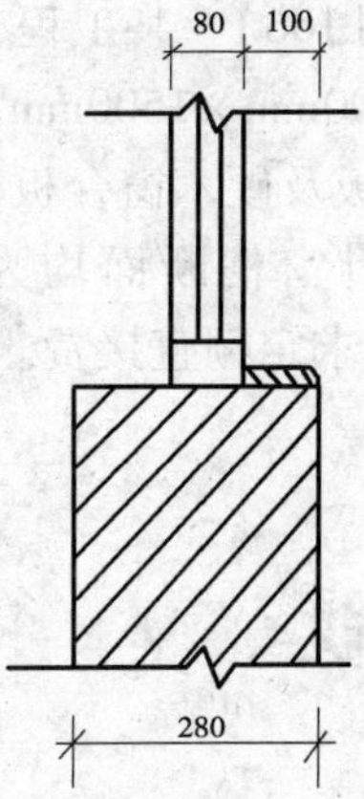

图 4-102　窗台板示意图

【例 105】　某中学教学楼设计中采用了部分门连窗，如图 4-103 所示，共 50 樘，其中 30 樘只带纱门窗，20 樘只带纱窗扇，计算该门连窗部分的制作、安装定额直接费。

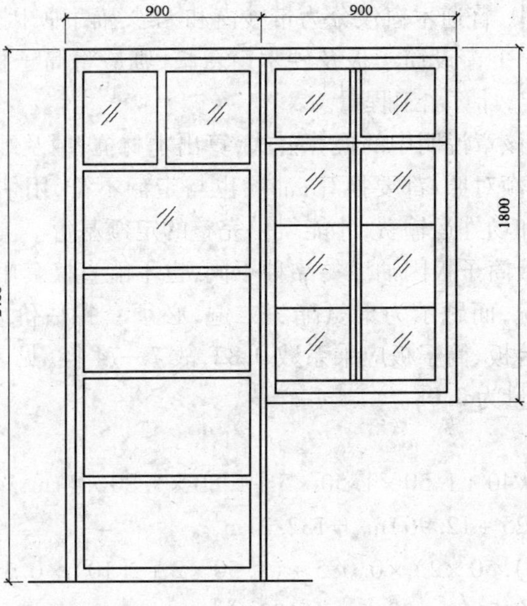

图 4-103　门连窗

【解】　门连窗工程量 = $(2.4\times0.9+1.8\times0.9)\text{m}^2=3.78\text{m}^2$

带纱门扇工程量 = $3.78\times30\text{m}^2=113.4\text{m}^2$

套定额 6—10。

基价 = $(13612.07-1349.87)$元/100m^2 = 12262.20 元/100m^2

定额直接费 = $113.4/100\times12262.20$ 元 = 13905.33 元

带纱窗扇工程量 = $3.78\times20\text{m}^2=75.6\text{m}^2$

套定额 6—11。

基价 = $(9521.81+1349.87)$元/100m^2 = 10871.68 元/100m^2

定额直接费 = $75.6/100\times10871.68$ 元 = 8218.99 元。

【例 106】 某工程有 C—1 窗 40 樘,洞口尺寸为 1800mm × 1500mm;C—2 窗 5 樘,洞口尺寸为 1500mm × 1500mm;C—3 窗 4 樘,洞口尺寸为 1800mm × 1800mm。其中 C—1 窗设有胶合板筒子板及硬木窗台板,如图 4-104 所示。以上木窗均由加工厂制作,油漆均为聚氨酯漆二遍。设计窗框断面均为 55mm × 110mm,窗扇断面 40mm × 60mm,设计纱窗断面 35mm × 55mm。求定额直接费。

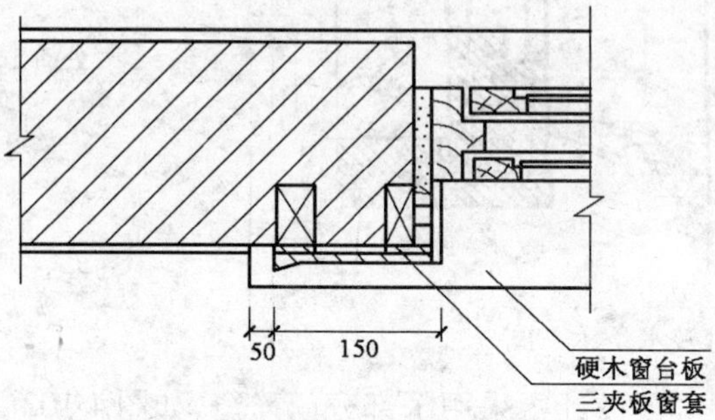

图 4-104 窗台板示意图

【解】 在综合定额中,普通木窗仅分为带纱窗和无纱窗两种,因此工程量计算可将 C—1、C—2、C—3 合并计算,C—1 窗设筒子板及硬木窗台板,则应将筒子板和窗台板按照工程量计算规则第(5)、(7)条规定,计算出工程量。

在套用定额时,根据该章说明中的换算公式,算出木材框、扇及纱窗的体积,进行换算。本例窗框、窗扇及纱扇与定额对照,都要换算;油漆也与定额不符,用估价表 11-312 子目进行换算;加工厂制作,还应增加场外运输费,才能得出完整的定额基价。

硬木窗台板和胶合板筒子板因油漆的品种不同,也不能直接套用 7—74 和 7—77 子目,因两子目均采用调和漆两遍,而题示为聚氨酯漆二遍,必须套省估价表 7-314 子目聚氨酯漆二遍,根据估价表规定,窗台板、筒子板应乘系数 0.82,故 7—74 换(见表 4-23)及 7—77 换(见表 4-24)中聚氨酯漆二遍数量为 0.08。

(1)工程量计算:

窗: $(1.80 \times 1.50 \times 40 + 1.50 \times 1.50 \times 5 + 1.80 \times 1.80 \times 4)\,m^2$

$= (108.00 + 11.25 + 12.96)\,m^2 = 132.21m^2$

筒子板: $[(1.80 + 1.50 \times 2) \times 0.085 + (1.50 \times 2 + 2.10) \times 0.15] \times 40m^2$

$= (0.408 + 0.765) \times 40m^2 = 46.92m^2$

窗台板: $[(1.80 + 0.15 \times 2 + 0.05 \times 2) \times (0.085 + 0.03) \times 40m^2$

$= 2.20 \times 0.115 \times 40m^2 = 10.12m^2$

(2)直接费计算见表 4-21。

表 4-21 直接费计算

综合定额编号	综合项目名称	单 位	数 量	单价/元	合价/元
7—34 换	普通木窗(带纱窗)	$10m^2$	13.221	1414.43	18700.18
7—74 换	硬木窗台板	$10m^2$	0.987	512.88	506.21
7—77 换	胶合板筒子板	$10m^2$	4.575	602.78	2757.72
	直接费合计				21964.11

表中定额基价换算方法如下：

①一般玻璃窗框估价表7-178框断面66cm^2，窗框木材3.107$m^3/100m^2$，基价3621.87元/100m^2

设计材积$=\frac{5.8\times11.5}{66}\times3.107m^3/100m^2=1.011\times3.107m^3/100m^2=3.14m^3/100m^2$

估价表7-178换，单价调整为$[(3.14-3.107)\times1000+3621.87]$元/100$m^2$ $=(33.00+3621.87)$元/100m^2 $=3654.87$元/100m^2

②玻璃窗扇按估价表7-164，扇断面27cm^2，窗框木材1.703$m^3/100m^2$

设计材积$=\frac{4.5\times6.5}{27}\times1.703m^3/100m^2=1.845m^3/100m^2$

表4-22　7-34换　普通木窗带纱窗

估价表编号	综合项目名称	单　位	单价/元	数　量	合价/元
7-178换	单层一玻一纱窗框制作	100m^2	3654.87	0.10	365.49
7-179	单层一玻一纱窗框安装	100m^2	183.99	0.10	18.40
7-180换	单层一玻一纱窗扇制作	100m^2	4361.06	0.10	436.11
7-181	单层一玻一纱窗扇安装	100m^2	2861.06	0.10	286.11
7-370	窗五金	档	15.18	5.56	84.40
11-312	聚氨酯漆二遍	100m^2	1333.24	0.14	186.65
6-149	场外运输	100m^2	372.69	0.10	37.27
	基价				1414.43

③纱窗扇按估价表扇断面为21cm^2，纱窗扇木材；3.078（估价表7-180）$-$1.703（估价表7-164）$=1.375m^3/100m^2$

设计材积$=\frac{4.0\times6.0}{21}\times1.375m^3/100m^2=1.571m^3/100m^2$

估价表7-180换窗扇加纱扇木材合计$(1.845+1.571)m^3/100m^2=3.416m^3/100m^2$

估价表7-180换单价为$[(3.416-3.078)\times1000+4023.06]$元/100$m^2$ $=4361.06$元/100m^2

表4-23　7-74换　硬木窗台板

估价表编号	综合项目名称	单　位	单价/元	数　量	合价/元
7-329	硬木窗台板	100m^2	4419.96	0.10	442.00
11-314	聚氨酯漆二遍	100m^2	885.99	0.08	70.88
	基　价				512.88

表4-24　7-77换　胶合板筒子板

估价表编号	综合项目名称	单　位	单价/元	数　量	合价/元
7-330换	胶合板筒子板	100m^2	5318.95	0.10	531.90
11-314	聚氨酯漆二遍	100m^2	885.99	0.08	70.88
	基　价				602.78

【例 107】 2002 年《装饰消耗量定额》铝合金门窗中，定额编号 4—002 的材料耗用量为：铝合金型材 $7.125kg/m^2$，6mm 平板玻璃 $0.8798m^2/m^2$，密封毛条 $1.5987m/m^2$，膨胀螺栓 12.5926 套$/m^2$，拉杆螺栓 $0.1309kg/m^2$，螺钉 10.6815 个$/m^2$，地脚 6.2963 个$/m^2$，软填料 $0.5271kg/m^2$，玻璃胶 0.359 支$/m^2$，密封油膏 $0.4219kg/m^2$，试列出计算式。

【解】 该定额采用图纸尺寸如图 4-105 所示，门洞口面积 $=1.2\times2.7m^2=3.24m^2$，含樘量 $=1m^2\div3.24m^2=0.30864$ 樘$/m^2$。

门框型材规格为 $100mm\times44mm\times1.5mm$。按图 4-105 各构件计算如下：

(1)铝合金型材计算

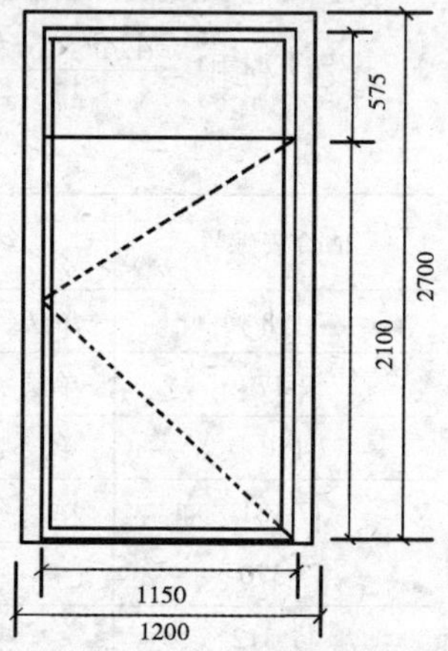

图 4-105 单扇门

门外框型材用量 =（框长 + 框宽）× 单位重

$=(2.6756+1.15)m\times2\times1.165kg/m$

$=8.9123kg$

扇边料型材用量 = 边料长 × 单位重

$=2.1m\times2\times1.038kg/m$

$=4.2\times1.038kg=4.3596kg$

扇上横料型材用量 = 上横料长（扇宽 − 边框）× 单位重

$=(1.15-0.088)m\times1.3329kg/m$

$=1.062\times1.3329kg=1.4155kg$

扇下横料型材用量 = 下横料长（扇宽 − 边框）× 单位重

$=(1.15-0.088)m\times2.013kg/m$

$=1.062\times2.013kg=2.1378kg$

玻璃压条用量 =（扇上下横条长 + 扇边条长 + 亮横条长 + 亮竖条长）× 单位重

其中：上下横条长 = 扇宽 − 边框 − 扇边；边条长 = 扇高 − 上下框 − 上下横 − 留空；亮横条长 = 高宽 − 边框 − 竖条 − 留空；亮竖条长 = 亮高 − 上下框 − 留空。其中留空多少没有具体规定，也可不留。因此

玻璃压条用量 $=[(1.15-0.24)m\times4+(2.1-0.266)m\times4+(1.15-0.134)m\times4+(0.575-0.107)m\times4]\times0.16046kg/m$

$=(3.64+7.336+4.064+1.872)m\times0.16046kg/m$

$=16.912\times0.16046kg=2.7137kg$

则铝合金型材耗用量 = ∑型材用量 × 含樘量 × 损耗系数

$=(8.9123+4.3596+1.4155+2.1378+2.7137)kg\times0.30864$ 樘$/m^2\times1.06$

$=6.3923kg$

(2)6mm 玻璃计算

玻璃耗用量计算，其中型材占用面宽平均取为 0.0397m，玻璃损耗按 3%，则：

玻璃耗用量 $=[2.675m\times1.15m-(4.2+1.062+1.062)m\times0.0397m]\times0.30864$ 樘$/m^2\times1.03$

$=(3.0763-0.2511)\times0.30864\times1.03m=0.8981m$

(3)密封毛条计算

密封毛条按门扇边料计算。

密封毛条 =（扇高 - 上下留空）× 边数 × 含樘量 × 损耗系数

$= (2.1 - 0.0445)\text{m} \times 2$ 边 $\times 0.30864$ 樘/$\text{m}^2 \times 1.05 = 1.3323\text{m}$

（4）玻璃胶计算

玻璃胶按玻璃压条长度的 50% 计算，每支玻璃胶按涂 8.8m 长，损耗为 11%，则

玻璃胶耗用量 $= 16.912 \times 0.5 \div 8.8\text{m}$/支 $\times 0.30864$ 樘/$\text{m}^2 \times 1.11 = 0.3292$ 支/m^2

（5）地脚及膨胀螺栓计算

地脚根据门宽 1.2m 按上 2 下 1 个，门高 2.7m 按两边各 7 个，共取定 17 个计算，则

地脚耗用量 $= 17$ 个 $\times 0.30864 = 5.2469$ 个/m^2

膨胀螺栓，按每个地脚 2 套计算，即 5.2469 个/$\text{m}^2 \times 2$ 套/个 $= 10.4938$ 套/m^2。

（6）螺钉及拉杆螺栓计算

螺钉按单扇门 28 只加损耗 3% 计算，即 28 只/樘 $\times 0.30864$ 樘/$\text{m}^2 \times 1.03 = 8.9012$ 只/m^2。

拉杆螺栓，带上亮单扇门按 34.65kg/100m^2，加损耗 2% 计算，即

拉杆螺栓 $= 34.65\text{kg}/100\text{m}^2 \times 0.30864$ 樘/$\text{m}^2 \times 1.02 = 0.1091\text{kg}/\text{m}^2$

（7）软填料及密封油膏计算

软填料按断面 $0.03\text{m} \times 0.0837\text{m} = 0.00251\text{m}^2$，损耗 3%，单位重为 $86.02\text{kg}/\text{m}^3$，其计算式为：

填料耗用量 = 填料断面 × 洞口周长 × 单位重 × 含樘量 × 损耗系数

$= 0.00251\text{m}^2 \times 0.6\text{m} \times 86.02\text{kg}/\text{m}^3 \times 0.30864$ 樘/$\text{m}^2 \times 1.03$

$= 0.04118\text{kg}/\text{m}^2$

密封油膏断面按 $0.08\text{m} \times 0.0016\text{m} = 0.00128\text{m}^2$ 计算，损耗按 3%，单位重按 $1350\text{kg}/\text{m}^3$，计算式为：

密封油膏耗用量 = 密封断面 × 洞口周长 × 单位重 × 含樘量 × 损耗系数

$= 0.000128\text{m}^2 \times 6.6\text{m} \times 1350\text{kg}/\text{m}^2 \times 0.30864$ 樘/$\text{m}^2 \times 1.03$

$= 0.3626\text{kg}/\text{m}^2$

【例 108】 2002 年《装饰消耗量定额》铝合金门窗中，定额编号 4—003 的材料耗用量为：铝合金型材 $7.1134\text{kg}/\text{m}^2$，6mm 平板玻璃 $0.9054\text{m}^2/\text{m}^2$，密封毛条 $1.6914\text{m}/\text{m}^2$，膨胀螺栓 7.9365 套/$\text{m}^2$，拉杆螺栓 0.1336 套/$\text{m}^2$，螺钉 4.3598 个/$\text{m}^2$，地脚 3.9683 个/$\text{m}^2$，软填料 $0.3582\text{kg}/\text{m}^2$，玻璃胶 0.3943 支/$\text{m}^2$，密封油膏 $0.2867\text{kg}/\text{m}^2$，试列出计算式。

【解】 该定额采用图纸尺寸如图 4-106 所示，门洞口面积 $= 1.5 \times 2.1 = 3.15\text{m}^2$，含樘量 $= 1\text{m}^2 \div 3.15 = 0.31746$ 樘/m^2。门框型材规格仍为 $100\text{mm} \times 44\text{mm} \times 1.5\text{mm}$。门扇采用 46 系列型材。按图 4-106 各构件计算如下：

（1）铝合金型材计算

门外框型材用量 =（框长 + 框宽）× 单位重

$= (2.075 + 1.45)\text{m} \times 2 \times 1.165\text{kg}/\text{m}$

$= 7.05 \times 1.165\text{kg} = 8.2133\text{kg}$

扇边料型材用量 = 边料长 × 单位重

$= (2.075 - 0.088)\text{m} \times 4 \times 1.038\text{kg}/\text{m}$

$= 7.948 \times 1.038\text{kg} = 8.25\text{kg}$

扇上横料型材用量 = 上横料长 × 单位重

$= (0.725 - 0.146)\text{m} \times 2 \times 1.3329\text{kg}/\text{m}$

$=1.158\times1.3329kg=1.5435kg$

扇下横料型材用量 = 下横料长 × 单位重

$=(0.725-0.146)m\times2\times2.013kg/m$

$=1.158\times2.013kg=2.3311kg$

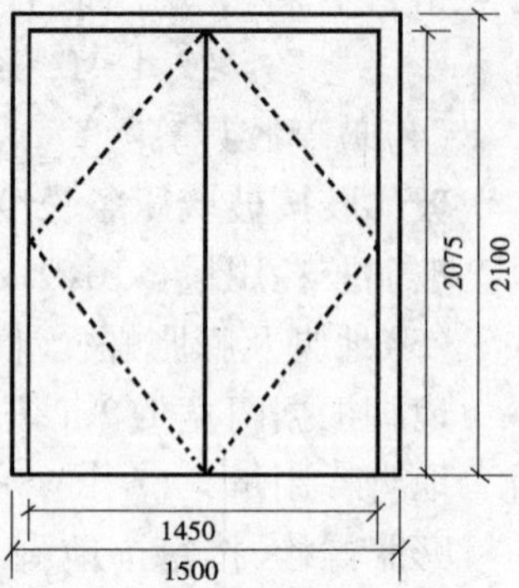

图 4-106　无亮双扇门

玻璃压条用量 =（扇上下横条长 + 扇边条长 + 上亮横条长 + 上亮边条长）× 单位重

$=[(0.725-0.146)m\times8+(2.075-0.213)m\times8]\times0.16046kg/m$

$=(4.632+14.896)\times0.16046kg$

$=19.528\times0.16046kg=3.1335kg$

则铝合金型材耗用量 = ∑型材用量 × 含樘量 × 损耗系数

$=(8.2133+8.25+1.5435+2.3311+3.1335)kg\times0.31746$ 樘/$m^2\times1.06$

$=7.8983kg$

(2)6mm 玻璃计算

玻璃耗用量计算，其中型材占用面宽平均取为 0.0284m，玻璃损耗按 3%，则：

玻璃耗用量 $=[2.075m\times1.45m-(7.948+1.158+1.158)m\times0.0284m]\times0.31746$ 樘/$m^2\times1.03$

$=(3.0088-0.2915)m^2\times0.31746$ 樘/$m^2\times1.03=0.8885m^2/m^2$

(3)密封毛条计算

密封毛条 =（扇高 − 上下留空）× 边数 × 含樘量 × 损耗系数

$=(2.075-0.553)m\times4$ 边 $\times0.31746$ 樘/$m^2\times1.05=2.0286m^2/m^2$

(4)玻璃胶计算

玻璃胶按玻璃压条长度 57% 计算，每支玻璃胶按涂 8.8m 长，损耗为 11%，则

玻璃胶耗用量 $=19.528\times0.57\div8.8m$/支 $\times0.31746$ 樘/$m^2\times1.11$

$=0.4457$ 支/m^2

(5)地脚及膨胀螺栓计算

地脚依门宽 1.5m 按上 3 下 2 个，门高 2.1m 按两边各 5 个，共取定 15 个计算，则 15 个 × 0.31746 樘/$m^2=4.7619$ 个/m^2

膨胀螺栓按每个地脚 2 套计算，即 4.7619 个 × 2 套/个 = 9.5238 套。

(6)螺钉及拉杆螺栓计算

螺钉按 16 只加损耗 3% 计算，即 16 只 × 0.31746 樘/$m^2\times1.03=5.2317$ 只/m^2。

拉杆螺栓，无侧亮无上亮双扇门按 $49.51kg/100m^2$，加损耗 2% 计算，即

拉杆螺栓耗用量 $=0.4951kg/m^2\times0.31746$ 樘/$m^2\times1.02=0.16032kg/m^2$。

(7)软填料及密封油膏计算

软填料按断面 $0.03m\times0.0849m=0.002547m^2$，损耗 3%，单位重为 $86.02kg/m^3$，其计算式为：

填料耗用量 = 填料断面 × 洞口周长 × 单位重 × 含樘量 × 损耗系数

$=0.002547m^2\times5.7m\times86.02kg/m^3\times0.31746$ 樘/$m^2\times1.03$

$=0.4083kg/m^2$

密封油膏断面按 0.0117m × 0.0111m = 0.0001299m^2 计算，损耗按 3%，单位重按 1350kg/m^3，其计算式为：

密封油膏耗用量 = 密封断面 × 洞口周长 × 单位重 × 含樘量 × 损耗系数

= 0.0001299m^2 × 5.7m × 1350kg/m^3 × 0.31746 樘/m^2 × 1.03

= 0.3268kg/m^2

【例 109】 平开木板大门取定的洞口尺寸为 3.0m × 3.0m = 9m^2；含樘量 = 100 ÷ 9 樘/100m^2 = 11.111 樘/100m^2。门的构造如图 4-107 所示，试列出计算式。

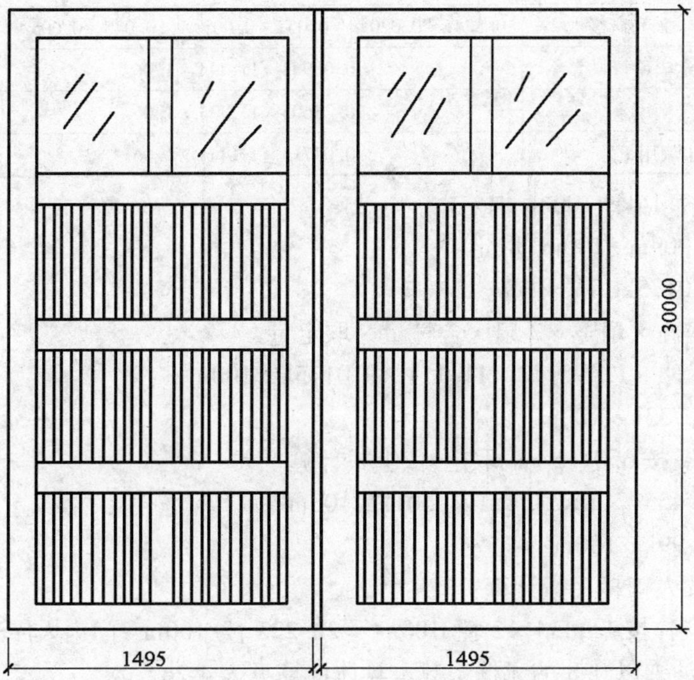

图 4-107 木板大门

【解】 (1)门扇制作定额的耗用量计算：

1)门扇制作的材料耗用量计算：

①木料：门扇所用木料见表 4-25。

②扇面木板：板厚按 15mm，计 6 × 2 = 12 档，损耗率：制作 13%，安装 6%，运输堆放 3%，总计 22%。

每挡板高 = 净宽 + 裁口 + 后备长

= (0.5605 + 0.03 + 0.02) m = 0.6105m

每挡板宽 = 净宽 + 裁口 + 后备长

= (0.5495 + 0.03 + 0.02) m = 0.5995m

定额用量 = 0.6105 × 0.5995 × 12 × 0.02 × 11.111 × 1.22m^3/100m^2

= 1.191m^3/100m^2

③铁钉：按 0.0296kg/樘取定；损耗 2%。

定额用量 = 0.0296 × 11.111 × 1.02kg/100m^2 = 0.335kg/100m^2

表 4-25　平开木板大门带采光窗门窗木料计算表

规格	名称	构件长/m	构件宽/m	构件厚/m	根	用量/m^3
$54cm^2$ 内中方	门扇边挺	2.98 + 0.050	0.132 + 0.005	0.052 + 0.005	6	0.14197
	门扇上帽	1.459 + 0.020	0.132 + 0.005	0.052 + 0.005	2	0.02310
	门扇中帽	1.495 + 0.020	0.132 + 0.005	0.052 + 0.005	6	0.07098
	小计					0.23605
55 ~ $100cm^2$	门扇下帽	1.495 + 0.020	0.210 + 0.005	0.052 + 0.005	2	0.03713
$54cm^2$ 内小方	采光窗棱木	0.8245 + 0.020	0.052 + 0.005	0.045 + 0.005	4	0.00963
$54cm^2$ 内小方定额用量		0.00963 × 11.111 × 1.06				0.1134
$54cm^2$ 内中方定额用量		0.23605 × 11.111 × 1.06				2.7801
55 ~ $100cm^2$ 定额用量		0.03713 × 11.111 × 1.06				0.4373

④乳白胶：按 7.14kg/$100m^2$ 取定。

⑤木楔：按 0.009m^3/$100m^2$ 取定。

⑥清油：按 0.0175kg/m^2 取定。

清油用量 = 扇高 × 扇宽 × 2 扇 × 含樘量 × 取定量

= 2.98 × 1.495 × 2 × 11.111 × 0.0175kg/$100m^2$

= 1.733kg/$100m^2$

⑦油漆溶剂油：按 0.01kg/m^2 取定，依上式计算。

定额用量 = 4.4551 × 2 × 11.111 × 0.01kg/$100m^2$

= 0.99kg/$100m^2$

2）门扇制作的人工耗用量计算：

门扇制作（双扇）按 11.111 × 2 樘/$100m^2$ = 22.222 樘/$100m^2$、门扇入库运输工按普通木门的 3 倍计算、刷底油乘以 0.8 的无框系数。具体计算见表 4-26。

表 4-26　平开木板大门带采光窗门扇制作人工计算表

项　目	计算量	单位	劳动定额编号	时间定额	系数	工日/$100m^2$
门扇制作	2.2222	10 扇	7—12—197（一）	16.70	1	37.111
领运木料超 20m	4.522	m^3	1—2—28（一）	0.0877	1	0.397
门扇入库 20m	0.2222	100 扇	1—2—35（一）	0.532	3	0.355
刷底油	10	$10m^2$	12—1—12（二）规定 8	1.16 × 0.5	0.8	4.640
小计						42.503
定额用量	（人工幅度差 8%）42.503 × 1.08					45.903

3）门扇制作的机械台班计算：

圆锯机：门加工量 = 16 根

窗加工量 = 窗棱 + 企口板 = (4 + 12 × 6 × 2) 根 = 148 根

平刨床：门加工量 = (3.03 × 6 + 1.52 × 10) m = 33.38m

窗加工量 = (0.84 × 4 + 0.61 × 12 × 6) m = 47.28m

打眼机:门加工量 = (48 + 14) 根 = 62 根

窗加工量 = 8 眼

开榫机:门加工量 = (40 + 14) 头 = 54 头

窗加工量 = 8 头

具体计算见表 4-27。

表 4-27　平开木板大门带采光窗门扇制作台班计算表

机械名称		含樘量	加工量	单位	劳动定额编号	台班产量	人数	台班	幅度差	定额台班/100m²
圆锯机	门	11.111	0.16	100 根	7—1—3	6.7	3	0.457	1.1	0.60
	窗		1.48	100 根	7—1—4	12	3	0.089		
平刨床	门	11.111	0.334	100m	7—2—7(一)	7.2	1	0.515	1.1	1.32
	窗		0.473	100m	7—2—8(一)	7.63	1	0.688		
压刨床	门	11.111	0.334	100m	7—3—11(一)	7.2	1	0.515	1.1	1.32
	窗		0.473	100m	7—3—12(一)	7.63	1	0.688		
打眼机	门	11.111	0.620	100 眼	7—5—19(一)	7.2	1	0.957	1.1	1.13
	窗		0.08	100 眼	7—5—20(一)	12	1	0.074		
开榫机	门	11.111	0.540	100 头	7—6—23(一)	7.2	1	0.833	1.1	0.97
	窗		0.080	100 头	7—6—24(四)	12	1	0.045		
截口机	门	11.111	0.334	100m	7—7—27(三)	9	2	0.206	1.1	0.52
	窗		0.473	100m	7—7—28(三)	10	2	0.263		

(2)门扇安装定额的耗用量计算:

1)门扇安装的材料耗用量计算:

木板大门安装的主要材料有:玻璃、油灰和铁钉等。

①玻璃:综合损耗按 1.236 计。

玻璃高 = 净高 + 裁口 = (0.6385 + 0.03) m = 0.6685m

玻璃宽 = 净宽 + 裁口 = (0.226 + 0.03) m = 0.256m

定额用量 = $0.6685 \times 0.256 \times 8 \times 11.111 \times 1.236\text{m}^2/100\text{m}^2$

$= 18.80\text{m}^2/100\text{m}^2$

③油灰:综合取定为 1.36kg/m²,按玻璃面积计,损耗 2%。

定额用量 = $15.21 \times 1.36 \times 1.02\text{kg}/100\text{m}^2 = 21.099\text{kg}/100\text{m}^2$

③铁钉:木板门按 0.006079kg/m² 取定,按玻璃面积计。

定额用量 = $15.21 \times 0.006079 \times 1.02\text{kg}/100\text{m}^2 = 0.094\text{kg}/100\text{m}^2$

2)门扇安装的人工耗用量计算

门扇运输定额按普通木门的 3 倍计算。18.8m² 玻璃折合重量箱为 $18.8/10 \times 1.5 = 2.82$ 重量箱。具体计算见表 4-28。

表 4-28 木板大门门扇安装人工计算表

项　目	计算量	单位	劳动定额编号	时间定额	工日/$100m^2$
门扇安装	22.222	扇	6—7—185	0.909	20.200
玻璃安装	1.521	$10m^2$	12—10—166(四)	0.618	0.940
门扇运输 170m	22.222	扇	1—2—35(六)	0.0833×3	0.555
玻璃运输 50m	0.282	10 箱	1—2—72(二)	0.143	0.040
小计					21.735
定额用量	(人工幅度差 10%)21.735×1.1				23.909

【例 110】 2002 年《装饰消耗量定额》铝合金门窗中,定额编号 4—016 的材料耗用量为:铝合金型材 5.1351kg/m^2,5mm 平板玻璃 0.8976m^2/m^2,密封毛条 9.0417m/m^2,膨胀螺栓 16.667 套/m^2,螺钉 34.3333 个/m^2,地脚 8.3333 个/m^2,软填料 0.2918kg/m^2,玻璃胶 0.6111 支/m^2,密封油膏 0.5933kg/m^2,试列出计算式。

【解】 该定额尺寸如图 4-108 所示。洞口尺寸为 1.2m×1.5m=1.8m^2。含樘量=1m^2÷1.8m^2=0.55556 樘/m^2。采用 38 系列型材,计算如下:

(1)铝合金型材计算

外框型材用量=窗框周长×单位重

=(1.45×2+1.15×2)m×0.411kg/m

=2.1372kg

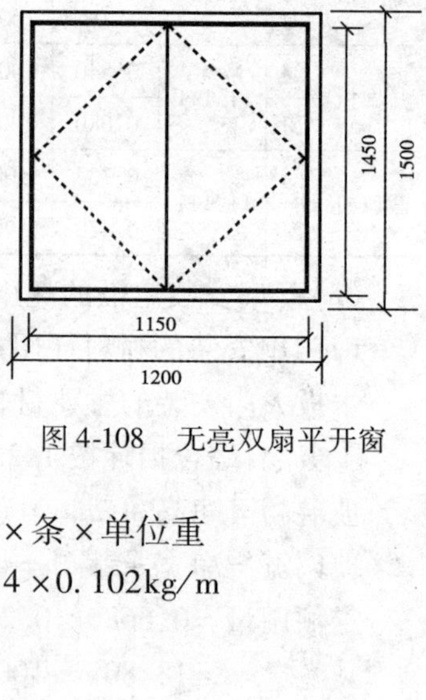

图 4-108 无亮双扇平开窗

窗工型材用量=窗框高×单位重

=1.45m×0.603kg/m=0.8744kg

扇框型材用量=[(窗半宽-边框)×条+(窗框高-边框)×条]×单位重

=[(0.575-0.076)m×4+(1.45-0.076)m×4]×0.594kg/m

=(0.499+1.374)m×4×0.594kg/m

=4.4502kg

玻璃压条用量=[(窗扇宽-扇边宽)+(窗扇高-扇边高)]×条×单位重

=[(0.499-0.076)m+(1.374-0.076)m]×4×0.102kg/m

=(0.423+1.298)m×4×0.102kg/m

=0.7022kg

连接材料用量=0.54m×0.139kg/m=0.0751kg

铝合金型材耗用量=(2.1372+0.8744+4.4502+0.6981+0.0751)kg×0.55556 樘/m^2×1.06

=8.235×0.55556×1.06=4.8495kg/m^2

(2)玻璃计算

玻璃按扇框长(0.499+1.374)=1.873m 计算,但计算平开窗玻璃时扇框料应扣减合缝处框料多占部分,框料占用面宽平均取为 0.0177m,故玻璃耗用量计算为:

玻璃耗用量=(窗框面积-窗扇型材面积-合缝处型材面积)×含樘量×损耗系数

$=[1.15m \times 1.45m - 1.873 \times 4 \times 0.0177 - 0.038 \times 1.45] \times 0.55556$ 樘/m^2 $\times$ 1.03

$=0.8468m^2$

(3)密封毛条计算

密封毛条长，扇高按 1.35 ×8 根，扇宽按 0.5m ×8 根计算，则

密封毛条 = 密封毛条长 × 含樘量 × 损耗系数

$=(1.35 \times 8 + 0.5 \times 8)m \times 0.55556$ 樘/m^2 $\times 1.05$

$=8.6334m^2$

(4)玻璃胶计算

玻璃胶按扇框(宽 0.575m + 高 1.45m) ×4 = 8.1m 计算，每支玻璃胶按涂 8.7m 长，则

玻璃胶耗用量 = 8.1m/8.7m/支 ×0.55556 樘/m^2 ×1.11 = 0.5741 支/m^2

(5)地脚及膨胀螺栓计算

地脚依窗宽高 1.2m 每边各 3 个，共取定 12 个计算，则

地脚耗用量 = 12 个 ×0.55556 樘/m^2 = 6.6667 个/m^2。

膨胀螺栓按每个地脚 2 套计算，即 6.6667 ×2 = 13.3334 套/m^2。

(6)螺钉计算

螺钉按 48 只加损耗 3% 计算，即 48 只 ×0.55556 樘/m^2 ×1.03 = 27.4669 只。

(7)软填料及密封油膏计算

本定额软填料按沥青玻璃棉毡条计算，填料断面为 $0.026m \times 0.038m = 0.000988m^2$，损耗按 3%，单位重为 86.02kg/m^3，计算式为：

填料耗用量 = 填料断面 × 洞口周长 × 单位重 × 含樘量 × 损耗系数

$=0.000988m^2 \times 5.4m \times 86.02kg/m^3 \times 0.55556$ 樘/m^2 $\times 1.03$

$=0.2626kg/m^2$

密封油膏断面按 $0.008m \times 0.008m = 0.000064m^2$ 计算，损耗按 3%，单位重按 1350kg/m^3，计算式为：

密封油膏耗用量 = 密封断面 ×2 × 洞口周长 × 单位重 × 含樘量 × 损耗系数

$=0.000064m^2 \times 2 \times 5.4m \times 1350kg/m^3 \times 0.55556$ 樘/m^2 $\times 1.03$

$=0.5340kg/m^2$

【例 111】 2002 年《装饰消耗量定额》铝合金门窗中，定额编号 4—020 的材料耗用量为：铝合金型材 8.1098kg/m^2，5mm 平板玻璃 0.9315m^2/m^2，密封毛条 4.1086m/m^2，膨胀螺栓 11.1111 套/m^2，螺钉 10.1728 个/m^2，地脚 0.0694 个/m^2，软填料 0.4378kg/m^2，玻璃胶 0.4239 支/m^2，密封油膏 0.3955kg/m^2，试列出计算式。

【解】 该定额尺寸如图 4-109 所示。洞口尺寸 $1.5 \times 2.1 = 3.15m^2$。

含樘量 = 1 ÷ 3.15 = 0.31746 樘/m^2。采用 90 系列型材，计算如下：

(1)铝合金型材计算

外框扁管型材用量 = (窗框宽 + 窗框高) ×2 × 单位重

$=(1.45 + 2.05)m \times 2 \times 1.229kg/m$

$=8.603kg$

中框型材用量 = (窗框宽 - 边框) × 单位重

$=(1.45-0.025\times2)\text{m}\times1.229\text{kg/m}$

$=1.7206\text{kg}$

上滑型材用量 = (窗框宽 - 边框) × 单位重

$=(1.45-0.025\times2)\text{m}\times1.348\text{kg/m}$

$=1.8872\text{kg}$

下滑型材用量 = (窗框宽 - 边框) × 单位重

$=(1.45-0.025\times2)\text{m}\times0.983\text{kg/m}$

$=1.3762\text{kg}$

边柱型材用量 = (窗扇高 - 中下框) × 边 × 单位重

$=(1.475-0.025\times2)\text{m}\times2\times0.916\text{kg/m}$

$=2.6106\text{kg}$

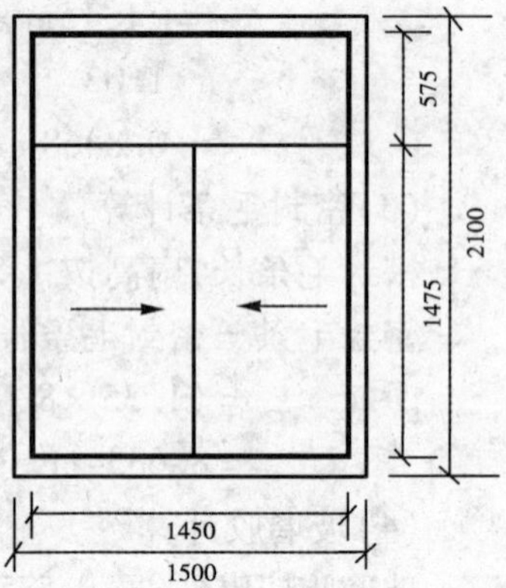

图 4-109　带亮双扇推拉窗

扇上方型材用量 = (窗框宽 - 边框 - 光勾企) × 单位重

$=(1.475-0.05-0.114)\text{m}\times0.811\text{kg/m}$

$=1.311\times0.811=1.0632\text{kg}$

扇下方型材用量 = (窗框宽 - 边框 - 光勾企) × 单位重

$=(1.475-0.05-0.114)\text{m}\times0.895\text{kg/m}$

$=1.311\times0.895=1.1733\text{kg}$

扇光企型材用量 = (窗扇高 - 中下框) × 扇 × 单位重

$=(1.475-0.025\times2)\text{m}\times2\times0.955\text{kg/m}=2.85\times0.955=2.7218\text{kg}$

扇勾企型材用量 = (窗扇高 - 中下框) × 扇 × 单位重

$=(1.475-0.025\times2)\text{m}\times2\times0.877\text{kg/m}=2.85\times0.877=2.4995\text{kg}$

玻璃压条用量 = [(窗框宽 - 边框) + (窗亮高 - 上中框)] × 条 × 单位重

$=[(1.475-0.05)+(0.575-0.05)]\text{m}\times4\times0.102\text{kg/m}=0.7956\text{kg}$

连接材料用量 $=0.586\text{m}\times0.139\text{kg/m}=0.0815\text{kg}$

则:铝合金型材耗用量 = ∑各料型材用量 × 含樘量 × 损耗系数

$=(8.603+1.7206+1.8872+1.3762+2.6106+1.0632+1.1733+2.7218+2.4995+0.7956+0.0815)\text{kg}\times0.31746$ 樘/$\text{m}^2\times1.06=8.2554\text{kg/m}^2$

(2)5mm 玻璃计算

玻璃耗用量计算,其中型材占用面宽平均取为 0.0155m,玻璃损耗按 3%,则:

玻璃耗用量 $=[2.05\text{m}\times1.45\text{m}-(1.286+2.7)\text{m}\times2\times0.0155\text{m}]\times0.31746$ 樘/$\text{m}^2\times1.03$

$=(2.9725-0.1236)\text{m}^2\times0.31746$ 樘/$\text{m}^2\times1.03=0.9316\text{m}^2$

(3)密封毛条计算

密封毛条按窗扇边料如下:

密封毛条 = (扇高 × 条 + 扇宽 × 条) × 含樘量 × 损耗系数

$=(1.475\times6+1.45\times2)\text{m}\times0.31746$ 樘/$\text{m}^2\times1.05$

$=3.9167\text{m}$(定额按长度 12.3258m 计算得 4.1086,有误)

(4)玻璃胶计算

玻璃胶按亮扇边料长度 10.586m 计算,每支玻璃胶按涂 8.8m 长,则

玻璃胶耗用量 = 10.586m ÷ 8.8m/支 × 0.31746 樘/m^2 × 1.11 = 0.4239 支

(5)地脚及膨胀螺栓计算

地脚按 15 个计算,应为 15 个 × 0.31746 樘/m^2 = 4.7619 个/m^2(但定额误乘含樘量为 15 × 0.37037 = 5.5556 个)。

膨胀螺栓按每个地脚 2 套计算,即 4.7619 × 2 = 9.5238(但定额误为 5.5556 × 2 = 11.1111)套。

(6)螺钉计算

螺钉应按 32 只加损耗计算,即 32 × 0.31746 × 1.03 = 10.4935(但定额误为:31.111 × 0.31746 × 1.03 = 10.1728)只。

(7)软填料及密封油膏计算

本定额软填料按沥青玻璃棉毡条计算,90 系列填料断面为 0.024m × 0.09m = 0.00216m^2,损耗按 3%,单位重为 86.02kg/m^3,计算式为

填料耗用量 = 填料断面 × 洞口周长 × 单位重 × 含樘量 × 损耗系数

= 0.00216m^2 × 7.2m × 86.02kg/m^3 × 0.31746 樘/m^2 × 1.03

= 0.43743kg/m^2

密封油膏断面按 0.0085m × 0.00732m = 0.00006222m^2 计算,损耗按 3%,单位重按 1350kg/m^3,计算式为

密封油膏耗用量 = 密封断面 × 2 × 洞口周长 × 单位重 × 含樘量 × 损耗系数

= 0.00006222m^2 × 2 × 7.2m × 1350kg/m^3 × 0.31746 樘/m^2 × 1.03

= 0.3955kg/m^2

第五章　油漆、涂料、裱糊工程工程量清单设置与计价举例

【例1】　已知某工程单层木窗长1.8m、宽1.8m，共64樘，润油粉，刮一遍腻子，调合漆三遍，磁漆一遍。

1. 业主根据施工图计算：

木窗油漆工程量 = 1 × 64 樘 = 64 樘

表5-1　分部分项工程量清单

工程名称：某工程

序号	项目编码	项目名称	计量单位	工程数量
1	020502001001	窗油漆 窗类型：单层推拉窗 刮一遍腻子 润滑粉 调合漆三遍 磁漆一遍	樘	64

2. 投标人根据施工图及施工方案计算：

(1)单层木窗涂润油粉，刮一遍腻子，一遍调合漆，二遍磁漆，其工程量为：$1.8m \times 1.8m \times 64 = 207.36m^2$。

1)人工费：12.32 元/$m^2 \times 207.36m^2 = 2554.68$ 元

2)材料费：10.71 元/$m^2 \times 207.36m^2 = 2220.83$ 元

3)机械费：0.70 元/$m^2 \times 207.36m^2 = 145.15$ 元

(2)单层木窗增加两遍调合漆：

1)人工费：1.61 元/$m^2 \times 207.36m^2 \times 2 = 667.70$ 元

2)材料费：2.66 元/$m^2 \times 207.36m^2 \times 2 = 1103.16$ 元

3)机械费：0.13 元/$m^2 \times 207.36m^2 \times 2 = 53.91$ 元

(3)单层木窗减少一遍磁漆：

1)人工费：2.15 元/$m^2 \times 207.36m^2 = 445.82$ 元

2)材料费：3.02 元/$m^2 \times 207.36m^2 = 626.23$ 元

3)机械费：0.16 元/$m^2 \times 207.36m^2 = 33.18$ 元

(4)综合：

1)直接费合计：5640.2 元

2)管理费：　5640.2 元 × 34% = 1917.67 元

3)利润：　　5640.2 元 × 8% = 451.22 元

4)合计：　　(5640.2 + 1917.67 + 451.22)元 = 8009.09 元

5)综合单价:8009.09 元÷64 樘=125.14 元/樘

表 5-2　分部分项工程量清单计价表

工程名称:某工程

序号	项目编码	项目名称	计量单位	工程数量	金额/元	
					综合单价	合价
1	020502001001	窗油漆 窗类型:单层推拉窗 刮一遍腻子 润滑粉 调合漆三遍 磁漆一遍	樘	64	125.14	8009.09

表 5-3　分部分项工程量清单综合单价计算表

工程名称:某工程　　计量单位:樘

项目编码:020502001001　　工程数量:64

项目名称:窗油漆　　综合单价:125.14

序号	定额编号	工程内容	单位	工程数量	其中/元					
					人工费	材料费	机械费	管理费	利润	小计
	11-61	单层木窗涂润油粉,刮一遍腻子,一遍调合漆,二遍磁漆	m^2	207.36	2554.68	2220.83	145.15			
	11-154	单层木窗增加两遍调和漆	m^2	207.36	667.70	1103.16	53.91			
	11-176	单层木窗减少一遍磁漆	m^2	207.36	-445.82	-626.23	-33.18			
		总计			2776.56	2697.76	165.88	1917.67	451.22	8009.09

【例 2】　如图 5-1 所示,计算天棚面刷乳胶漆三遍的工程量。

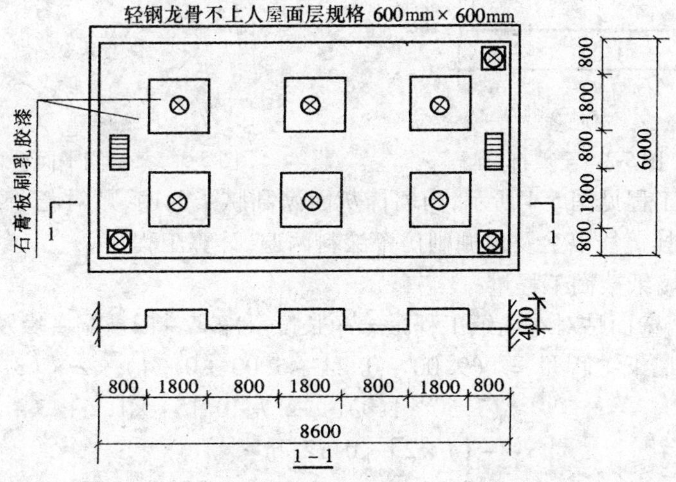

图 5-1　轻钢龙骨天棚示意图

【解】　工程量计算:

平面：$8.6\times6\text{m}^2=51.6\text{m}^2$

迭落：$1.8\times4\times0.4\times6\text{m}^2=17.28\text{m}^2$

扣窗帘盒：$1.8\times0.2\text{m}^2=0.36\text{m}^2$

合计：$(51.6+17.28-0.36)\text{m}^2=68.52\text{m}^2$

【例 3】 某全玻自由门，尺寸如图 5-2 所示，油漆为底油一遍，调合漆三遍，共计 20 樘，计算油漆工程量。

【解】 门油漆工程量 = 设计图示数量

则 油漆工程量 = 20 樘

此处注意：工程量清单中凡门窗项目均已包括油漆，不再重复列项。

【例 4】 试计算图 5-3 所示房间内墙裙油漆的工程量。已知墙裙高 1.5m，窗台高1.0m，窗洞侧油漆宽 100mm。

【解】 墙裙油漆的工程量为：

长×高 − Σ应扣除面积 + Σ应增加面积 $=[(6.24-0.24\times2)\times2+(3.24-0.24\times2)\times2]\times1.5\text{m}^2-[1.5\times(1.5-1.0)+0.9\times1.5]\text{m}^2+(1.50-1.0)\times0.10\times2\text{m}^2=23.56\text{m}^2$

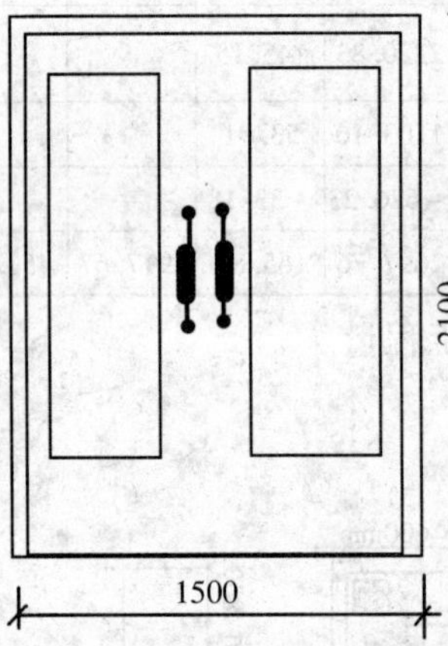

图 5-2 全玻自由门

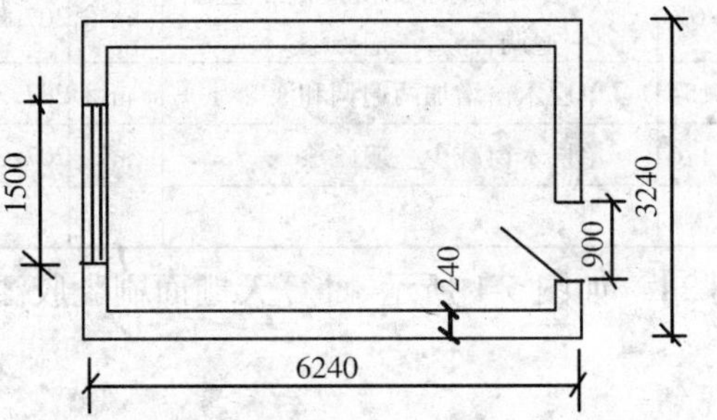

图 5-3 某房间平面示意图

【例 5】 某工程见图 5-4 所示，内墙抹灰面满刮腻子两遍，贴对花墙纸；挂 镜线刷底油一遍，调合漆两遍；挂镜线以上及顶棚刷仿瓷涂料两遍，计算工程量。

【解】 (1)墙纸裱糊工程量

计算公式：墙壁面贴对花墙纸工程量 = 净长度×净高 − 门窗洞 + 垛及门窗侧面

墙面贴对花墙纸工程量 $=\{(9.00-0.24+6.00-0.24)\times2\times(3.5-0.15)-1.20\times(2.50-1.0)-(2.7-0.15)\times1.2+[(2.7-0.15)\times2+(2.5-1)\times2]\times0.12\}\text{m}^2$

$=(97.28-1.8-3.06+0.97)\text{m}^2=93.39\text{m}^2$

(2)挂镜线油漆工程量

计算公式：挂镜线油漆工程量 = 设计图示长度

$=(9.00-0.24+6.00-0.24)\times2\text{m}=29.04\text{m}$

(3)刷喷涂料工程量

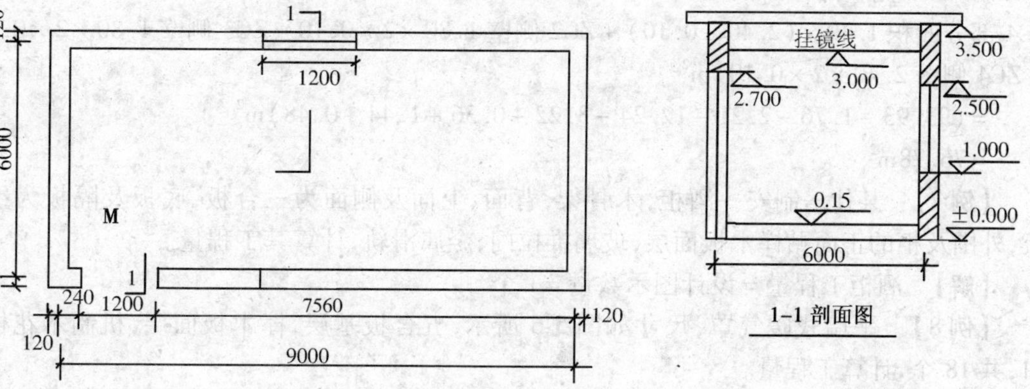

图 5-4　工程平面图

计算公式：天棚刷喷涂料工程量 = 主墙间净长度 × 主墙间净宽度 + 梁侧面面积

室内墙面刷喷涂料工程量 = 设计图示尺寸面积

$$
\begin{aligned}
\text{仿瓷涂料工程量} &= \{(9.00-0.24+6.00-0.24)\times 2\times(3.5-0.15)-1.2\times(2.5-1)-\\
&\quad (2.7-0.15)\times 1.2+[(2.7-0.15)\times 2+(2.5-1)\times 2]\times 0.12+\\
&\quad (9.00-0.24)\times(6.00-0.24)\}\text{m}^2\\
&=(93.39+50.46)\text{m}^2=143.85\text{m}^2
\end{aligned}
$$

【例 6】　图 5-5 会议室设计为墙面贴织锦缎，吊平顶标高为 3.40m，木墙裙高度为1.10m，门窗洞口尺寸为：ZM5：1760mm × 2100mm，ZC2：1300mm × 1800mm，ZC3：1800mm × 1800mm，ZC4：1400mm × 2400mm，窗洞口侧壁假设为 100mm，窗台高度假设为 1m，计算织锦缎工程量。

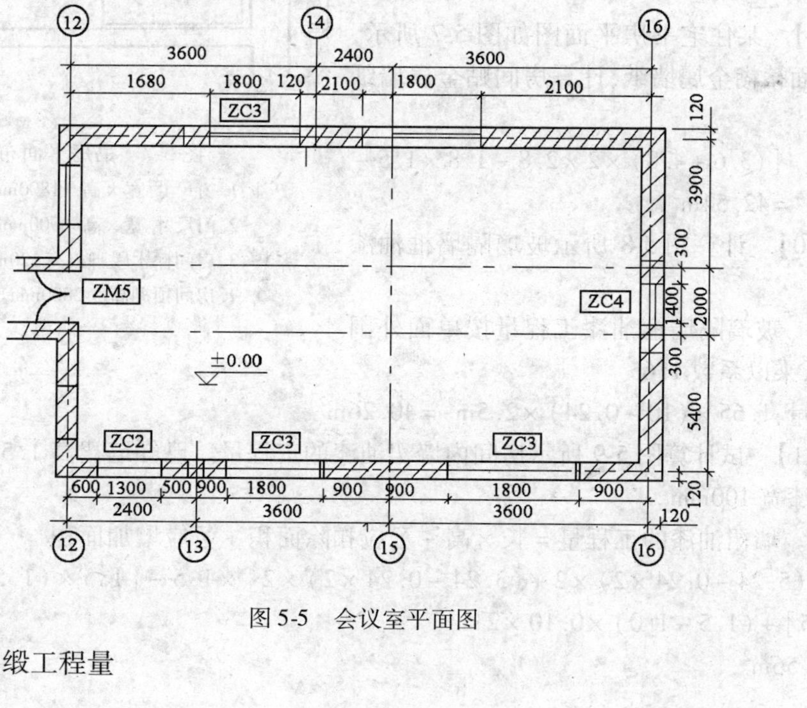

图 5-5　会议室平面图

【解】　织锦缎工程量

$\{[(9.60-0.24)+(11.30-0.24)]\times2\times(3.40-1.10)-$ZM5 部分面积$1.76\times(2.10-1.10)-$ZC2 侧壁部分面积$1.30\times(1.80-0.10)-$ZC3 部分面积$1.80\times(1.80-0.10)\times4-$ZC4 部分面积$1.40\times(2.40-0.10)+$ZC2 侧壁$1.80\times2\times0.10+$ZC3 侧壁$1.80\times2\times0.10\times4+$ZC4 侧壁$2.40\times2\times0.10\}m^2$

$=(93.93-1.76-2.21-12.24-3.22+0.36+1.44+0.48)m^2$

$=76.78m^2$

【例 7】 某住房制安一酒柜,木骨架,背面、上面及侧面为三合板,底板及隔板为细木工板,外围及柜的正面贴榉木板面层,玻璃推拉门,金属滑轨,计算其工程量。

【解】 酒柜工程量 = 设计图示数量 = 1 个

【例 8】 平墙式暖气罩,尺寸如图 5-6 所示,五合板基层,榉木板面层,机制木花格散热口,共 18 个,计算工程量。

【解】 饰面板暖气罩工程量 = 垂直投影面积

饰面板暖气罩工程量 $=(1.5\times0.9-1.10\times0.20-0.80\times0.25)\times18m^2=16.74m^2$

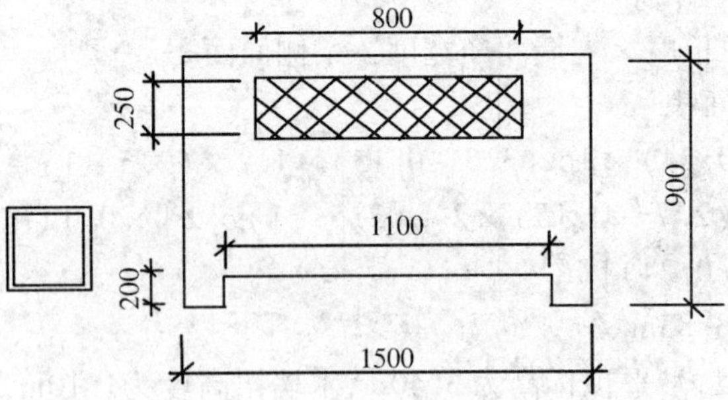

图 5-6 平墙式暖气罩

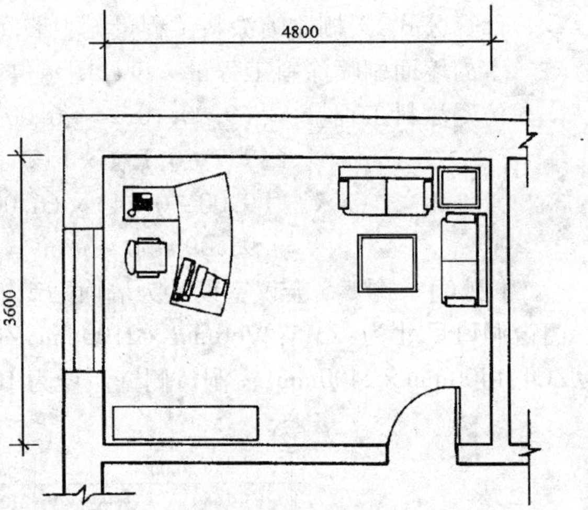

图 5-7 书房平面布置图

注:1. 窗尺寸 宽 × 高 = 1800mm × 1500mm。
2. 门尺寸 宽 × 高 = 900mm × 2000mm。
3. 房间榉木踢脚板高 120mm。
4. 房间顶棚高度 2800mm。

【例 9】 某住宅书房平面图如图 5-7 所示,已知其墙面裱糊金属墙纸,计算房间贴金属墙纸工程量。

【解】 $[(3.6+4.8)\times2\times2.8-1.8\times1.5-0.9\times2]m^2=42.54m^2$

【例 10】 计算图 5-8 所示玻璃隔墙框油漆工程量。

【解】 玻璃隔墙框油漆工程量按单面外围面积计算,乘以系数 1.65。

工程量:$1.65\times(10-0.24)\times2.5m^2=40.26m^2$

【例 11】 试计算图 5-9 所示房间内墙裙油漆的工程量。已知墙裙高 1.5m,窗台高1.0m,窗洞侧油漆宽 100mm。

【解】 墙裙油漆的工程量 = 长 × 高 − Σ应扣除面积 + Σ应增加面积

$=\{[(5.24-0.24\times2)\times2+(3.24-0.24\times2)\times2]\times1.5-[1.5\times(1.5-1.0)+0.9\times1.5]+(1.5-1.0)\times0.10\times2\}m^2$

$=20.56m^2$

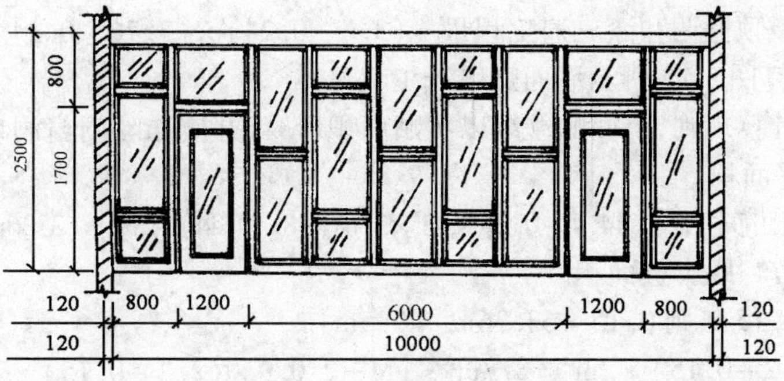

图 5-8　玻璃墙示意

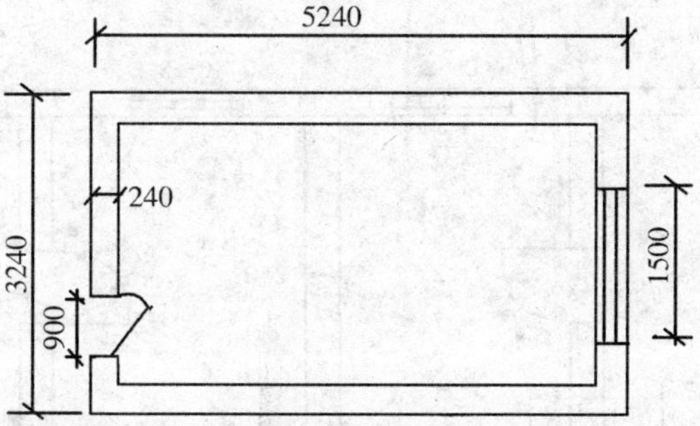

图 5-9　房间内墙裙油漆工程量计算

【例 12】　计算图 5-10 所示小型房间木门窗润油粉、刮腻子、聚氨酯漆三遍的工程量。

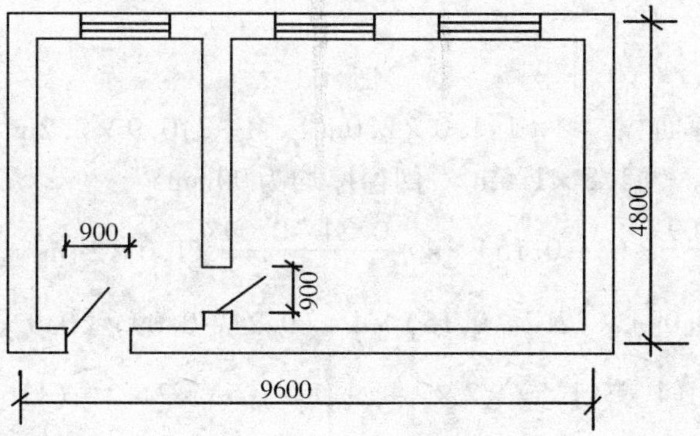

图 5-10　小型房间平面图

注：1. 木窗尺寸为 $b \times h = 2100\text{mm} \times 1800\text{mm}$ 双层木窗（单裁口）。

2. 木门尺寸为 $b \times h = 1000\text{mm} \times 2200\text{mm}$ 单层木门。

【解】　木窗润油粉、刮腻子、聚氨酯漆的工程量为：

$2.1 \times 1.8 \times 2 \times 3\text{m}^2 = 22.68\text{m}^2$

木门润油粉、刮腻子、聚氨酯漆的工程量为：

$1.0 \times 2.2 \times 2\text{m}^2 = 4.4\text{m}^2$

合计：$(22.68 + 4.4)\text{m}^2 = 27.08\text{m}^2$

【例 13】　如图 2-15 所示，二层楼梯间后房间为胶合板顶棚，计算刷润滑粉、刮腻子、调和漆三遍的工程量。

【解】 胶合板顶棚调和漆三遍工程量 $=(3.6-0.24)\times(3.76-0.24)m^2=11.83m^2$

【例 14】 计算图 5-11 所示墙面贴壁纸工程量。

【解】 根据计算规则，墙面贴壁纸以实贴面积计算，并应扣除门窗洞口和踢脚板工程量，增加门窗洞口侧壁面积。

(1) 贴壁纸墙面净长 $L=(14.4-0.24\times4)\times2+(4.8-0.24)\times8m=63.36m$，墙高 $H=2.9m$。

(2) 扣门窗洞口、踢脚板面积

若踢脚板高 0.15m，则 $0.15\times63.36m^2=9.5m^2$

M—1：$1.0\times(2-0.15)\times2m^2=3.7m^2$， M—2：$0.9\times(2.2-0.15)\times2\times2m^2=7.38m^2$，

C：$(1.8\times2+1.1\times2+1.6\times6)\times1.5m^2=23.1m^2$

合计扣减面积 $=(9.5+3.7+7.38+23.1)m^2=43.68m^2$

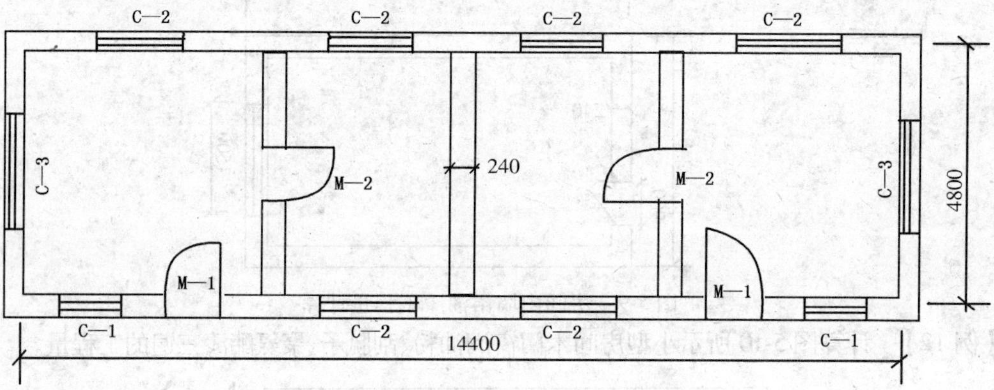

图 5-11

(3) 增加门窗侧壁面积 M—1：$1.0\times2.0m^2$ M—2：$0.9\times2.2m^2$ C—1：$1.1\times1.5m^2$ C—2：$1.6\times1.5m^2$ C—3：$1.8\times1.5m^2$ 门窗厚均为 90mm

M—1：$[\frac{0.24-0.09}{2}\times(2-0.15)\times4+\frac{0.24-0.09}{2}\times1.0\times2]m^2=0.71m^2$

M—2：$[(0.24-0.09)\times(2.2-0.15)\times4+(0.24-0.09)\times0.9\times2]m^2=1.50m^2$

C：$\frac{0.24-0.09}{2}\times[(1.8+1.5)\times2\times2+(1.1+1.5)\times2\times2+(1.6+1.5)\times2\times6]m^2$

$=4.56m^2$

合计增加面积 $=(0.71+1.50+4.56)m^2=6.77m^2$

(4) 贴墙纸工程量

$S=(63.36\times2.9-43.68+6.77)m^2=146.83m^2$

【例 15】 计算图 2-12 黑板框刷调和漆两遍工程量。

【解】 黑板框调和漆工程量 $=(3.5+1.5)\times2\times0.52m^2=5.2m^2$

【例 16】 计算图 2-17 所示墙面贴壁纸工程量。

【解】 (1) 贴壁纸墙面净长 $L=[(14.4-0.24\times4)\times2+(4.8-0.24)\times8]m=63.36m$，墙高 $H=2.9m$。

(2)扣门窗洞口,踢脚板面积

若踢脚板高 0.15m,则 $0.15\times63.36m^2=9.5m^2$。

M—1:$1.0\times(2-0.15)\times2m^2=3.7m^2$,　　M—2:$0.9\times(2.2-0.15)\times4m^2=7.38m^2$

C:$(1.8\times2+1.1\times2+1.6\times6)\times1.5m^2=23.1m^2$

合计扣减面积 $=(9.5+3.7+7.38+23.1)m^2=43.68m^2$

(3)增加门窗侧壁面积

M—1:$[\frac{0.24-0.09}{2}\times(2-0.15)\times4+\frac{0.24-0.09}{2}\times1.0\times2]m^2=0.71m^2$

M—2:$[(0.24-0.09)\times(2.2-0.15)\times4+(0.24-0.09)\times0.9\times2]m^2=1.50m^2$

C:$\frac{0.24-0.09}{2}\times[(1.8+1.5)\times2\times2+(1.1+1.5)\times2\times2+(1.6+1.5)\times2\times6]m^2$

$=4.56m^2$

合计增加面积 $=(0.71+1.5+4.56)m^2=6.77m^2$

(4)贴墙纸工程量

$63.36\times2.9-43.68+6.77=146.83m^2$

【例 17】 墙柱面分部工程如图 2-21 所示,假设该建筑的 M—1 和 M—2(均为单层木门)设计要求刷底油一遍,调和漆两遍。计算其工程量。

【解】 其工程量计算如下:

M—1:$2\times2.7\times1.0m^2=5.4m^2$

M—2:$1.2\times2.1\times1.0\times10m^2=25.2m^2$

木门油漆工程量合计:$(5.4+25.2)m^2=30.6m^2$

【例 18】 试计算图 5-12 所示顶棚吊顶和贴壁纸的工程量。

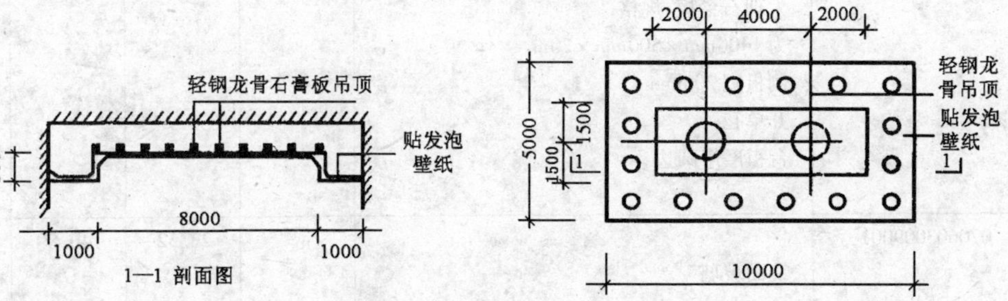

图 5-12 顶棚吊顶和贴壁纸

【解】 轻钢龙骨吊顶和贴发泡壁纸的工程量,均按顶棚的展开面积计算。

石膏板吊顶工程量:$[8.00\times3.00+(1.50\times2\times0.50+8.00\times0.50)\times2]m^2=35.00m^2$

贴发泡壁纸工程量:$(10.00\times5.00-8.00\times3.00)m^2=26.00m^2$

【例 19】 若图 2-56[见 P84]为内墙刷乳胶漆,做法为:满批腻子两遍,刷乳胶漆两遍。设楼层高度为 2.9m,预制空心楼板 120mm 厚;门及空圈高 2.1m,窗洞尺寸 2.2×1.4m。计算其工程量。

【解】 $\{[(3.6\times2-0.24-0.24)\times4+(7-0.24\times2)\times4]\times(2.9-0.12)-1.0\times2.1-0.9\times2.1\times2-0.8\times2.1\times4-2.2\times1.4\times4\}m^2=122.31m^2$

第六章　其他工程工程量清单设置与计价举例

【例1】 某工程有单间客房15间，卫生间内有大理石洗漱台、镜面车边玻璃及毛巾架等配件，尺寸如下：大理石台板1400mm×500mm×20mm，侧板宽度200mm，开单孔；台板磨半圆边；玻璃镜1400（宽）mm×1120（高）mm，不带框，毛巾架为不锈钢架，1只/间。

1. 业主根据施工图计算：

（1）大理石洗漱台工程量：$1.4\text{m}\times 0.5\text{m}\times 15=10.50\text{m}^2$

（2）镜面玻璃工程量：$1.4\text{m}\times 1.12\text{m}\times 15=23.52\text{m}^2$

（3）不锈钢毛巾架工程量：1×15套=15套

表6-1　分部分项工程量清单计价表

工程名称：某工程

序号	项目编码	项目名称	计量单位	工程数量	金额/元	
					综合单价	合价
1	020603001001	洗漱台 大理石洗漱台 大理石台板，规格为1400mm×500mm×20m 侧板宽200mm 开单孔 台板磨半圆边	m^2	10.50	672.11	7057.2
2	020603009001	镜面玻璃 尺寸为1400mm×1120mm 不带框 镜面车边玻璃6mm	m^2	23.52	140.89	3313.78
3	020603005001	毛巾架 不锈钢毛巾架	套	15	86.34	1295.04
		总计				11666.02

表 6-2　分部分项工程量清单

工程名称:某工程

序号	项目编码	项目名称	计量单位	工程数量
1	020603001001	洗漱台 大理石洗漱台 大理石台板:1400mm×500mm×20mm 侧板:宽度 200mm 开单孔 台板磨半圆边	m^2	10. 50
2	020603009001	镜面玻璃 尺寸为 1400mm×1120mm 不带框 镜面车边玻璃 6mm	m^2	23. 52
3	020603005001	毛巾架 不锈钢毛巾架	套	15

2. 投标人根据施工图及施工方案计算:

(1)洗漱台:

1)大理石洗漱台,带下柜,1. 4m×15 = 21m

人工费:55. 27 元/m×21m = 1160. 67 元

材料费:174. 07 元/m×21m = 3655. 47 元

机械费:7. 32 元/m×21m = 153. 72 元

2)综合单价:

直接费合计:4969. 86 元

管理费:　　4969. 86 元×34% = 1689. 75 元

利润:　　4969. 86 元×8% = 397. 59 元

总计:　　(4969. 86 + 1689. 75 + 397. 59)元 = 7057. 2 元

综合单价:　　7057. 2 元÷10. 50m^2 = 672. 11 元/m^2

(2)镜面玻璃

1)镜子

人工费:4. 24 元/m^2×23. 52m^2 = 99. 72 元

材料费:92. 09 元/m^2×23. 52m^2 = 2165. 96 元

机械费:2. 89 元/m^2×23. 52m^2 = 67. 97 元

2)综合单价

直接费合计:2333. 65 元

管理费:　　2333. 65 元×34% = 793. 44 元

利润:　　2333. 65 元×8% = 186. 69 元

总计:　　(2333. 65 + 793. 44 + 186. 69)元 = 3313. 78 元

综合单价:　　3313. 78 元÷23. 52m^2 = 140. 89 元/m^2

(3)毛巾架

1)不锈钢毛巾架

人工费:7. 17 元/套×15 套 = 107. 55 元

材料费:51.91 元/套×15 套=778.65 元

机械费:1.72 元/套×15 套=25.8 元

2)综合:

直接费合计:912 元

管理费:　　912 元×34% =310.08 元

利润:　　912 元×8% =72.96 元

总计:　　(912+310.08+72.96)元=1295.04 元

综合单价:　　1295.04 元÷15 套=86.34 元/套

表 6-3　分部分项工程量清单综合单价计算表

工程名称:某工程　　计量单位:m^2

项目编码:020603001001　　工程数量:10.50

项目名称:洗漱台　　综合单价:672.11

序号	定额编号	工程内容	单位	数量	其中/元					
					人工费	材料费	机械费	管理费	利润	小计
	10-63	大理石洗漱台,带下柜	m	21	1160.67	3655.47	153.72			
		总计			1160.67	3655.47	153.72	1689.75	397.59	7057.2

表 6-4　分部分项工程量清单综合单价计算表

工程名称:某工程　　计量单位:m^2

项目编码:020603009001　　工程数量:23.52

项目名称:镜面玻璃　　综合单价:140.89

序号	定额编号	工程内容	单位	数量	其中/元					
					人工费	材料费	机械费	管理费	利润	小计
	10-79	镜子	m^2	23.52	99.72	2165.96	67.97			
		总计			99.72	2165.96	67.97	793.44	186.69	3313.78

表 6-5　分部分项工程量清单综合单价计算表

工程名称:某工程　　计量单位:套

项目编码:020603005001　　工程数量:15

项目名称:毛巾架　　综合单价:86.34

序号	定额编号	工程内容	单位	数量	其中/元					
					人工费	材料费	机械费	管理费	利润	小计
	10-53	不锈钢毛巾架	套	15	107.55	778.65	25.8			
					107.55	778.65	25.8	310.08	72.96	1295.04

【例 2】　某厂厂区旗杆,混凝土 C10 基础 3000mm×800mm×300mm,砖基座 3500mm×1000mm×300mm,基座面层贴芝麻白 20mm 厚花岗石板,3 根不锈钢管(0Cr18Ni19),每根长

12.192m，ϕ63.5mm，壁厚1.2mm。

1. 经业主根据施工图计算：

(1)土方0.84m^3，回填土0.64m^3、余土运输0.2m^3。

(2)混凝土C10旗杆基础体积0.72m^3。

(3)砖基座砌筑体积0.60m^3。

(4)芝麻白花岗石500mm×500mm，台座面层6.24m^2。

(5)3根不锈钢旗杆0.93kg/m×36.58m=34.02kg。

表6-6　分部分项工程量清单

工程名称：某工程

序号	项目编码	项目名称	计量单位	工程数量
1	020605002001	金属旗杆 混凝土C20基础300×800×300 砖基座3500×1000×300 基底面层20mm厚花岗石板500×500 不锈钢管(0Cr18Ni19) 每根长12.19m，ϕ63.5mm 壁厚1.2mm	根	3

2. 投标人根据施工图及施工方案计算：

(1)人工挖基坑，工程量0.84m^3。

1)人工费：13.21元/m^3×0.84m^3=11.10元

2)材料费：——

3)机械费：——

(2)余土外运，工程量0.2m^3。

1)人工费：3.00元/m^3×0.2m^3=0.6元

2)材料费：——

3)机械费：17.37元/m^3×0.2m^3=3.47元

(3)回填土，夯填，工程量0.64m^3。

1)人工费：6.10元/m^3×0.64m^3=3.90元

2)材料费：——

3)机械费：0.72元/m^3×0.64m^3=0.46元

(4)混凝土C20独立基础，工程量0.72m^2。

1)人工费：30.61元/m^3×0.72m^3=22.04元

2)材料费：189.38元/m^3×0.72m^3=136.35元

3)机械费：12.60元/m^3×0.72m^3=9.07元

(5)砌筑砖基座、工程量0.6m^3。

1)人工费：34.51元/m^3×0.6m^3=20.71元

2)材料费：126.57元/m^3×0.6m^3=75.94元

3)机械费：4.05元/m^3×0.6m^3=2.43元

(6)芝麻白花岗石台座面层，工程量6.24m^2。

1)人工费：20.35元/m^2×6.24m^2=126.98元

2) 材料费：282.28 元/m^2 ×6.24m^2 = 1761.43 元

3) 机械费：11.62 元/m^2 ×6.24m^2 = 72.51 元

(7) 不锈钢旗杆制作安装，工程量 34.02kg。

1) 人工费：52.49 元/t ×0.034t = 1.78 元

2) 材料费：5180.66 元/t ×0.034t = 176.14 元

3) 机械费：23.26 元/t ×0.034t = 0.79 元

(8) 综合：

直接费合计：2425.70 元

管理费：　2425.70 元 ×34% = 824.74 元

利润：　2425.70 元 ×8% = 194.06 元

总计：　2425.70 元 + 824.74 元 + 194.06 元 = 3444.50 元

综合单价：　34445.50 元 ÷3 根 = 1148.16 元/根

表 6-7　分部分项工程量清单计价表

工程名称：某工程

序号	项目编码	项目名称	单位	数量	金额/元	
					综合单价	合价
1	020605002001	金属旗杆 混凝土 C20 基础 300×800×300 砖基座 3500×1000×300 基座面层 20mm 厚花岗石 板 500×500 不锈钢管(0Cr18Ni19) 每根长 12.19m，ϕ63.5mm 壁厚 1.2mm	根	3	1148.16	34445.50

表 6-8　分部分项工程量清单综合单价计算表

工程名称：某工程　　计量单位：根

项目编码：020605002001　　工程数量：3

项目名称：金属旗杆　　综合单价：1148.46

序号	定额编号	工程内容	单位	数量	其中/元					
					人工费	材料费	机械费	管理费	利润	小计
	建筑 1-3	人工挖基坑	m^3	0.84	11.10	—	—			
	建筑 1-15	余土外运	m^3	0.2	0.6	—	3.47			
	建筑 1-7	回填土(夯填)	m^3	0.64	3.90	—	0.46			
	建筑 5-7	混凝土 C20 独立基础	m^3	0.72	22.04	136.35	9.07			
	建筑 4-1	砌筑砖基座	m^3	0.6	20.71	75.94	2.43			
	1-199	芝麻白花岗石台座面层	m^2	6.24	126.98	1761.43	72.51			
	建筑 11-1	不锈钢旗杆制作安装	t	0.034	1.78	176.14	0.79			
		合计			187.11	2149.86	88.73	824.74	194.06	3444.50

【例 3】 如图 6-1 所示,计算隔断所需工程量。

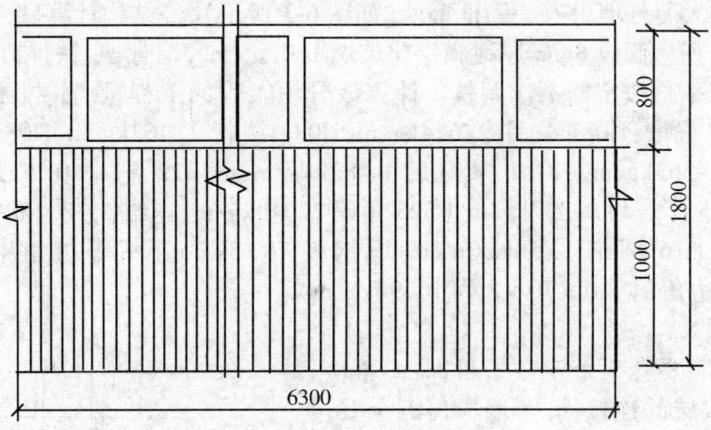

图 6-1 隔断

【解】 如图 6-1 所示分界线上部为铝合金玻璃隔断,下部为铝合金板隔断,应分开计算其工程量。

(1)铝合金玻璃隔断工程量如下:

$$6.3\times0.8\text{m}^2=5.04\text{m}^2$$

(2)铝合金板隔断工程量如下:

$$6.3\times1.0\text{m}^2=6.3\text{m}^2$$

【例 4】 如图 6-2 所示,计算轻钢龙骨双面纸面石膏板隔墙工程量。

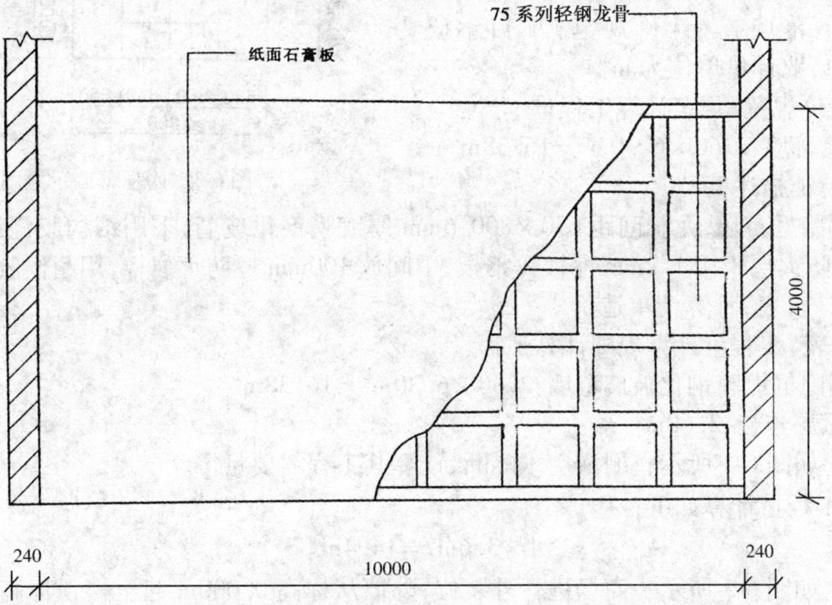

图 6-2 轻钢龙骨纸面石膏板隔墙示意图

【解】 纸面石膏板隔墙的工程量:

$$10\times4\text{m}^2=40\text{m}^2$$

说明:①隔墙按图示尺寸长度乘以高度按实铺面积计算。

②隔墙轻钢龙骨含量与定额一致,不作调整。

【例5】 某大厦外墙上有一隐框幕墙(如图6-3所示),经结构计算后,选定用广东兴发铝型材厂的110系列。假设6mm厚镀膜钢化玻璃160元/m^2,钢骨架、铁件镀锌费1500元/t,其余材料价格及费率均按定额不作调整。计算该分项工程的工程量(注:根据兴发厂幕墙图集查得铝型材单位重量:H081立柱2.624kg/m,H087接管2.462kg/m,H083横梁1.493kg/m,H078撑窗框0.563kg/m,H079撑窗扇0.829kg/m,H1322副框0.521kg/m,H795压块0.692kg/m,H085半压块0.337kg/m,C525角码2.049kg/m,连结铝38×38×3为0.593kg/m;钢材理论重量:φ16圆钢1.58kg/m,10厚钢板78.5kg/m,不等边角钢110×50×8为9.67kg/m,不等边角钢110×70×8为10.94kg/m)。

【相关知识】

(1)玻璃幕墙要套3个定额子目即:a.幕墙;b.幕墙与自然楼层的连接;c.幕墙撑窗五金要按第十六章的有关子目执行。

(2)幕墙玻璃为钢化玻璃时,钢化玻璃均为成品,所以钢化玻璃的损耗只能收3%的安装损耗。

(3)计算幕墙面积时,同材质的窗不扣除。

(4)幕墙上撑窗的铝型材若已按设计图纸计算,不再按《计价表》第530页第3小条增加铝型材。

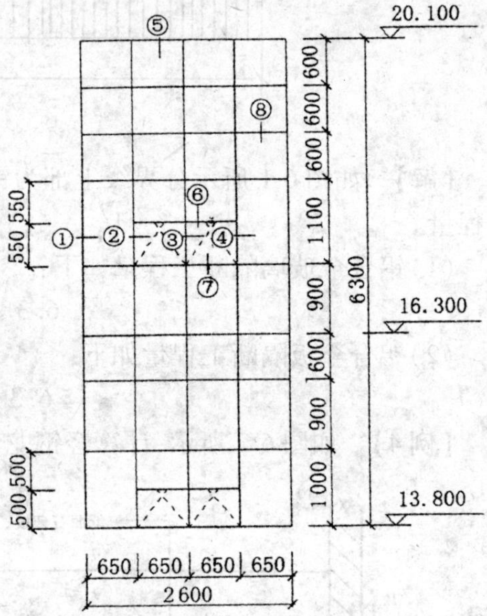

图6-3 隐框幕墙示意图

【解】 (1)按《计价规范》计算工程量清单

1)确定项目编码和计量单位

隐框玻璃幕墙查《计价规范》项目编码为020210001001,取计量单位为m^2。

2)按《计价规范》规定计算工程量

隐框玻璃幕墙:$2.60\times6.30m^2=16.38m^2$

3)项目特征描述

110系列隐框幕墙,龙骨间距650×800,6mm厚镀膜钢化玻璃,采用结构胶浇制玻璃并进行净化养护,防火层采用1.2mm厚镀锌钢板,中间放100mm厚防火岩棉,用耐候胶塞缝。

(2)按《计价表》计算清单造价

按《计价表》工程量计算规则计算工程量

110系列隐框镀膜钢化玻璃幕墙:$2.60\times6.30m^2=16.38m^2$

幕墙自然层连接:2.60m

【例6】 如图6-4所示直栅漏空木隔断,计算其工程需要量。

【解】 工程量计算如下:

$$4\times3.6m^2=14.4m^2$$

【例7】 如图6-5所示一商场进行外装修,外墙从标高0.000m起至楼顶标高38.000m处安装铝合金全隐框玻璃幕墙。计算所需工程量。

注:弧形幕墙人工乘1.10系数,材料弯弧费另行计算。

【解】 (1)外墙面积工程量如下(不含弧形幕墙):

北立面:$(80\times38-6\times24)m^2=2896m^2$

南立面:$(120\times38-20\times6)m^2=4440m^2$

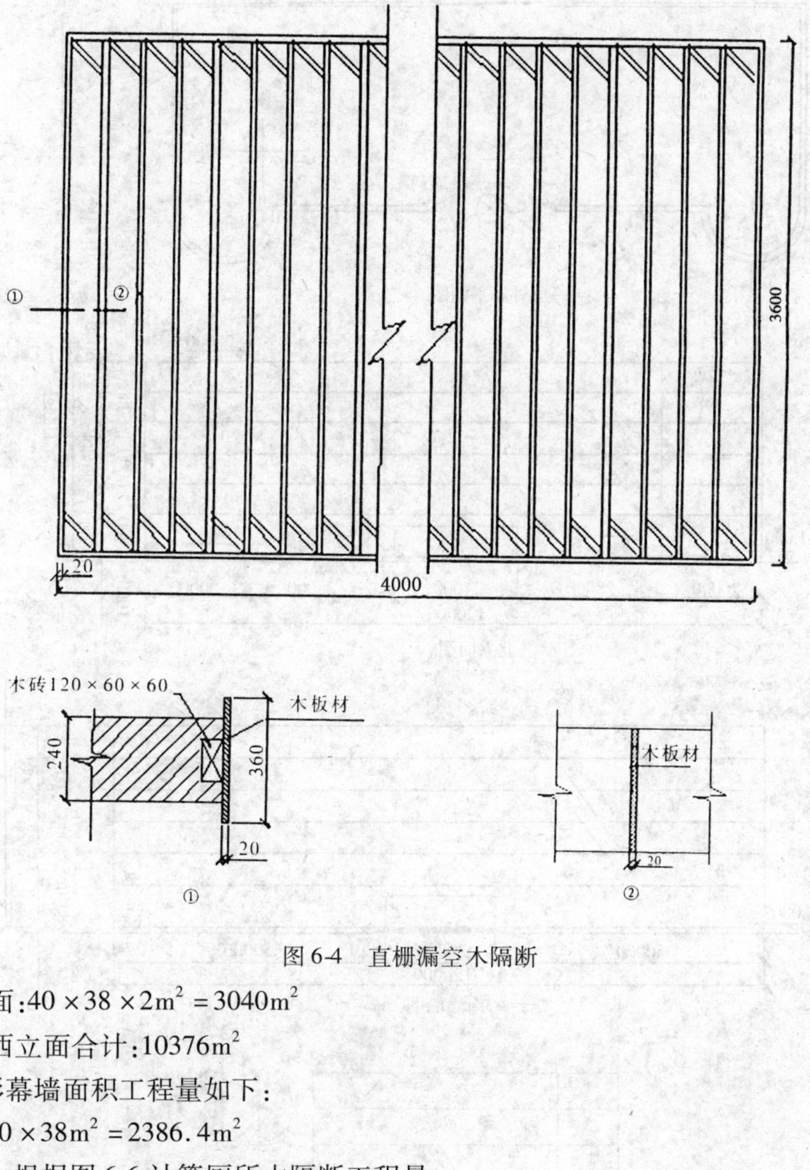

图 6-4　直栅漏空木隔断

东西立面:$40\times38\times2\text{m}^2=3040\text{m}^2$

南北东西立面合计:10376m^2

(2)弧形幕墙面积工程量如下:

$3.14\times20\times38\text{m}^2=2386.4\text{m}^2$

【例 8】　根据图 6-6 计算厕所木隔断工程量。

【解】　厕所木隔断工程量 $=[(1.35+0.15)\times(0.30\times3+0.18+1.18\times3)+1.35\times0.90\times2+1.35\times1.05]\text{m}^2=10.78\text{m}^2$

【例9】　设计要求做轻钢龙骨石膏板隔墙(见图6-7),墙高3.5m,试计算工程量。

【解】　由平面示意图可见,轻钢龙骨石膏板隔墙为单排双面构造,其工程量计算如下:

$3.5\times(5.6-0.24)\text{m}^2=18.76\text{m}^2$

【例 10】　计算图 6-8 所示墙面石膏板饰面工程量。

【解】　墙面饰面按实贴面积计算。

工程量 $=\{[(9-0.24)+(6-0.24)]\times2\times(3-0.15)-2.5\times1.2$(门洞)$-1.5\times2$(窗洞)$\}\text{m}^2$

$=76.76\text{m}^2$

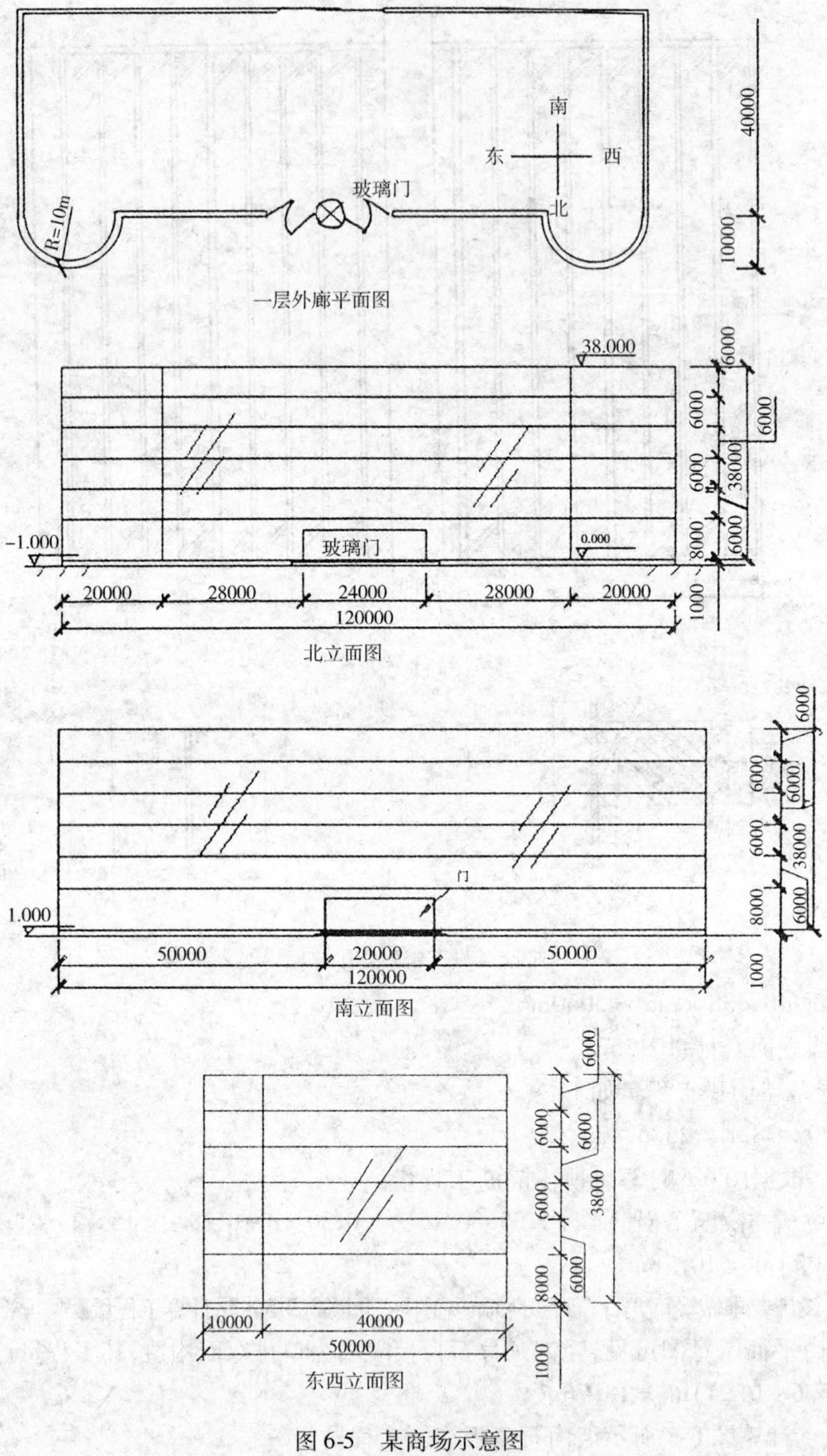

图 6-5　某商场示意图

【例 11】　如图 6-9 所示，设计要求在胶合板隔墙两侧（胶合板缝处）各钉两根竖向木质压条。假设每根压条的长度为 2.6m。计算其工程量。

【解】　其工程量计算如下：2.6×2×2m＝10.4m

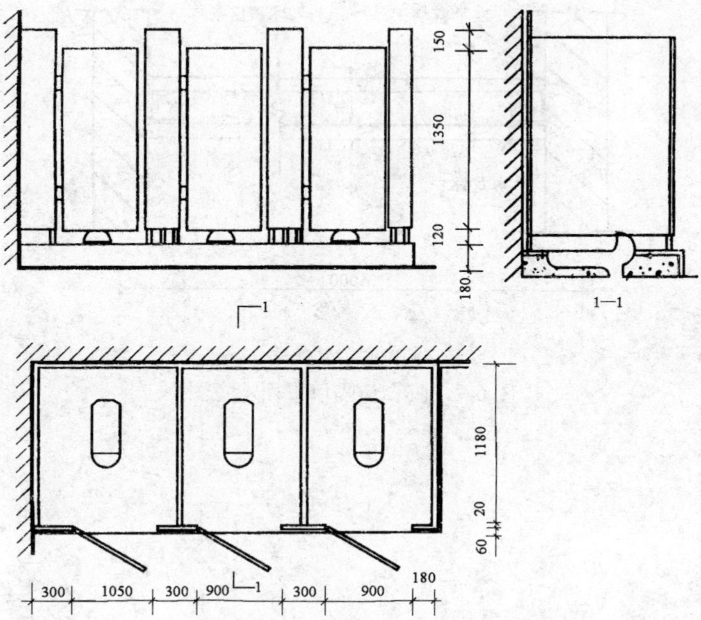

图 6-6　厕所木隔断图

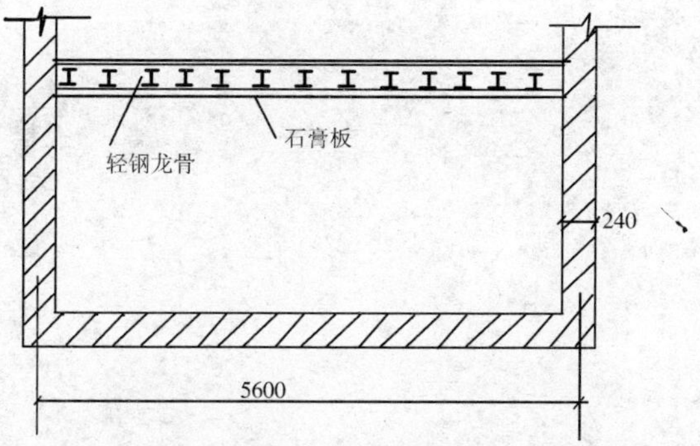

图 6-7　轻钢龙骨石膏板隔墙平面示意图

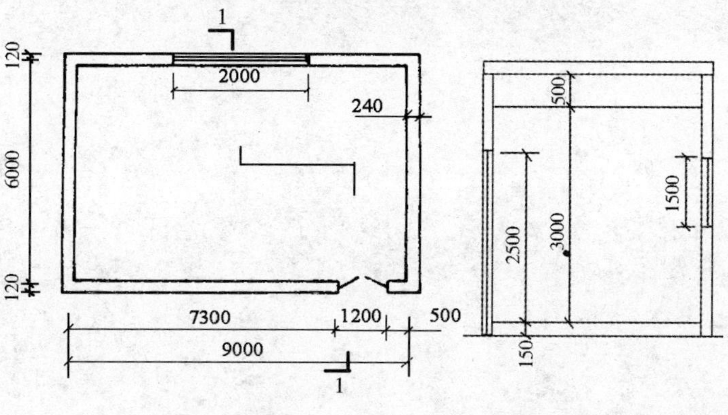

图 6-8　墙面饰面

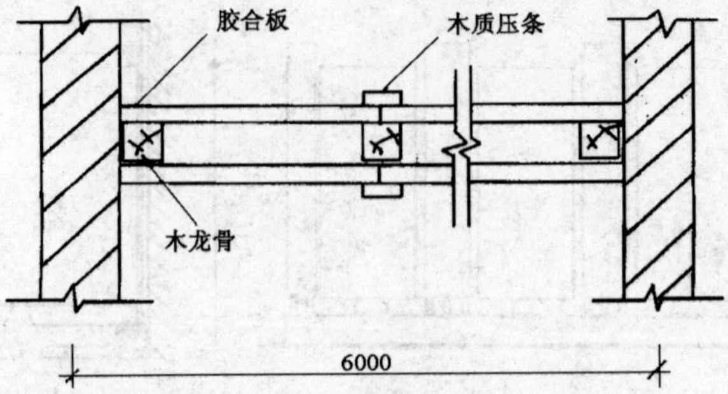

图 6-9　胶合板隔墙平面示意图

附录　装饰装修工程工程量清单计价编制综合实例

某区小别墅室内装饰　工程

工 程 量 清 单

招　　标　　人　:　×　×　×　(单位签字盖章)

法　定　代　表　人　:　×　×　×　(签字盖章)

中介机构法定代表人:　×　×　×　(签字盖章)

造价工程师及注册证号:　×　×　×　(签字盖执业专用章)

编　制　时　间　:××年××月××日

总　说　明

工程名称:某区小别墅室内装饰工程

1. 工程概况:该小别墅工程为一楼一底二层砖混结构工程,建筑面积 147.60m^2,240 厚标准砖墙,室内外地坪高差 450mm。底层建筑物正立面进屋后有一门斗间,带弧形窗的房间为客厅,客厅左边是居室一,有洗面器、坐便器、浴盆的房间是卫生间,有水池、灶台等设施的房间是厨房,卫生间边上是楼梯间,二层有一个楼梯间、两个居室,其余为上人屋面。

2. 招标范围:室内装饰。

3. 工程质量要求:优良工程。

4. 工程量清单编制依据:

4.1 由××市建筑工程设计事务所设计的施工图一套;

4.2 由××房地产开发公司编制的《××楼建筑工程施工招标书》、《××楼建筑工程招标答疑》;

4.3 工程量清单计量按照国标《建设工程工程量清单计价规范》编制。

5. 因工程质量要求优良,故所有材料必须持有市以上有关部门颁布的《产品合格证书》及价格在中档以上的建筑材料。

附表1　分部分项工程量清单

工程名称:某区小别墅室内装饰工程

序号	项目编码	项　目　名　称	计量单位	工程数量
		B.1　楼地面工程		
1	020104001001	楼地面地毯,门斗间橡胶绒地毯,单层	m^2	1.82
2	020102001001	石材楼地面,客厅浅红色花岗石地面,拼花,600×600×20	m^2	21.62
3	020102001002	石材楼地面,居室一浅灰色大理石地面,400×400×20	m^2	16.69
4	020102002001	块料楼地面,厨房、卫生间浅棕色防滑地砖,600×600	m^2	19.98
5	020102002002	块料楼地面,米黄色地砖,一层、二层过道及底层楼梯间地面,建筑胶砂浆粘贴,单块规格500×500	m^2	20.76
6	020106005001	地毯楼梯面,楼梯踏步及休息平台铺化纤地毯,固定式	m^2	7.78
7	020104002001	竹木地板,居室二、三企口板条硬木地板,铺在毛地板上,使用CY－401黏结剂,润油粉,刮一遍腻子,调合漆一遍,磁漆一遍	m^2	32.25
8	020105002001	石材踢脚线,客厅花岗石踢脚线,浅红色,150mm高	m^2	2.83
9	020105002002	石材踢脚线,居室一大理石踢脚线,浅灰色,150mm高	m^2	2.47
10	020105003001	块料踢脚线,过道、门斗间、底层楼梯间瓷砖踢脚线,150mm高	m^2	4.19
11	020108001001	石材台阶面,豆绿色花岗石台阶,400×400×20,建筑胶砂浆粘结	m^2	6.38
12	020102001003	石材楼地面,豆绿色花岗石地面,400×400×20,建筑胶砂浆粘结	m^2	1.58
13	020107001001	金属扶手带栏杆、栏板,楼梯不锈钢扶手,有机玻璃栏板	m	6.86
14	020107001002	金属扶手带栏杆、栏板,上人屋面不锈钢栏杆、扶手	m	14.25
		B.2　墙、柱面工程		
15	020204003001	块料墙面,厨房瓷砖墙裙,砖墙,内墙,用砂浆粘贴	m^2	22.17
16	020204003002	块料墙面,卫生间米黄瓷砖墙面,砖墙,内墙,粉状胶粘剂粘贴	m^2	26.07
17	020207001001	装饰板墙面,居室二、三水曲柳(胶合板)护壁,厚3mm,润油粉,刮一遍腻子,调合漆一遍,磁漆三遍	m^2	78.35
18	020201001001	墙面一般抹灰,砖墙面抹混合砂浆	m^2	195.65
19	020209001001	隔断,铝合金框,5mm厚白玻璃	m^2	4.2
		B.3　天棚工程		
20	020301001001	天棚抹灰,顶棚抹混合砂浆,现浇板面	m^2	45.78
21	020302001001	天棚吊顶,卫生间木方格吊顶,吊顶高150mm,润滑粉二遍,刮腻子,封闭漆一遍,聚氨酯漆一遍,聚氨酯清漆二遍	m^2	5.91
22	020302001002	天棚吊顶,T型铝合金龙骨,面层为胶合板(水曲柳),吊顶高150mm,刷底油,刮一遍腻子,调合漆二遍,磁漆二遍	m^2	21.62
23	020302001003	天棚吊顶,居室二、三混凝土板下吊方木楞龙骨,胶合板面层,吊顶高150mm,刷底油,刮一遍腻子,调合漆二遍	m^2	31.92
24	020302001004	天棚吊顶,居室一混凝土板下粘贴矿棉板	m^2	16.69
		B.4　门窗工程		
25	020406002001	金属平开窗,铝合金平开窗,一樘5213×1800,三樘1800×1800,五樘900×1800,玻璃均为5mm厚蓝色玻璃	樘	9
26	020406001001	金属推拉窗,铝合金推拉窗,2100×1800,玻璃为5mm厚蓝色玻璃	樘	2
27	020406003001	金属固定窗,铝合金固定窗,900×900,玻璃为5mm厚蓝色玻璃	樘	3

续附表 1

序号	项目编码	项 目 名 称	计量单位	工程数量
28	020402006001	防盗门,金属防盗门,900×2700,钢框	樘	3
29	020401004001	胶合板门,900×2000,带暗插销,刷一遍底油,两遍调合漆	樘	6
30	02040104002	胶合板门,百叶胶合板门,900×2000,带暗插销,刷底油,两遍清漆	樘	1
31	020408001001	木窗帘盒,硬木窗帘盒,双轨,刷一遍底油,两遍清漆	m	16.91
		B.5 油漆、涂料、裱糊工程		
32	020507001001	刷喷涂料,厨房,卫生间等顶棚喷聚氨酯液体瓷,一道底瓷二道面瓷	m^2	45.78
33	020507001002	刷喷涂料,厨房、卫生间等墙面喷仿瓷涂料	m^2	124.84
34	020507001003	刷喷涂料,居室一墙面喷多彩涂料	m^2	41.77
35	020507001004	刷喷涂料,居室一顶棚矿棉板彩喷	m^2	16.69
36	020509002001	织锦缎裱糊,客厅仿锦缎壁纸,整体裱糊	m^2	33.63
		B.6 其他工程		
37	020603010001	镜箱,卫生间镜箱,材料为塑料	个	1
38	020603005001	毛巾杆,卫生间不锈钢毛巾杆	根	1

附表 2 措施项目清单

工程名称:某区小别墅室内装饰工程

序号	项 目 名 称	金额/元
	装饰装修工程	
1	脚手架费	
2	环境保护费	
3	文明、安全施工费	
4	临时设施费	
5	室内空气污染测试费	
	合计	

附表 3 其他项目清单

工程名称:某区小别墅室内装饰工程

序号	项 目 名 称	金额/元
1	招标人项目	
	预留金	
	材料购置费	
	小计	
2	投标人部分	
	总承包服务费	
	零星工作项目费	
	小计	
	合计	

续附表 5

序号	工程项目及名称	单位	数量
	直接费项目		
15	上人屋面不锈钢栏杆、扶手 $L=(1.8+1.2+3.6+1.8\times2\times\pi\times\frac{1}{2}+2)\text{m}$ $=14.25\text{m}$	m	14.25
16	厨房瓷砖墙裙 $S=(3.9-0.24+4.4-0.24)\times2\times1.8\text{m}^2-0.9\times1.8\text{m}^2$(门洞)$-1.8\times0.9\text{m}^2$(窗)$-$ $0.9\times0.9\text{m}^2$(窗)$-(2+1.8+0.12-3)$(隔断)$\times2.1\text{m}^2$ $=22.17\text{m}^2$	m^2	22.17
17	卫生间米黄瓷砖墙面，150mm×200mm $S=(3.6-0.24+2-0.24)\times2\times(2.98-0.1)\text{m}^2-0.9\times1.8-0.9\times2\text{m}^2$ $=26.07\text{m}^2$	m^2	26.07
18	居室二、三水曲柳胶合板： $S=[(3.9-0.24+4.8-0.24)\times2+(3.9-0.24+4.4-0.24)\times2]\times(3-0.12)\text{m}^2-$ $0.9\times2\times3\text{m}^2-(2.1\times1.8+1.8\times1.8+0.9\times1.8)\text{m}^2$ $=78.35\text{m}^2$	m^2	78.35
19	厨房、客厅、居室一、门斗、走道、楼梯墙面混合砂浆抹面 $S_{厨房}=[(4.4-0.24+3.9-0.24)\times2\times(3.0-0.12)-0.9\times0.2-1.8\times0.9-0.9\times0.9$ $-22.17+(2+1.8+0.12-3)\times2.1-2\times2.1]\text{m}^2$ $=18\text{m}^2$ $S_{客厅}=35.92\text{m}^2$ $S_{居室一}=(3.9-0.24+4.8-0.24)\times2\times(3.0-0.12)\text{m}^2-0.9\times2\text{m}^2-2.1\times1.8\text{m}^2$ $=41.77\text{m}^2$ $S_{门斗}=(1.8-0.24+1.2-0.24)\times2\times(2.98-0.1)\text{m}^2$ $=14.52\text{m}^2$ $S_{走道、楼梯间}=(4.4-0.24+3.6+1.8-0.24)\times2\times(6-0.12\times2)\text{m}^2-(0.9\times2.7\times2+0.9$ $\times2.0\times4)\text{m}^2-(0.9\times1.8\times2+0.9\times0.9\times3)\text{m}^2-2.1\times2\text{m}^2$ $=85.44\text{m}^2$ 合计：$(18+35.92+41.77+14.52+85.44)\text{m}^2=195.65\text{m}^2$	m^2	195.65
20	铝合金玻璃隔断，用5mm厚白玻璃 $S=2.10\times2.00\text{m}^2=4.2\text{m}^2$	m^2	4.2
21	厨房、门斗、过道、楼梯间等顶棚抹混合砂浆 $S_{厨房}=(4.4-0.24)\times(3.9-0.24)\text{m}^2=15.23\text{m}^2$ $S_{门斗}=(1.8-0.24)\times(1.2-0.24)\text{m}^2=1.5\text{m}^2$ $S_{过道}=(1.8-0.24)\times(4.4-0.24)\times2\text{m}^2=12.98\text{m}^2$ $S_{楼梯间}=3.6\times(2.4-0.24)\text{m}^2=7.78\text{m}^2$ $S_{楼梯底}=(2.4-0.24)\times3.84\text{m}^2=8.29\text{m}^2$ 合计：$(15.23+1.5+12.98+7.78+8.29)\text{m}^2=45.78\text{m}^2$	m^2	45.78
22	卫生间木方格吊顶，吊顶高150mm $S=(3.6-0.24)\times(2.0-0.24)\text{m}^2=5.91\text{m}^2$	m^2	5.91
23	居室一混凝土板下贴矿棉板，彩喷 $S=(3.9-0.24)\times(1.2+3.6-0.24)\text{m}^2=16.69\text{m}^2$	m^2	16.69

某区小别墅室内装饰工程

工程量清单报价表

投　　标　　人　:＿＿＿＿＿＿＿＿＿（单位签字盖章）

法　人　代　表　:＿＿＿＿＿＿＿＿＿（签字盖章）

造价工程师及证号:＿＿＿＿＿＿＿＿＿（签字盖执业专用章）

编　制　时　间　:＿＿＿＿＿＿＿＿＿

投 标 总 价

建设单位：________________________

工程名称：某区小别墅室内装饰工程

投标总价（小写）：________________

（大写）：________________

投　标　人　：________________（单位签字盖章）

法定代表人：________________（签字盖章）

编 制 时 间 ：________________

附表6　单位工程费汇总表

工程名称:某区小别墅室内装饰工程

序号		
1	分部分项工程费合计	略
2	措施项目费	略
3	其他项目费合计	略
4	规费	略
5	税金	略
	合计	略

总　说　明

工程名称:某区小别墅室内装饰工程

1. 工程概况:该小别墅工程为一楼一底二层砖混结构工程,建筑面积 147.60m^2,240 厚标准砖墙,室内外地坪高差 450mm,底层建筑物正立面进屋后有一门斗间,带弧形窗的房间为客厅,客厅左边是居室一,有洗面器、坐便器、浴盆的房间是卫生间,有水池、灶台等设施的房间是厨房,卫生间边上是楼梯间,二层有一个楼梯间、二个居室,其余为上人屋面。

2. 招标范围:室内装饰。

3. 工程质量要求:优良工程。

4. 工程量清单编制依据:

4.1 由××市建筑工程设计事务所设计的施工图一套;

4.2 由××房地产开发公司编制的《××楼建筑工程施工招标书》、《××楼建筑工程招标答疑》;

4.3 工程量清单计量按照国标《建设工程工程量清单计价规范》编制;

4.4 市场材料价格参照××市建设工程造价管理站××年××月发布的材料价格及结合市场调查后,综合取定。

5. 因工程质量要求优良,故所有材料必须持有市以上有关部门颁布的《产品合格证书》及价格在中档以上的建筑材料。

附表7　分部分项工程量清单计价表

工程名称:某区小别墅室内装饰工程

序号	项目编码	项　目　名　称	计量单位	工程数量	金额/元	
					综合单价	合价
		B.1　楼地面工程				
1	020104001001	楼地面地毯,门斗间橡胶绒地毯,单层	m^2	1.82	77.29	140.66
2	020102001001	石材楼地面,客厅浅红色花岗石地面,拼花,600×600×20	m^2	21.62	456.54	9870.49
3	020102001002	石材楼地面,居室一浅灰色大理石地面,400×400×20	m^2	16.69	265.17	4425.7
4	020102002001	块料楼地面,厨房、卫生间浅棕色防滑地砖,600×600	m^2	19.98	98.58	1969.55
5	020102002002	块料楼地面,米黄色地砖,一层、二层过道及底层楼梯间地面,建筑胶砂浆粘贴,单块规格500×500	m^2	20.76	95.79	1988.67
6	020106005001	地毯楼梯面,楼梯踏步及休息平台铺化纤地毯,固定式	m^2	7.78	121.25	943.35
7	020104002001	竹木地板,居室二、三企口板条硬木地板,铺在毛地板上,使用CY-401粘结剂,润油粉,刮一遍腻子,调和漆一遍,磁漆一遍	m^2	32.25	300.57	9693.43
8	020105002001	石材踢脚线,客厅花岗石踢脚线,浅红色,150mm高	m^2	2.83	391.40	1107.67
9	020105002002	石材踢脚线,居室一大理石踢脚线,浅灰色,150mm高	m^2	2.47	382.49	944.76
10	020105003001	块料踢脚线,过道、门斗间、底层楼梯间瓷砖踢脚线,150mm高	m^2	4.19	312.34	1308.71
11	020108001001	石材台阶面,豆绿色花岗石台阶,400×400×20,建筑胶砂浆粘结	m^2	6.38	446.24	2846.98
12	020102001003	石材楼地面,豆绿色花岗石地面,400×400×20,建筑胶砂浆粘结	m^2	1.58	290.92	459.66
13	020107001001	金属扶手带栏杆、栏板,楼梯不锈钢扶手,有机玻璃栏板	m	6.86	590.84	4053.13
14	020107001002	金属扶手带栏杆、栏板,上人屋面不锈钢栏杆、扶手	m	14.25	495.77	7064.75
		B.2　墙、柱面工程				
15	020204003001	块料墙面,厨房瓷砖墙裙,砖墙,内墙,砂浆粘贴	m^2	22.17	51.39	1139.31
16	020204003002	块料墙面,卫生间米黄瓷砖墙面,砖墙,内墙,粉状胶粘剂粘贴	m^2	26.07	71.37	1860.6
17	020207001001	装饰板墙面,居室二、三水曲柳(胶合板)护壁,厚3mm,润油粉,刮一遍腻子,调合漆一遍,磁漆三遍	m^2	78.35	73.91	5790.92
18	020201001001	墙面一般抹灰,砖墙面抹混合砂浆	m^2	195.65	8.55	1672.50
19	020209001001	隔断,铝合金框,5mm厚白玻璃	m^2	4.2	311.99	1310.34
		B.3　天棚工程				
20	020301001001	天棚抹灰,顶棚抹混合砂浆,现浇板面	m^2	45.78	8.50	389.11
21	020302001001	天棚吊顶,卫生间木方格吊顶,吊顶高150mm,润滑粉二遍,刮腻子,封闭漆一遍,聚氨酯漆一遍,聚氨酯清漆二遍	m^2	5.91	89.10	526.57
22	020302001002	天棚吊顶,T型铝合金龙骨,面层为胶合板(水曲柳)吊顶高150mm,刷底油,刮一遍腻子,调合漆二遍,磁漆二遍	m^2	21.62	130.02	2810.97
23	020302001003	天棚吊顶,居室二、三混凝土板下吊方木楞龙骨,胶合板面层,吊顶高150mm,刷底油,刮一遍腻子,调合漆二遍	m^2	31.92	105.96	3382.24
24	020302001004	天棚吊顶,居室一混凝土板下粘贴矿棉吸音板	m^2	16.69	52.03	868.36
		B.4　门窗工程				
25	020406002001	金属平开窗,铝合金平开窗,一樘5213×1800,三樘1800×1800,五樘900×1800,玻璃均为5mm厚蓝色玻璃	樘	9	1442.78	12985.01

续附表 7

序号	项目编码	项目名称	计量单位	工程数量	金额/元	
					综合单价	合价
26	020406001001	金属推拉窗,铝合金推拉窗 2100×1800,玻璃为 5mm 厚蓝色玻璃	樘	2	1514.2	3028.4
27	020406003001	金属固定窗,铝合金固定窗 900×900,玻璃为 5mm 厚蓝色玻璃	樘	3	239.92	719.76
28	020402006001	防盗门,金属防盗门,900×2700,钢框	樘	3	1321.03	3963.08
29	020401004001	胶合板门,900×2000,带暗插销,刷一遍底油,两遍调合漆	樘	6	593.18	3559.05
30	020401004002	胶合板门,百叶胶合板门,带暗插销 900×2000,刷底油,两遍清漆	樘	1	595.1	595.1
31	020408001001	木窗帘盒,硬木窗帘盒,双轨,刷一遍底油,两遍清漆	m	16.91	90.27	1526.46
		B.5 油漆、涂料、裱糊工程				
32	020507001001	刷喷涂料,厨房、卫生间等顶棚喷聚氨酯液体瓷,一道底瓷,二道面瓷	m^2	45.78	14	640.97
33	020507001002	刷喷涂料,厨房、卫生间等墙面喷仿瓷涂料	m^2	124.84	13.89	1733.03
34	020507001003	刷喷涂料,居室一墙面喷多彩涂料	m^2	41.77	14.38	600.83
35	020507001004	刷喷涂料,居室一顶棚矿棉板彩喷	m^2	16.69	11.23	187.47
36	020509002001	织锦缎裱糊,客厅仿锦缎壁纸,整体裱糊	m^2	33.63	108.67	3654.64
		B.6 其他工程				
37	020603010001	镜箱,卫生间镜箱,材料为塑料	个	1	280.25	280.25
38	020603005001	毛巾杆,卫生间不锈钢毛巾杆	根	1	86.33	86.33

附表 8 措施项目清单计价表

工程名称:某区小别墅室内装饰工程

序号	项目名称	金额/元
	装饰装修工程	
1	脚手架费	略
2	环境保护费	略
3	文明、安全施工费	略
4	临时设施费	略
5	室内空气污染测试费	略
	合计	略

附表 9 其他项目清单计价表

工程名称:某区小别墅室内装饰工程

序号		金额/元
1	招标人部分	
	预留金	略
	材料购置费	略
	小计	略

续附表 9

序号	项目名称	金额/元
2	投标人部分	
	总承包服务费	略
	零星工作项目费	略
	小计	略
	合计	略

附表 10　零星工作项目表

工程名称:某区小别墅室内装修工程

序号	名称	计量单位	数量	金额/元	
				综合单价	合价
	装饰装修工程				
1	人工				
1.1		略	略	略	略
	小计				
2	材料				
2.1		略	略	略	略
	小计				
3	机械				
3.1		略	略	略	略
	小计	略	略	略	略

附表 11　分部分项工程量清单综合单价分析表

工程名称:某区小别墅室内装饰工程

序号	项目编码	项目名称	定额编号	工程内容	单位	数量	其中/元					综合单位	合价
							人工费	材料费	机械费	管理费	利润		
1	020104001001	楼地面地毯			m^2	1.82						77.29	140.66
			1-111	门斗间铺地毯	m^2	1.82	24.42	71.71	2.93	33.68	7.92		140.66
2	020102001001	石材楼地面			m^2	21.62						456.54	9870.49
			1-67	花岗石地面,拼花	m^2	21.62	368.62	6361.04	221.39	2363.36	556.08		9870.49
3	020102001002	石材楼地面			m^2	16.69						265.17	4425.7
			1-62	大理石地面	m^2	16.69	229.32	2784.06	103.31	1059.67	249.34		4425.7
4	020102002001	块料楼地面			m^2	19.98						98.58	1969.55
			1-57	浅棕色防滑地砖	m^2	19.98	140.06	1198.60	48.35	471.58	110.96		1969.55
5	020102002002	块料楼地面			m^2	20.76						95.79	1988.67
			1-53	地砖($0.16m^2$/块以外)	m^2	20.76	232.10	1118.34	50.03	476.16	112.04		1988.67

续附表 11

序号	项目编码	项目名称	定额编号	工程内容	单位	数量	其中/元					综合单位	合价
							人工费	材料费	机械费	管理费	利润		
6	020106005001	地毯楼梯面			m^2	7.78						121.25	943.35
			1-155	楼梯铺地毯(满铺)	m^2	7.78	188.04	456.61	19.68	225.87	53.15		943.35
7	020104002001	竹木地板			m^2	32.25						300.57	9693.43
			1-80	硬木长条地板(粘铺)	m^2	32.25	777.87	5453.80	228.65	2196.51	516.83		9173.66
			11-64	润油粉,刮一遍腻子,调合漆一遍,磁漆二遍	m^2	32.25	277.67	175.12	13.87	158.66	37.33		662.65
			11-179	减一遍磁漆	m^2	32.25	-48.70	-49.02	-2.90	-34.21	-8.05		-142.88
8	020105002001	石材踢脚线			m^2	2.83						391.40	1107.67
			1-174	花岗石踢脚线	m	18.86	53.00	700.27	26.78	265.22	62.40		1107.67
9	020105002002	石材踢脚线			m^2	2.47						382.49	944.76
			1-173	大理石踢脚线	m	16.44	42.74	600.39	22.19	226.21	53.23		944.76
10	020105003001	块料踢脚线			m^2	4.19						312.34	1308.71
			1-177	金属(钒钛)瓷砖踢脚线	m	27.92	64.77	825.59	31.27	313.35	73.73		1308.71
11	020108001001	石材台阶面			m^2	6.38						446.24	2846.98
			1-199	光面花岗石台阶	m^2	6.38	129.83	1800.95	74.14	681.67	160.39		2846.98
12	020102001003	石材楼地面			m^2	1.58						290.92	459.66
			1-65	花岗石楼地面	m^2	1.58	21.80	291.27	10.63	110.06	25.90		459.66
13	020107001001	金属扶手带栏杆、栏板			m	6.86						590.84	4053.13
			7-11	楼梯 不锈钢栏杆 有机玻璃栏板 (直形)	m^2	6.17	194.79	1468.15	54.60	583.96	137.40		2438.9
			7-48	楼梯不锈钢扶手(直形)	m	6.86	33.55	1058.02	45.21	386.5	90.94		1614.23
14	020107001002	金属扶手带栏杆、栏板			m	14.25						495.77	7064.75
			7-31	上人屋面不锈钢栏杆	m^2	12.83	203.74	2631.18	93.66	995.72	234.29		4158.59
			7-62	上人屋面不锈钢扶手	m	14.25	60.28	1904.94	81.37	695.84	163.73		2906.16
15	020204003001	块料墙面			m^2	22.17						51.39	1139.31
			3-144	厨房瓷砖墙裙	m^2	22.17	300.40	476.88	25.05	272.79	64.19		1139.31
16	020204003002	块料墙面			m^2	26.07						71.37	1860.6
			3-145	卫生间米黄瓷砖墙面	m^2	26.07	349.86	920.53	39.89	445.50	104.82		1860.6
17	020207001001	装饰板墙面			m^2	78.35						73.91	5790.92
			3-166	胶合板(3mm 厚)	m^2	78.35	658.14	1932.11	109.69	917.98	216		3833.92
			11-64	润油粉,刮一遍腻子,调合漆一遍,磁漆二遍	m^2	78.35	674.59	425.44	33.69	385.46	90.70		1609.88

续附表11

序号	项目编码	项目名称	定额编号	工程内容	单位	数量	其中/元					综合单位	合价
							人工费	材料费	机械费	管理费	利润		
			11-179	增加一遍磁漆	m^2	78.35	118.31	119.09	7.05	83.11	19.56		347.12
18	020201001001	墙面一般抹灰			m^2	195.65						8.55	1672.50
			3-77	砖墙抹混合砂浆	m^2	195.65	716.08	397.18	64.57	400.45	94.22		1672.50
19	020209001001	隔断			m^2	4.2						311.99	1310.34
			4-34	玻璃隔断	m^2	4.2	63.25	1018.33	68.38	390.99	92.00		1310.34
20	020301001001	天棚抹灰			m^2	45.78						8.50	389.11
			2-97	混凝土天棚抹灰	m^2	45.78	183.12	80.57	10.53	93.17	21.92		389.11
21	020302001001	天棚吊顶			m^2	5.91						89.10	526.57
			2-1	卫生间木方格吊顶	m^2	5.91	28.01	119.44	4.67	51.72	12.17		216.07
			11-196	木方格吊顶刷油	m^2	5.91	96.63	90.3	5.73	65.5	15.41		273.57
			11-211	减一遍聚氨酯漆	m^2	5.91	10.05	15.19	0.77	8.84	2.08		36.93
22	020302001002	天棚吊顶			m^2	21.62						130.02	2810.97
			2-43	T型铝合金双层龙骨	m^2	21.62	139.23	762.32	43.89	321.45	75.64		1342.53
			2-63	胶合板装在龙骨上	m^2	21.62	102.91	625.68	22.27	255.29	60.70		1066.85
			11-46	胶合板刷漆	m^2	21.62	104.64	104.21	6.49	73.22	17.23		305.79
			11-179	增加一遍磁漆	m^2	21.62	32.65	32.86	1.95	22.94	5.40		95.8
23	020302001003	天棚吊顶			m^2	31.92						105.96	3382.24
			2-2	方木楞龙骨	m^2	31.92	175.88	996.22	37.03	411.10	96.73		1716.96
			2-66	胶合板面层	m^2	31.92	98.63	827.37	28.41	324.50	76.35		1355.26
			11-46	胶合板刷漆	m^2	31.92	154.49	153.85	9.58	108.09	25.43		451.44
			11-179	减少一遍磁漆	m^2	31.92	-48.20	-48.52	-2.87	-33.86	-7.97		-141.42
24	020302001004	天棚吊顶			m^2	16.69						52.03	868.36
			2-80	粘贴矿棉板	m^2	16.69	102.64	490.69	18.19	207.92	48.92		868.36
25	020406002001	金属平开窗			樘	9						1442.78	12985.01
			6-31	铝合金平开窗	m^2	27.2	381.89	8487.76	274.72	3109.09	731.55		12985.01
26	020406001001	金属推拉窗			樘	2						1514.2	3028.4
			6-33	铝合金推拉窗	m^2	7.56	89.51	1979.06	64.11	725.11	170.61		3028.4
27	020406003001	金属固定窗			樘	3						239.92	719.76
			6-35	铝合金固定窗	m^2	2.43	22.16	469.45	15.26	172.34	40.55		719.76
28	020402006001	防盗门			樘	3						1321.03	3963.08
			6-74	金属防盗门	m^2	7.29	96.96	2609.38	84.56	948.91	223.27		3963.08
29	020401004001	胶合板门			樘	6						593.18	3559.05
			6-2	胶合板门	m^2	10.8	98.82	2043.25	65.45	750.56	176.60		3134.68
			6-104	胶合板门暗插销	个	6	23.1	142.62	5.04	58.06	13.66		242.48
			11-1	底油，二遍调合漆	m^2	10.8	60.16	64.15	3.78	43.55	10.25		181.89
30	020401004002	胶合板门			樘	1						595.1	595.1
			6-2	百叶胶合板门	m^2	1.80	16.47	340.54	10.91	125.09	29.43		522.44
			6-104	暗插销	个	1	3.85	23.77	0.84	9.68	2.28		40.42
			11-17	底油，二遍清漆	m^2	1.8	12.44	9.59	0.67	7.72	1.82		32.24
31	020408001001	木窗帘盒			m	16.91						90.27	1526.46

续附表 11

序号	项目编码	项目名称	定额编号	工程内容	单位	数量	其中/元					综合单位	合价
							人工费	材料费	机械费	管理费	利润		
			6－134	硬木窗帘盒	m	16.91	218.82	722.06	67.13	342.72	80.64		1413.37
			11－25	底油，二遍清漆	m	16.91	50.73	14.20	2.03	22.77	5.36		95.09
32	020507001001	刷喷涂料			m^2	45.78						14	640.97
			2－113	聚氨酯液体瓷	m^2	45.78	76.45	361.66	13.28	153.47	36.11		640.97
33	020507001002	刷喷涂料			m^2	124.84						13.89	1733.73
			3－109	墙面喷仿瓷涂料	m^2	124.84	132.33	1052.40	36.21	415.12	97.67		1733.73
34	020507001003	刷喷涂料			m^2	41.77						14.38	600.83
			3－108	墙面彩喷	m^2	41.77	51.78	358.39	12.95	143.86	33.85		600.83
35	020507001004	刷喷涂料			m^2	16.69						11.23	187.47
			2－111	顶棚矿棉板彩喷	m^2	16.69	24.03	104.15	3.84	44.89	10.56		187.47
36	020509002001	织锦缎裱糊			m^2	33.63						108.67	3654.64
			3－123	客厅仿锦缎壁纸	m^2	33.63	216.57	2280.78	76.34	875.05	205.90		3654.64
37	020603010001	镜箱			个	1						280.25	280.25
			10－67	塑料镜箱	套	1	18.84	172.91	5.61	67.10	15.79		280.25
38	020603005001	毛巾杆			根	1						86.33	86.33
			10－53	不锈钢毛巾杆	套	1	7.17	51.91	1.72	20.67	4.86		86.33

附表 12　措施项目费分析表

工程名称:某区小别墅室内装饰工程

序号	措施项目名称	单位	数量	金额/元					
				人工费	材料费	机械费	管理费	利润	小计
	装饰装修工程								
2.1	脚手架费								
2.2	环境保护费	略	略	略	略	略	略	略	略
2.3	文明、安全施工费								
2.4	临时设施费								
2.5	室内空气污染测试费								
	合计								

附表 13　主要材料价格表

工程名称:某小别墅室内装饰工程

序号	材料编号	名称规格	单位	数量	单价/元	合价/元

小别墅室内装饰工程设计说明

(一)工程概况

该小别墅工程为一楼一底二层砖混结构工程，建筑面积 147.60m^2，240 厚标准砖墙，室内外地坪高差450mm。

（二）房间名称

1. 底层：

（1）建筑物正立面进屋后有一门斗间（轴线尺寸为1800mm×1200mm）。

（2）带弧形窗的房间为客厅。

（3）客厅左边是居室一（轴线尺寸为4800mm×3900mm）。

（4）有洗面器、坐便器、浴盆的房间是卫生间。

（5）有水池、灶台、案板设施的房间是厨房。

（6）楼梯间在卫生间边上（轴线尺寸为3600mm×2400mm）。

（7）底层过道（轴线尺寸为4400mm×1800mm）。

2. 二层：

（1）楼梯间位置及尺寸同底层。

（2）过道位置及尺寸同底层。

（3）居室二紧靠过道（轴线尺寸为4400mm×3900mm）。

（4）最后一个房间是居室三（轴线尺寸为4800mm×3900mm）。

（5）其余为上人屋面。

（三）门窗洞口尺寸

（见附表14）

附表14　小别墅门窗洞口尺寸表

序号	名　　称	宽/mm	高/mm	数量	所在部位	备　注
1	铝合金弧形窗	5213（弧长）	1800	1	底层客厅	铝合金窗用5mm厚蓝色玻璃，铝合金隔断用5mm厚白玻璃
2	铝合金推拉窗	2100	1800	2	居室一、三	
3	铝合金平开窗	1800	1800	3	厨房、客厅、居室二	
4	铝合金平开窗	900	1800	5	厨房、居室二、二层过道两端头	
5	铝合金固定窗	900	900	3	楼梯间	
6	金属防盗门	900	2700	3	底层前、后门，二层上人屋面门	
7	胶合板门	900	2000	6	厨房、进门厅、居室一、居室二、居室三	
8	百页胶合板门	900	2000	1	卫生间	
9	铝合金玻璃隔断	2100	2000	1	厨　房	

（四）楼地面装饰（见附表15）

附表15　小别墅楼地面装饰表

序号	房间名称	装　饰　做　法	备　　注
1	门斗地面	铺橡胶绒地毯	不扣除挂衣柜所占面积
2	客厅	浅红色花岗石地面	
3	居室一	浅灰色大理石地面	
4	厨房、卫生间	浅棕色防滑地砖	不扣除坐便器、洗面器、灶台、案板、水池所占面积，扣除浴盆所占面积

续附表 15

序号	房间名称	装饰做法	备注
5	过 道	米黄色地砖	包括上下两层过道和底层楼梯间地面
6	楼 梯	铺化纤地毯(固定式)	包括踏步和休息平台
7	居室二、三	硬木地板、刷底油一遍、地板漆二遍	企口板条硬木地板铺在毛地板上
8	踢 脚 板	除门斗间、楼梯间、休息平台为瓷砖外、其余做法同地面材料	踢脚板高为150mm
9	台阶及台阶平台	豆绿色花岗石饰面	
10	楼梯栏杆、扶手	有机玻璃栏板、不锈钢扶手	梯栏杆水平长:2400mm 楼梯高:3000mm
11	上人屋面栏杆、扶手	不锈钢栏杆、扶手	

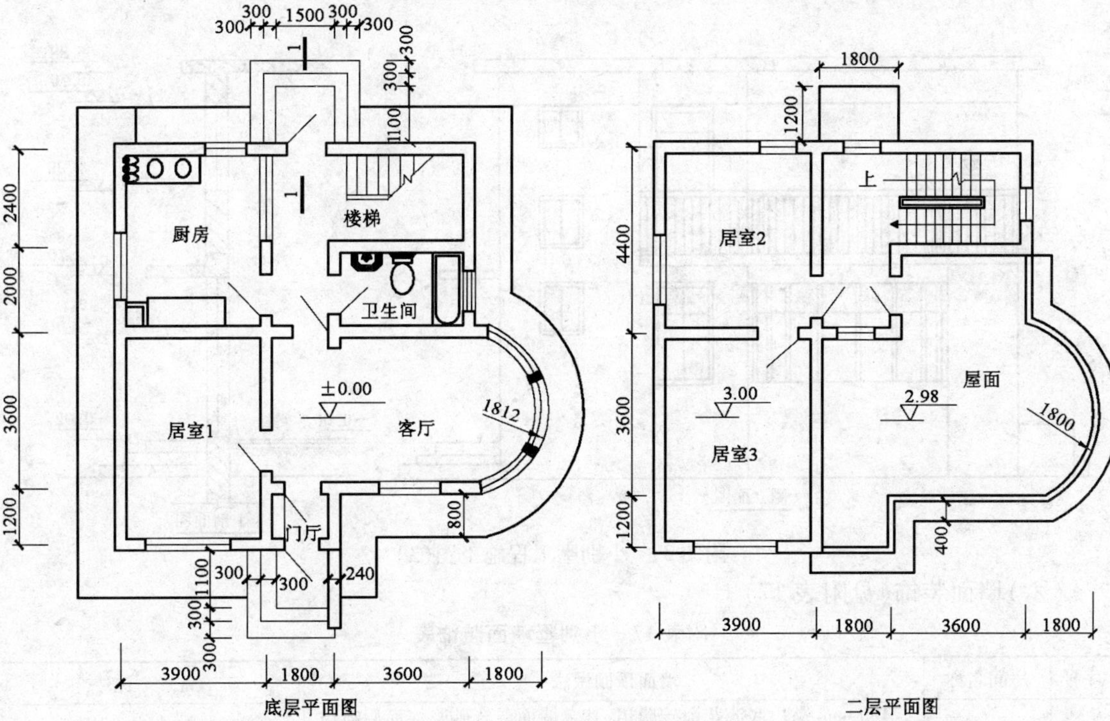

附图1 小别墅工程施工图(1)

(五)顶棚装饰(见附表16)

附表16 小别墅顶棚面装饰表

序号	房间名称	顶棚做法	备注
1	厨房、门斗间、过道、楼梯间	混合砂浆抹面后,喷仿瓷涂料	
2	卫 生 间	木方格吊顶顶棚,润油粉二遍,刮腻子,封闭漆一遍,聚氨酯漆一遍,聚氨酯清漆二遍	吊顶高150mm
3	居 室 一	混凝土板下贴矿棉板,彩喷面	
4	客 厅	T型铝合金龙骨上安装胶合板面(水面柳),底油一遍,调合漆二遍,磁漆二遍	吊顶高150mm
5	居室二、三	混凝土板下吊方木楞龙骨,水曲柳胶合板面层,刷底油,刮一遍腻子,调合漆二遍	吊顶高150mm

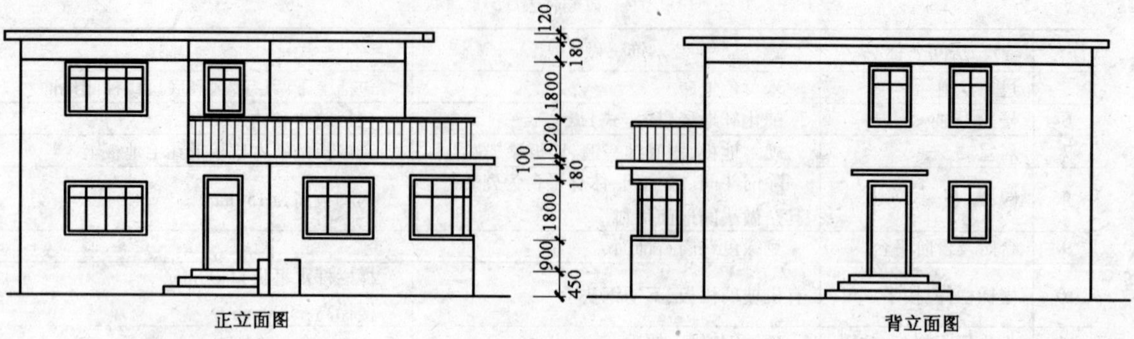

附图 2　小别墅工程施工图(2)

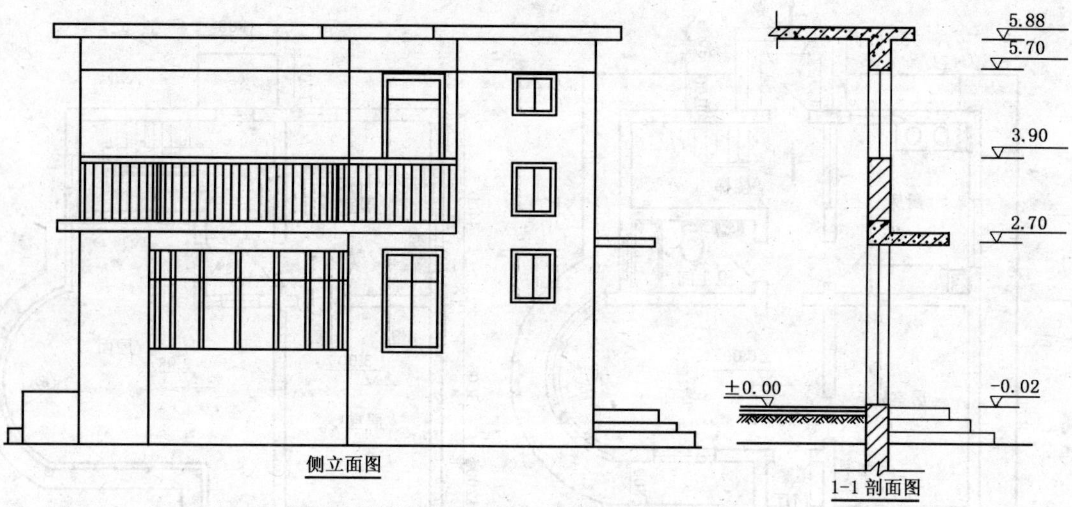

附图 3　小别墅工程施工图(3)

(六)墙面装饰(见附表 17)

附表 17　小别墅墙面装饰表

序号	房间名称	墙面顶棚做法	备　注
1	厨　房	1800mm 高白底淡花瓷砖墙裙,其余墙面混合砂浆抹面后喷仿瓷涂料	室内窗台距地面 900mm 高
2	卫生间	米黄色瓷砖(150mm×200mm)墙面到顶	
3	客　厅	混合砂浆抹面后贴仿锦缎壁纸	
4	居室一	混合砂浆抹面后彩色喷涂面	
5	居室二、三	水曲柳胶合板护壁板,润油粉刮一遍腻子,调合漆一遍,磁漆三遍	
6	其余墙面	混合砂浆抹面后喷仿瓷涂料	

(七)其他装饰

1. 客厅、居室、卫生间内安装硬木窗帘盒(双轨),窗帘盒长按窗洞口尺寸再加 500mm 计算。

2. 卫生间设塑料镜箱一个,不锈钢毛巾杆一根。

(八)有关尺寸

1. 除底层客厅、卫生间、门斗间层高为2. 98m外，其余层高均为3. 00m。

2. 上人屋面板厚100mm，非上人屋面板厚120mm，其他楼板厚120mm。

3. 砖墙厚均为240mm。

4. 浴盆尺寸为680mm×1700mm×450mm。

5. 楼梯间水平投影尺寸：

(1)休息平台：1200mm×2160mm。

(2)楼梯踏步：2160mm×2400mm。

6. 胶合板门运输距离：6km。